DIGITAL
MARKETING

디지털
마케팅
레볼루션

REVOLUTION

디지털 마케팅 레볼루션

초판1쇄 발행 2020년 7월 1일   초판2쇄 발행 2021년 11월 25일

지은이 은종성
펴낸이 제이슨
펴낸곳 도서출판 책길

신고번호 제2018-000080호
신고년월일 2018년 3월 19일

주소 서울특별시 강남구 테헤란로2길 8, 4층(우.06232)
전화 070-8275-8245
팩스 0505-317-8245
이메일 contact@bizwebkorea.com
홈페이지 bizwebkorea.com / oneceo.co.kr / interviewer.co.kr
페이스북 facebook.com/bizwebkorea   **인스타그램** instagram.com/bizwebkorea
블로그 blog.naver.com/bizwebkorea   **유튜브** youtube.com/c/jongseongeun

ISBN 979-11-963976-5-4 03320

이 도서의 국립중앙도서관 출판예정도서목록(CIP)은 서지정보유통지원시스템 홈페이지(http://seoji.nl.go.kr)와 국가자료종합목록 구축시스템(http://kolis-net.nl.go.kr)에서 이용하실 수 있습니다.(CIP제어번호: CIP2020023816)

은종성 지음

디지털
마케팅
레볼루션

책길

차례

현장에서 매일매일 맞닥뜨리는 제일 큰 아쉬움은 이론과 실무의 간극이다. 이론에 치우친 사람은 현장에서 적용이 힘든 개념적인 이야기만 하고, 실무에 치우친 사람은 자신의 업무를 체계화시키는 데 어려움을 겪는 상황을 종종 보게 된다. 이론적 내용이 실무에 적용 가능해야 하고, 실무에서 익힌 내용 또한 이론적으로 설명할 수 있어야 하는데 그게 안 된다. 내가 '이론과 실무의 중간점'을 강조하는 이유이다.

《디지털 마케팅 레볼루션》은 최근 몇 년간 기업들과 함께 고민한 내용이자 나의 비즈니스에 적용해 본 결과물이다. 디지털 마케팅의 과정인 채널을 개설하고, 광고를 집행하고, 구매전환을 고민하고, 재구매를 유도하는 방법을 찾아보고, 마지막으로 성과측정까지 해보면서 직간접적으로 경험한 내용을 구체적으로 담았다.

하지만 그만큼 실무를 중심에 두고 있음에도 이 책에는 화면을 보고 따라 하는 형태의 구성은 없다. 현장에서 디지털 마케팅이라 부르는 것들, 즉 페이스북에서의 타깃고객 설정, 퍼널(funnel) 관점에서의 광고 집행, 구글애널리틱스를 활용한 성과측정 등은 대부분 기능적 영역에 속하는 사항들로 시간을 들여 배우면 되기 때문이다. 게다가 '따라 하기' 형태의 내용을 넣기에는 지면에 한계가 있을뿐더러 유튜브만 뒤져도 관련 교육이나 참고할 수 있는 내용이 많다.

사실, 디지털 마케팅(digital marketing), 퍼포먼스 마케팅(Performance Marketing), 그로스 해킹(growth hacking), 데이터 드리븐(Data Driven) 등은 모두 결이 비슷한 표현이다. 가설을 세워놓고 테스트하면서 전환과정을 체계화하는 방식으로, 주로 신규고객을 유입시킨 후 구매전환까지를 체계화시키는 데 집중되어 있다. 반면, 재구매에 대해서는 깊이 있게 다루지 않는다. 물론, 결제가 이루어진 고객들을 타깃팅해서 그들에게 광고를 노출하는 형태로 재구매를 유도하기도 하지만, 신규고객이 아닌 재구매 고객들의 구매가 기업의 수익률을 좌우한다는 점을 감안할 때 그것이 가진 아쉬움과 함께 한계 또한 분명하다.

앞서도 말했듯 채널구축, 고객유입, 구매전환, 재구매, 성과측정이라는 주요 프로세스를 중심으로 이론과 실무의 중간점을 지향하는 《디지털 마케팅 레볼루션》은 기업을 대상으로 진행해 왔던 컨설팅의 주요 내용을 빠짐없이 담아내고 있다. 그러다 보니 이미 출간된 책 《비즈니스 모델을 혁신하는 5가지 길》, 《마케팅의 정석》과도 깊은 연관성을 가진다. 마케팅 활동이 디지털로 전환된다는 말은 비즈니스 모델 자체가 변하고 있다는 의미이다. 또 디지털 마케팅이라는 주제를 다루기 위해서는 비즈니스 모델에 대한 이해와 마케팅의 가장 기본적인 프레임을 알아야 한다. 《비즈니스 모델을 혁신하는 5가지 길》과 《마케팅의 정석》에 있는 내용이 일부 인용되어 사용될 수밖에 없는 이유이기도 하다.

늘 그렇듯 한 권의 책을 세상에 내놓기 위해 이번에도 큰 용기를 내야 했다. 책 속의 내용이 객관적 사실이라기보다는 나의 경험인 경우가 많기 때문이다. 보기에 따라 논리의 비약도, 변화된 환경도 있을 수 있다. 열린 마음으로 기다리면서 의견을 주면 같이 고민하고 방법을 찾아볼 생각이다.

그리고 하나 더, 내가 운영하는 유튜브 채널 '은종성TV'에 디지털 마케팅에서 다루는 많은 기능적인 내용을 꾸준히 올리고 있다. 책과 함께 참고하면 디지털 마케팅을 실행하는 데 어려움을 좀 덜수 있지 않을까 싶다. 모쪼록 이 책《디지털 마케팅 레볼루션》이 독자들의 비즈니스에 도움이 되었으면 좋겠다.

은종성

1장

디지털,
마케팅을
바꾸다

1

디지털이
마케팅을 바꾸다

테크놀로지, 마케팅의 미래를 바꾸다

소비자행동 변화의 결정적 계기는 스마트폰과 소셜미디어의 출현이다. 집과 사무실, 지하철이나 버스, 심지어 걸어 다니는 중에도 스마트폰을 들여다보는 세상이 되었다. 그것들을 통해 품질에 대한 객관적 정보를 손쉽게 얻을 수 있게 되면서 TV에서 광고를 한다거나, 과거에 구매한 경험이 있다는 이유만으로는 더이상 상품을 구매하지 않는다. 브랜드, 고객충성도, 포지셔닝 등에 대해 그동안 소비자들이 가졌던 의존도가 확연히 줄어드는 이유가 거기에 있다.

삼성이 만들었다는 이유만으로 무조건 상품을 구매하던 때처럼 기술적 특성과 품질을 평가하기 어려운 시대에는 특정 브랜드를 선호했다. 하지만 스마트폰과 소셜미디어 상에서 언제든 상품의 품질을 평가하고 확인할 수 있게 되면서 그 충성도는 예전만큼 큰 영향을 끼치지 못한다. 물론, 브랜드는 앞으로도 인지도, 지속성, 애착, 특권이라는 측면에서 어느 정도의 가치는 지니겠지만, 일상적인 품질평가로 인해 그 역할이나 중요도는 점점 감소될 것이다.

'대륙의 실수'라고 불린 샤오미가 대표적이다. 샤오미는 싸구려라는 중국산 제품의 인식을 바꿔놓았다. 소비자들은 '샤오미'라는 브랜드를 선호하지도, 고객충성도를 가지지도 않았다. 오로지 가성비, 즉 가격 대비 품질이 좋다는 평가들이 나오고 '대륙의 실수'라는 별명이 붙으면서 불티나게 팔리기 시작했을 뿐이다. 페이스북과 블로그 등의 소셜미디어에는 샤오미에 대한 글들이 매일같이 올라왔다. 궁금증이 생긴 사람들은 검색으로 추가정보를 얻는 한편 네이버나 옥션, 쿠팡 등에서 구매후기를 확인했다. 그리고 빠르게 품질평가를 끝낸 소비자들은 망설임 없이 구매를 시작했다.

이처럼 디지털로 무장한 소비자가 증가하면서 기업의 마케팅 활동도 변하고 있다. 사람과 사람이 연결되고, 오프라인과 온라인이 연결되고, 기계와 기계가 연결되면서 데이터를 축적한 결과 이제는 소비자들의 행동과 구매패턴 분석을 통해 더 효율적인 마케팅 진행이 가능해졌다.

소비자에 의해서든 기업에 의해서든 디지털 공간에 남겨지는 데이터는 기하급수적으로 증가하게 마련이다. 그리고 데이터 자체로는 아무것도 할 수 없지만, 이를 해석해서 활용할 수만 있다면 기업에는 큰 기회요인이 된다. 마케팅 테크놀로지는 이제 인공지능과의 융합을 통해 컴퓨터 스스로 소비자들의 행동을 분석하고, 마케팅 관련 주요 사항들을 판단하고 결정하는 과학의 영역으로 진화한 것이다.

사실, 마케팅 분야에서 오늘날처럼 테크놀로지의 진화가 빠르게 이루어진 적은 없었다. 좀 더 정확히 표현하면 마케팅 역사의 중심에 테크놀로지가 놓였던 적이 없었다는 게 맞는 말일지 모르겠다. 하지만 앞으로는 브랜드, 포지셔닝, 차별화 등의 개념에만 익숙했던 기업들은 마케팅 활동에 이 같은 테크놀로지를 적극적으로 활용해야 하는 시대가 되었다. 지금처럼 값은 비싸지만 상대적으로 효과는 낮은 매스미디어 광고에서 벗어나려면 말이다.

좋은 상품을 만드는 것, 그 상품의 적절한 출시시기와 더불어 마케팅의 역할이 점점 커지고 있다. 상품의 기획단계부터 어떤 기능을 상품에 포함해야 하는지, 어떤 매체를 통해 커뮤니케이션을 할지, 어떻게 입소문을 낼지를 마케팅 차원에서 고민해야 한다.

마케팅은 개발자들이 상품을 만든 후에 시작하는 게 아니라 처음 기획하는 단계부터 시작해야 한다.

업종 구분은 의미가 없다

마케팅은 기업의 전략 측면에서 실행된다. 이는 기업의 전략에 해당하는 비즈니스 모델에 대한 이해가 필요하다는 뜻인데, 최근의 비즈니스 모델은 '수직적 통합'과 '수평적 통합'으로 확장되면서 업종의 구분이 없어지고 있다는 점에 주목해야 한다.

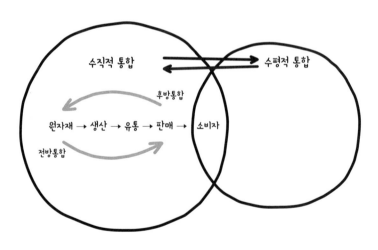

비즈니스 모델의 확장방식

고객경험 측면에서 주로 활용되는 수직적 통합은 다시 전방통합과 후방통합으로 구분된다. 쿠팡과 마켓컬리가 당일 배송을 위해 상품을 매입해 판매하는 방식이 바로 '후방통합'이다. 반면, 등산용품과 의류 등을 제조해 판매하는 칸투칸처럼 온라인 쇼핑몰을 직접 운영하면서 오프라인 매장을 확대하는 방식을 '전방통합'이라고 한다. 그리고 후방통합이든 전방통합이든 수직적 통합을 하는 이유는 고객경험을 최적화하기 위함이다.

시장 확대라는 측면에서 활용되는 수평적 통합으로는 교차판매(Cross-Selling)를 들 수 있다. 야쿠르트가 대표적인 예다. 야쿠르트는 야쿠르트 아줌마 채널을 통해 반찬 배달과 뷰티 제품 등 동일한 고객에게 판매하는 상품 수를 확대하는 전략을 취하고 있다. 이는 영화관에서 팝콘으로, PC방에서 간식으로, 패스트푸드점에서 콜라로 돈을 버는 방식과 비슷하다. 우리가 판매하는 상품에 다른 상품을 묶어 판매하면 객단가가 높아지고 매출이 커지게 마련이다.

수직적 통합과 수평적 통합이 이루어지면 고객에게 더 나은 조건을 제안하는 일이 가능해진다. 마케팅 측면에서 활용되던 업셀링(Up-Selling)을 비즈니스 모델 측면에서 구사할 수 있게 된다는 말이다. 예를 들면, TV를 사러 온 고객에게 홈시어터를 권유하거나, 침대를 사러 온 고객에게 화장대나 소파를 한꺼번에 판매할 수 있다. 게다가 업셀링은 다른 한편으로 고객의 니즈를 분석해 새로운 가치를 제공하는 상품제안이 될 수도 있다.

이러한 수직적 통합과 수평적 통합은 기업이 가진 자원의 효율성을 높이기 위해서도 활용된다. 신세계는 '노브랜드'를 중심으로 매장 내에서 커피와 간단한 음식물을 먹을 수 있는 '노브랜드 카페'를 운영하고 있고, 더 나아가 패스트푸드를 전문적으로 판매하는 '노브랜드 버거' 매장을 확대하고 있으며, 노브랜드나 노브랜드 카페, 노브랜드 버거 주변에는 이마트24 편의점과 이마트 등이 자리하고 있다.

이 같은 신세계의 방식은 비즈니스 운영 측면에서 보면 기존에 구축해 놓은 물류망 등을 연동해 활용함으로써 비용절감 효과를 거둘 수 있어 저렴한 판매가 가능해진다. 또 그렇게 되면 '범위의 경제'와 '규모의 경제' 모두를 달성할 수 있다. 재료 하나하나를 따로따로 발주해서는 가격 경쟁력을 갖추기가 어려우므로 각 사업부의 담당자들과 협업해 재료를 공동으로 발주함으로써 가격을 낮추는 것이다.

자체 식자재 공장을 활용하는 노브랜드 버거의 경우, 햄버거 패티는 음성공장에서 직접 만들고, 채소는 이천공장에서 세척, 절단 등 전처리된 재료를 받아 사용하는 식으로 불필요한 유통 비용을 줄인다. 그럼으로써 맛과 품질 대비 합리적인 가격이라는 가치를 얻게 된 소비자는 신세계라는 대기업이 소상공인 업종을 침해했다고 생각지 않는다. 소비자 입장에서 '공정거래'보다 더 중요한 건 '품질 대비 저렴한 가격'이기 때문이다.

백화점, 대형마트, 편의점, 온라인 쇼핑몰 등 리테일 산업은 대전환기에 접어들었다. 온라인과 오프라인의 경계가 허물어졌기 때문이다. 스마트폰을 통해 언제 어디서나 손쉽게 정보를 탐색하는 세상이다. 여기에 가상현실, 간편결제, 물류혁신까지 변화는 이미 시작되었으며 현재 진행형이기도 하다.

이처럼 변화의 중심축에는 기술이 자리했다. 그리고 본질은 여전히 소비자다. 편리함을 경험한 사람들은 과거로 돌아가지 않는다. 서울에서 부산을 갈 때 스마트폰에서 기차표를 발권하는 사람의 삶의 질이 높을까, 아니면 표가 남아 있는지도 모른 채 서울역까지 가서 발권하는 사람의 삶의 질이 높을까? 기술은 소비자를 편리하게 해주고, 그 편리함에 익숙해진 소비자들은 과거로 돌아갈 수 없다.

그중 가장 큰 변화를 맞고 있는 업종이 흔히 소매업이라 불리는 리테일 산업이다. 편의점, 슈퍼마켓, 대형마트, 백화점 등이 해당한다. 물론, 제조업이나 서비스업도 상황이 크게 다르지 않다. 온라인, 오프라인, 가상현실까지 유례가 없을 만큼 광범위한 연결성(connectivity)의 확장이 비즈니스 모델 자체를 변화시키고 있으며, 이를 통한 소비는 유·무형 상품의 흐름까지 바꾸었다. 이런 변화 속에서 기업의 브랜드 경쟁력도, 소비자의 의사결정권도 상당 부분 힘을 잃어 가면서 기업과 소비자의 관계에 대한 접근방식에도 변화가 불가피해졌다.

승자독식의 사회가 된다

제품과 서비스의 품질이 상향평준화되고, 다양한 플랫폼이 등장하고, 기술을 바탕으로 업종 간 경계가 무너지면서 무한경쟁이 시작되었다. 그런데다 한 산업에 진입하기 위한 장벽 또한 점차 낮아지고 있다. 진입장벽이 낮으면 경쟁이 훨씬 치열해질 수밖에 없다.

온라인 쇼핑몰이 그렇다. 유통채널이 단순하고, 시간과 공간의 제한이 없고, 초기 투자비용이 크지 않기 때문에 많은 사람들이 온라인 창업에 관심을 가진다. 실제 스타일난다, 무신사, 블랭크, 부건에프엔씨 등은 한 사람이 조그맣게 시작해서 수천억의 매출을 올리는 기업으로 성장했다. 네이버 스마트스토어, 옥션, 카페24, 쿠팡 등 다양한 플랫폼 사업자가 있어 온라인에서 쇼핑몰을 구축하거나 판매하는 게 더이상 어렵지 않은 일이 되었다.

스타일난다, 무신사, 블랭크, 부건에프엔씨와 같은 성공사례를 듣게 되면 귀가 솔깃해지기 마련이다. 투자금을 얼마 들이지 않았으면서도 수천억의 매출을 올리고 있다는 보도를 보면 온라인만이 답답하던 내 현실을 탈피할 수 있게 해줄 요술지팡이처럼 생각되기도 한다.

하지만 이런 기업은 그야말로 로또 같은 사례일 뿐이다. 먼저 현실을 냉정하게 직시해야 한다. 너도나도 뛰어든 온라인 쇼핑몰은 이미 경쟁이 치열해져 초기에 투입되는 광고비만도 만만치 않아졌다. 게다가 유통채널이 단순하다고 흔히들 말하지만 실제로 단순한 유통채널을 가질 수 있는 사람은 드물다. 대부분의 온라인 쇼핑몰 창업자들은 귀금속은 종로, 애완동물 용품은 충무로 대한극장 옆, 약제는 경동시장, 의류는 동대문 등 오프라인에서 물건을 구입해 온라인으로 판매한다. 유통채널이 한두 단계 줄었을 뿐 생산자와 소비자가 직거래하는 방식이 아니라는 말이다. 이렇듯 같은 곳에서 구입한 물건으로는 인터넷상에서 활용 가능한 마케팅 전략이 한정될 수밖에 없다.

시간과 공간의 제한이 없다는 점 또한 현실과는 거리가 있다. 분명 오프라인처럼 상권이나 영업시간에는 제한이 없지만, 고객은 새벽 두 시에라도 물건에 대해 궁금한 게 있으면 물어보고 싶어 한다는 걸 감안해야 한다. 이는 운영자가 24시간 깨어 있어야 함을 의미하기도 한다. 오프라인처럼 정해진 시간 동안에만 영업할 수 없는 곳이 온라인이다.

또 온라인 쇼핑몰 창업자의 대부분이 젊은 세대임을 감안한다면 투자금이 적게 든다는 말도 맞지 않는다. 투자 가능한 자본이 많지 않다는 점에서도 그렇지만, 낮은 진입장벽으로 인해 경쟁이 심한 데다 차별화할 수 있는 요인을 찾기가 더욱 어려워짐으로써 갈수록 네이버, 페이스북, 구글 등에 집행하는 광고비용이 커지고 있기 때문이다. 비용 대비 효과는 오히려 낮아져 가는데 말이다.

게다가 판매거점이 필요 없다는 말도 현실과 괴리가 있다. 온라인 쇼핑몰 창업자를 보면 재고 문제에 대해 너무 쉽게 생각하는 경향이 있다. 예를 들어, 티셔츠 하나를 판매하려 해도 당연히 다양한 색상과 사이즈를 구비해야 하는데, 이중 고객이 찾는 제품이 일부에 한정되면 결국 재고를 처리하기 위해 손해를 감수하면서 할인행사를 할 수밖에 없는 일이 생긴다. 그러면 앞에서 남고 뒤로 밑지는 장사가 되어 버린다.

그렇다고 온라인만으로는 고객경험을 최적화하기도 어렵다. 스타일난다와 무신사 같은 온라인 쇼핑몰이 왜 오프라인으로 확장하고 있을까? 온라인 채널만으로는 브랜드의 매력을 전달하는 데 한계가 있기 때문이다. 오프라인은 온라인에 비해 깊고 넓으면서 잊지 못할 경험을 제공할 수 있다. 온라인과 오프라인은 별도의 세상이 아닌 하나의 세상인 것이다.

네이버 쇼핑에서 '비타민'을 검색하면 백만 개가 넘는 상품이 나온다. 비타민을 구매하는 소비자가 늘어났기 때문일까? 아니다. 소비자는 늘지 않았다. 그렇다고 오프라인 매장이 전부 온라인으로 바뀐 것도 아니다. 경쟁이 치열한 하나의 시장 안에서 서로가 생존을 건 싸움을 한다는 뜻이다.

온라인 쇼핑몰은 분명 음식점, 도소매, 서비스업 등에 비해 초기에 들어가는 비용이 적다. 그렇지만 경쟁은 그 어느 곳보다 치열하다. 경험 삼아 해보는 게 아니라면 철저한 준비가 필요하다. 네이버, 옥션, 지마켓 등을 활용해 거래과정을 익히고, 사이트 구축에서 마케팅 활동까지 다양한 부분들을 배우고 고민해야 한다.

높은 성장률을 구가하고 있는 화장품을 보자. 대학과 대학원에서 화장품을 전공한 창업자는 이후 관련 기업에서 화장품 개발과 영업현장을 경험했다. 나름 화장품 산업의 전문가이다. 그럼 이런 사람이 얼마나 있을까? 100명? 1,000명? 10,000명? 어쩌면 그보다 훨씬 많을지도 모른다. 오프라인처럼 상권을 보장받을 수 없는 온라인에서는 이들 모두가 경쟁자다.

온라인 쇼핑몰 예비창업자들의 공통점은 성공에 대한 막연한 기대감이다. 하루에 몇 시간만 투자하면 저절로 돌아갈 거라고 생각하거나, 열심히 하면 되겠지 하는 막연한 기대감에 빠져 있다. 정확한 실천계획도 없는 고객만족을 외치거나 먼 미래에 실현 가능한 이상만을 말하기도 한다. 혹시 너무 단순하게, 너무 쉽게, 너무 안일하게, 심지어는 매우 낭만적인 생각으로 온라인 쇼핑몰 창업을 준비하고 있지는 않은지 돌아봐야 한다.

온라인 쇼핑몰의 성공은 오프라인에 비해 결코 쉽지 않다. 24시간 경쟁자를 모니터링하고 고객의 질문에 답변해야 하는 등 노동

강도는 높고 시간 여유는 적다. 운영자의 수면시간이 짧다고 매출이 오르지도 않으며, 오프라인처럼 유동인구가 보장되지도 않아 홍보비용도 지속적으로 발생한다.

모든 것이 연결되는 세상

비즈니스 모델을 변화시키는 요인은 연결성, 경제상황, 인구구조의 변화 그리고 기술이다. 그중 마케팅 환경을 가장 크게 바꾸는 건 기술로, 오프라인과 온라인을 하나의 세상으로 연결하는 게 그것의 대표적인 예다. 아마존은 식료품을 판매하는 홀푸드마켓 인수뿐만 아니라 아마존북스와 아마존4-스타 등을 통해, 알리바바는 신선식품 매장 허마셴성을 통해, 징둥은 무인마트인 X-마트 등을 통해 오프라인으로 확장 중인데, 전통적인 리테일 매장과 이들의 차이는 기술이 중심이라는 점이다. 이처럼 식품과 약국으로 영역을 확장 중인 유통공룡 아마존이나 중국에서 리테일 산업의 혁신을 이끄는 알리바바와 징둥닷컴 등은 인공지능, 사물인터넷, 로봇, 블록체인 등의 기술을 오프라인에 도입해 우리의 소비 형태를 바꿔나가고 있다.

또 예전에는 하드웨어 기업이 소프트웨어 기업이 되고, 소프트웨어 기업이 하드웨어 기업이 되는 일은 상상조차 할 수 없었다.

하드웨어, 소프트웨어, IT서비스, 콘텐츠 관련 기업들은 각자의 독립적인 영역에서 경쟁하며 각자의 경쟁적 지위를 강화해 왔기 때문이다. 하지만 아이폰이 나오고, 네트워크 속도가 빨라지고, 소셜미디어 등을 통해 다양한 연결이 가능해지면서 산업 간 경계가 점점 허물어지고 있다. 게다가 스마트워치나 밴드 같은 다양한 웨어러블 디바이스(Wearable Device), 사물인터넷(IoT), 사물지능통신(M2M), O2O(Online to Offline) 등의 기술발전에 따라 사람과 사물, 사물과 사물 등으로 그 연결범위는 더욱 확대되어 간다.

스마트폰과 소셜미디어는 사람과 사람을 서로 연결시켜 주었다. 언제나 어디에서나 스마트폰으로 정보를 검색하고 서로 연결될 수 있는 시대가 되면서 사람들은 사람들과 대화하지 않고 스마트폰과 대화를 한다. 다양한 SNS상에서 가족끼리 대화방을 만드는가 하면 동창회, 모임 등의 대화도 모두 소셜미디어 안에서 이루어진다. 단순히 정보를 소비했던 사람들이 이제는 자신의 이야기를 생산하고, 생산된 정보를 소셜미디어에 올리는가 하면 '좋아요'와 '공유하기' 형태로 친구들이나 지인들의 이야기 유통에도 관여한다.

사람들은 여전히 TV를 보고 신문을 읽지만 거기에 나오는 광고까지 일방적으로 받아들이지는 않는다. 무엇인가 궁금하거나 제품 구입에 정보가 필요하면 검색을 통해 정보를 수집하며, 페이스북이나 카카오톡 같은 소셜미디어를 통해 사람들에게 의견을 묻는다.

이제 기업들은 TV, 신문 등의 매스미디어나 블로그, 페이스북에 어떻게 소개될지를 상상하는 일뿐만 아니라 광고를 본 사람들이 어떤 키워드로 검색할지, 사람들 사이에서 어떻게 이야기될지 등도 염두에 두어야 한다. 스마트폰을 이용해 실시간으로 정보를 탐색하는 시대에는 기존의 일방적 메시지 전달이 아닌 쌍방커뮤니케이션이 필요하다. 기업이 온라인을 중심으로 마케팅 활동을 통합해야 하는 이유이다. 제품에 대한 정보를 찾고, 구매를 결정하고, 구매 후 경험을 공유하는 지금 네이버, 페이스북 등이 MBC, KBS보다 더 큰 영향력을 미치고 있다.

모든 것이 연결되는 시대에는 방대한 양의 정보와 지식 등이 생산되고 교환됨에 따라 수많은 기회가 만들어진다. 새로운 사업 기회는 물론, 사람들이 과거에는 경험하지 못했던 새로운 가치를 제공한다. 따라서 사람들의 기대에 대응하려면 기업과 개인은 기술 수용 속도를 감지할 수 있어야 하고, 다양한 역량을 개발하는 한편 지속적인 혁신을 추구해야 한다.

간과하지 말아야 할 부분은 기술적 우위를 추구하느라 '사람'을 놓치면 안 된다는 사실이다. 결국에는 사람 사는 세상이다. 기업이든 개인이든 모두가 연결되는 환경변화에 대응하기 위해서는 '사람 중심'으로 전략을 세워야 한다. 지금까지 그랬던 것처럼 사람이 모든 것의 출발점이자 종착점이다. 기술의 발달로 세상이 조금 더 편해지고 빨라질 뿐 사람이 살아가는 것 자체가 바뀌지는 않는다. 태어나고 사랑하고 결혼하고 아이 낳고 슬퍼하고 죽는, 사람에 대한 보다 깊이 있는 이해를 바탕으로 삶의 질을 개선해 나가야 한다. 사람이 전략의 핵심요소가 되어야 한다.

변화의 중심에 놓인 리테일 산업

리테일 산업은 동일한 상품이라면 저렴하게 구매하고자 하는 '상품화'와 나에게 의미 있는 다양한 감성을 포함하는 '경험경제'를 중심으로 바뀌고 있다.

상품화란 자신이 편리한 방식으로 최저가를 제시하는 곳에서 제품과 서비스를 구매하는 것을 말한다. 동일한 상품이라면 네이버나 쿠팡에서 검색해 본 후 카드할인, 적립금 등을 비교해 최저가를 제시하는 곳에서 구매한다. 가격만이 아니라 네이버나 카카오 등의 간편 로그인과 간편결제에 이어 당일 배송 여부 등도 비교 대상이다. 클릭 한 번이면 구매가 이루어지고 신속하게 집까지 상품이 배송되는 시대에 오프라인인지 온라인인지를 구분하는 건 더이상 의미가 없다. 자신에게 편한 방식만을 선호할 뿐이다.

또 하나의 축인 경험경제란 기술의 발달로 제품에 대한 경쟁력의 차이가 없어진 상황에서 소비자들은 차별화된 경험과 서비스 구매에 가치를 두기 시작했다는 경제 개념이다. 덴마크의 미래학자 롤프 옌센은 "고객의 구매결정은 이성적 이유보다는 감성적 요인에 따라 이루어지며, 사람들은 상품에 담겨 있는 감성, 가치, 이야기를 구매한다. 따라서 기업은 제품 자체의 기술적 우수성이나 편리함보다는 이야기와 신화를 만드는 데 주력해야 경쟁력을 확보할 수 있다."고 했다.

이 같은 상품화와 경험경제 환경에서는 가심비와 가치소비가 함께 나타난다.

가심비란 단순히 제품의 성능이 아닌 가격 대비 마음의 만족을 의미하는데, 풍요로움을 경험한 밀레니얼 세대는 자신의 만족을 가장 큰 가치로 둔다. 사람마다 다양한 방식으로 마음의 위안을 얻는데, 밀레니얼 세대는 특히 현재 자신의 기분과 상황을 중요하게 생각하며 소비하기 때문이다. 밀레니얼 세대의 라이프 스타일을 반영한 대표적인 상품이 바로 '굿즈(Goods)'이다. 굿즈란 특정 인물이나 사물의 아이덴티티를 나타낼 수 있는 주제로 제작된 상품으로, 방탄소년단 같은 아이돌뿐만 아니라 펭수 등 캐릭터까지 다양하게 만들어져 소비된다.

가치소비는 소득수준의 증가와 연관성이 높다. 잘 먹고 잘살게 되면서 남과 같지 않은, 남과 다른 뭔가를 선호하는 현상이 나타났다. 너무 빨리 변하는 시대와 소비문화에 대한 반발로 개성을 소비하는 사람들이 증가하고 있는 것이다. 빈티지와 앤티크처럼 오래되고 낡은 뭔가에 관심을 가지는 이유는 금방 출시된 새것과는 비교할 수 없는 고유의 가치를 지녔기 때문이다. 이처럼 개성을 추구하는 사람들이 증가하면서 획일화된 제품 속에서도 자기만의 개성을 드러내려는 사람들이 늘고 있다.

이러한 가치소비는 기업들로 하여금 취향과 공감의 판매라는 형태를 불러왔다. 바쁜 일상과 치열한 경쟁으로 인해 스트레스와 상처를 받는 현대인들은 그러려니 참고 살 수도 없을 뿐만 아니라 가끔 떠나는 휴가로는 상처를 해소하기도 어렵다. 개인뿐 아니라 사회 전체가 그렇다. 그런 현대인에게 가장 필요한 건 자신의 이야기를 들어줄 사람과 자신의 상처에 공감해 줄 콘텐츠이다. 취향과 공감이 교육, 콘텐츠, 음료, 취업, 금융, IT에 이르기까지 모든 영역에서 전방위 마케팅 코드로 쓰이고 있는 이유이다.

풍요로움을 경험한 밀레니얼 세대

인구구조의 변화에서 가장 주목해야 할 부분은 1인 가구의 증가와 풍요로움을 경험한 밀레니얼 세대이다. 가족이 대부분 3~4인으로 구성된 요즘 젊은 층은 일자리를 찾아 독립하거나 도시로 떠나면서 1인 가구가 되고, 부모는 자녀들이 떠나면서 저절로 1인

가구가 된다. 그리고 그들 중 상당수는 새로운 가족을 만들지 않는다. 2030년에는 남성 30%, 여성 20%가 평생 한 번도 결혼하지 않는 생애 미혼세대가 될 거라고 예측할 정도이다. 게다가 경기불황, AI로의 노동 대체 등 사회의 변화 또는 경제적인 문제로 결혼을 포기하고 혼자만의 라이프 스타일을 즐기려는 사람들도 점점 많아지고 있다.

자연스럽게 그에 맞춰 혼자 사는 사람들을 겨냥한 프리미엄 제품들도 증가하는 중이다. 실제로 국내 백화점의 연령대별 매출 구성비를 보면 30~40대가 55%가 넘는다고 한다. 특히, 30대는 내일보다는 오늘을 더 중시하는 소비형태를 보인다. 30~40대는 장난감을 갖고 놀기도 하고, 일상의 탈출구로 야구와 같은 스포츠 동호회에 열정적으로 참여하기도 하며, 답답한 도심을 떠나 캠핑을 즐기는가 하면 레트로(Retro)와 같은 과거의 향수에 빠져들기도 한다.

1인 가구의 증가는 또 음식업 분야에서 1~2인 가구를 적극 공략하는 결과를 가져왔다. 혼자서 음식을 먹는 모습이 더이상 낯설지 않으며, 길거리의 커피숍들은 이미 오래전부터 창가를 바라보며 혼자서 커피를 마실 수 있게 꾸며져 있다. 혼자 사는 나홀로족을 위해 손쉽게 먹을 수 있는 온갖 종류의 간편 조리식품이 마트 진열대에 꽉 차 있을 뿐만 아니라 과일을 조금씩 잘라 팔기도 한다. 팩으로 포장된 채소와 손질된 마늘, 남의 시선을 의식하지 않으면서 음식을 먹을 수 있는 1인 식당, 퇴근 후 혼자서 음식을 먹을 수 있는 심야식당에 이르기까지 아주 다양한 비즈니스 형태가 나타나고 있다.

외톨이 가구의 증가는 또 하나의 가족인 반려동물을 대상으로 하는 비즈니스도 활성화시켰다. 미국이나 일본 등에서는 이미 판매되고 있으며, 우리나라에서도 수입해 판매하는 강아지 전용 맥주는 사람이 마시는 맥주보다 비싸다. 사람들은 강아지를 입양하는 순간 가족 대하듯 반려견을 위해 돈을 쓴다. 게다가 시장이 커지면서 점점 고급화되는 경향도 보인다. 청담동 소재 애견센터의 건강검진권은 최고 100만 원에 달하며, 그곳 스위트룸 숙박은 하루에 20만 원이나 할 정도이다.

또한, 1인 가구를 위한 맞춤형 집수리 및 집안일 서비스도 늘어나고 있다. 이른바 '슈퍼맨 아빠' 콘셉트의 생활서비스업이 각종 대행 서비스 형태로 확장되고 있는데, 5천 원도 안 되는 금액으로 각종 서류 작성부터 패스트푸드 배달까지 모든 것을 대행해 준다.

1인 가구의 증가는 공유경제의 발달과 함께 소비의 양극화도 보여준다. 정수기, 자동차뿐만 아니라 사용하지 않는 방, 입지 않는 옷을 빌려주기도 하는 등 잘 빌리는 게 소비의 미덕으로 표현되기도 한다. 소비자들은 과거처럼 소유가 아닌 공유를 통해 어떻게 더 잘 쓸까를 고민한다. 팔기만이 아니라 빌려주기도 중요한 비즈니스 기회가 된 것이다. 이처럼 공유를 통한 알뜰 소비와 함께 한편에서는 명품 소비 또한 증가하고 있다. 풍족해서라기보다는 하나를 사더라도 제대로 사고 싶고, 과시의 목적보다는 자신의 가치를 높여주는 소비를 실천하기 때문이다.

과거에는 저가 제품이 가장 많이 팔리고, 중가 제품은 중간 정도로 팔리며, 가장 비싼 제품이 제일 덜 팔리는 '피라미드형' 모양이 일반적인 소비의 형태였다. 그런데 가치소비의 영향으로 사람들이 가격과 가치 중 확실한 이점이 있는 쪽으로 움직이면서 가장 싸거나 가장 비싼 제품이 잘 팔리는 '모래시계형'의 양극화 소비로 형태가 바뀌고 있다.

인구구조 변화에서 눈여겨보아야 할 또 하나의 중요한 키워드는 풍요로움을 경험한 밀레니얼 세대이다. 지금의 밀레니얼 세대는 대한민국 역사상 가장 똑똑하다. 어떤 세대보다 가장 풍요로움 속에서 자랐으며, 대부분 대학 이상의 교육을 받을 뿐만 아니라 신체적인 조건도 좋다. 부모와 함께 해외여행도 하고, 영어와 같은 외국어에 대한 역량도 그 어떤 세대보다 뛰어나다.

그럼에도 최초로 부모세대보다 가난한 세대가 될 거라는 안타까움에 직면해 있다. 평균수명의 증가로 인해 베이비부머 세대의 퇴직연령이 늘어나고, 단순한 직무의 경우 로봇 등이 인간의 일자리를 대신하면서 상대적으로 밀레니얼 세대에게 주어지는 기회가 적어졌다. 또한 '성실'을 강요할 수 없는 세대이기도 하다. 부모세대는 아끼고 절약하면서 성실히 살면 자동차도 사고, 집도 살 수 있었다. 하지만 밀리니얼 세대는 아끼고 절약하면서 살 기회를 만들기도 어려울뿐더러, 기회가 주어진다고 해서 성실이라는 가치로 미래를 이야기할 수가 없다.

극심한 경쟁을 견디며 살아왔음에도 정작 기회는 적은 불행한 세대인 이들은 디지털 환경에서 자라 온라인과 오프라인을 넘나들며 살아간다. 당일배송과 새벽배송이 되는 온라인 쇼핑몰을 이용해 비누에서 화장지, 샴푸 같은 생필품은 물론이고, 고기와 채소, 과일 같은 신선식품들을 산다. 대형마트를 가기 위해 운전하고 시간을 들이는 수고를 원치 않는다.

그렇다고 밀레니얼 세대가 모든 오프라인 매장을 안 가는 것은 아니다. 신사동의 가로수길, 망원동의 망리단길, 잠실 송리단길, 부산 해운대 해리단길, 전라북도 전주 객리단길, 경상북도 경주 황리단길 같은 핫플레이스들은 언제든 방문한다. 그곳엔 그들이 원하는 체험과 공감이 있기 때문인데, 이는 밀레니얼 세대의 소비 패턴과 밀접한 관련이 있다. 디지털 환경에서 자란 이들은 지루함을 싫어하며, 평범하고 재미없는 오프라인 공간이 아닌 재미와 경험, 공감을 불러일으키는 공간을 원한다.

2

데이터 중심의
디지털 마케팅

마케팅이란 무엇일까?

우리는 일상에서 '마케팅한다.'는 말을 자주 한다. 그러면 마케팅이란 무엇일까? 그리고 이 책의 주요 주제인 디지털 마케팅과는 어떤 관련이 있을까? 마케팅이 무엇인지부터 생각해 보자.

마케팅을 위해서는 좋은 상품이 있어야 하고, 상품의 가치에 맞는 가격이 결정되어야 하며, 소비자들이 구매하기 편리한 방식으로 유통되어야 한다. 그리고 이러한 면면들을 효과적으로 알릴 수 있어야 한다. 이것이 바로 마케팅 실행체계를 이루는 제품(Product), 가격(Price), 유통(Place), 촉진(Promotion)의 4P 활동인데, 이 네 가지 활동은 서로 유기적으로 맞물려 돌아가야 한다. 이를 '마케팅 믹스'라고 부르는 이유도 거기에 있다.

한 기업을 예로 들어보자.

프리미엄 명품 화장품을 제조, 판매하는 기업이 있었다. 제품 콘셉트는 '프리미엄'과 '명품'이고, 실제 기업의 기술력도 높았으며, 화장품은 검정 라인으로 고급스럽게 만들어 고가전략을 취했다. 반면, 백화점과 면세점보다 네이버, 쿠팡, 옥션 등의 온라인 판매에 치중했는데, 수수료가 높은 백화점과 면세점 판매는 제조 원가와 유통비용 등을 감안할 때 실익이 없다고 판단하지 않았나 생각된다.

자, 그럼 여기에서 유통(Place)을 보자. 유통은 '우리 고객이 상품을 어디에서 구매하는지'에 따라서 결정된다. 이는 우리가 백화점과 면세점에 들어갈 수 없어 온라인으로 판매하는 행위는 유통전략이 아니라는 뜻이다. 촉진활동도 마찬가지다. 백화점과 면세점에서 판매한다면 뷰티나 패션잡지 등의 광고가, 온라인에서 판매한다면 SNS 활용이 효과적일 것이다. 이처럼 기업에서 마케팅을 실행한다는 말은 4P 활동을 한다는 의미이며, 4P 활동은 서로 유기적으로 맞물려 운영되어야 한다.

그러나 기업은 가용자원의 한계로 모든 고객에게 상품을 판매할 수가 없다. 특정 고객의 마음속에 기업이나 상품의 이미지를 심어줘야 하는 이유이다. 그러려면 시장을 세분화해 보아야 하고, 세분화된 시장 중에서도 매력적인 시장을 선별해야 하며, 선별된 시장에서 소비자에게 어떤 이미지를 심어줄지 결정해야 한다. 이것이 시장세분화(Segmentation), 타깃 선정(Targeting), 위치 선정(Positioning)의 이니셜을 딴 STP 전략이다. 기업 마케팅 전략의 기초란 바로 이 STP를 의미한다.

그런데 STP와 4P 활동을 하려면 먼저 소비자를 분석해야 한다. 소비자에 대한 이해가 마케팅 활동의 출발점이다. 급변하는 시장 환경에서 소비자에 대한 이해 없이는 효과적인 마케팅을 진행할 수 없다. 반면, 소비자들의 욕구는 매우 복잡하고 다양해 파악이 쉽지 않다. 소비자의 구매의사 결정 과정, 정보처리 과정, 소비자행동에 영향을 미치는 개인적, 사회적, 상황적 요인을 분석하는 이유가 여기에 있다.

그럼에도 불구하고 소비자 정보만으로 마케팅 의사결정을 할 수는 없다. 경쟁자를 무시할 수 없는 데다 내부역량이 뒷받침되어야 하기 때문이다. 게다가 기술의 흐름과 사회의 트렌드도 영향을 미친다. 따라서 이러한 것들을 모두 감안해 기업의 목표를 설정하고 자원을 적절히 배분함으로써 목표를 이루어가야 한다.

마케팅은 4P로 실행된다

위에서 설명한 마케팅을 도식화한 게 아래의 표이다. 이 표를 중심으로 내용을 다시 정리하면 이렇다. 기업은 보유하고 있는 제품이나 서비스 및 정보를 목표한 소비자에게 팔고, 소비자는 그 제품과 서비스를 사기 위해 시간과 노력, 돈, 정보 등을 지불한다. 이때 일반 소비자에게 파는 걸 B2C(business to consumer)라 부르고, 기업에게 파는 걸 B2B(business to business), 정부나 공공기관 등에 파는 걸 B2G(business to government)라고 부른다. 이미 일반화된, 오픈마켓에서 소비자와 소비자가 거래하는 C2C(Consumer to

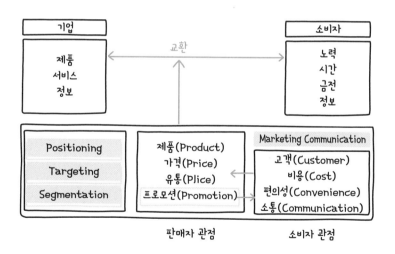

마케팅 활동의 기본 구조

Consumer)도 있다. 또 교육기회와 보너스, 자유로운 근무환경처럼 직원을 대상으로 하는 B2E(Business to Employee)에 대한 중요성도 높아지는 중이다.

마케팅은 이처럼 누군가에게 무엇을 판매하는 일로, 우리는 이를 '교환'이라고 정의한다. 그리고 교환이 이루어지는 장소를 시장(market)이라 부르는데, 시장은 물리적 장소만을 의미하지 않는다. 사이버시장, 자금시장, 탄소시장, 금융시장과 같이 구매자들의 집합 또는 소비자들의 집합을 총칭하는 말로 상품, 장소, 구매자와 판매자, 공급자와 수요자에 따라 달라진다. 게다가 온라인과 오프라인이 스마트폰 아래로 통합되면서 물리적 장소로서의 시장 구분이 모호해진 측면이 있긴 하나 동대문시장, 노량진시장, 현대백화점 등 장소로도 시장을 구분할 수 있다.

기업과 소비자가 이렇게 '교환'을 하려면 몇 가지 사항이 결정되어 있어야 한다. 첫 번째는 판매하는 상품이 무엇인지를 알아야 한다. 이것이 '제품'이다. 두 번째로는 얼마인지를 알아야 구매를 하든 말든 결정할 수 있는데, 바로 '가격'이다. 세 번째는 어디에 가면 살 수 있는지에 대한 '유통'이 결정되어 있어야 하고, 네 번째로는 구매할 때 어떤 혜택이 있는지 등을 알리는 촉진활동이 필요하다.

이 같은 네 가지 마케팅 활동에서 가장 중요한 것은 제품력이다. 제품력은 양보할 수 없는 절대가치에 해당한다. 이를 두고 스탠퍼드 대학 경영대학원의 이타마르 시몬슨 교수는 "제품 자체의 사용가치가 중요해지는 절대가치의 시대가 오고 있다."고 주장하기도 했는데, 절대가치란 제품과 서비스에 대한 선입견 없는 진짜 가치를 말한다. 과거에는 기업이 소비자보다 더 많은 정보를 가지고 있었기 때문에 소비자는 브랜드나 가격 같은 부수적인 조건들에 의존할 수밖에 없었다. 그러다 스마트폰과 SNS 등으로 소비자가 제품과 서비스에 대한 정보를 이전보다 더 많이 가질 수 있게 되면서 제품의 진짜 가치인 절대가치를 가늠할 수 있게 되었다. 그렇다고 '제품만 잘 만들면 잘 팔릴 것'이라는 생각의 접근은 자칫 위험에 빠지기 쉽다. 기술이든 마케팅이든 높은 혁신을 이루고도 실패한 사례는 무수히 많다.

또 가격도 중요하다. 가격은 고객에게 주는 신호와 같다. 커피 한 잔을 1,000원에 팔면 1,000원짜리라는 신호를 주는 것이고, 10,000원에 팔면 10,000원짜리라는 신호를 주는 것이다. 물론, 가격 대비 좋은 품질을 의미하는 '가성비'를 얘기할 수도 있지만, 가성비는 기본 전제조건인 규모의 경제를 이루어야만 달성이 가능하다. 규모의 경제를 실현할 수 있는 대기업이나 글로벌 기업이 아니라면 가성비는 그럴싸한 포장에 불과할 뿐이다. 기업은 수익이 발생해야 지속적인 성장을 할 수 있는데, 수익은 가격을 통해서 실현된다. 신제품 개발, 유통망 확보, 프로모션 활동 등은 모두 비용을 발생시키는 데 반해 가격은 수익에 직접적인 영향을 미치면서 기업의 이익을 결정한다.

　유통도 중요하긴 마찬가지다. 유통은 제품을 다양한 경로를 통해 목표고객에게 제공하는 활동이다. 유통에 참여하는 사람들은 생산자가 만들어낸 사용가치에 시간, 장소, 소유, 형태의 교환가치를 더하는 역할을 한다. 도매와 소매를 담당하는 중간상은 생산시점과 구매시점의 불일치를 해결하고, 생산장소와 구매장소의 불일치를 해소한다. 또한, 생산자에서 소비자로 소유권이 이전될 때까지 소유권을 보유함으로써 재정적 부담과 상품 진부화의 위험을 떠안기도 한다. 이처럼 유통의 교환가치가 생산의 사용가치와 더해질 때 비로소 완전한 제품이 된다.

　네 가지 마케팅 활동 중 가장 많은 비중을 차지하는 부분은 촉진활동이다. 고객들에게 우리의 상품을 알리고 선택하게 하는 활동으로 제품이나 서비스에 대한 정보를 제공하고, 호의적인 태도를 갖도록 설득함으로써 구매로 이끌어내려는 노력이다. 촉진전략으로는 광고, 홍보, 인적판매(영업), 판매촉진 등이 대표적이다.

디지털 마케팅은 4P를 4C로 해석한다

　장황하게 4P 활동을 설명한 이유가 있다. 위에서 설명한 제품, 가격, 유통, 촉진활동의 4P 전략은 그 자체가 기업의 입장일 뿐이다. 4P에서 말하는 제품은 기업이 만들어놓은 제품이며 가격도 마찬가지다. 기업이 제시하는 가격일 뿐 소비자가 원하는 가격이 아닐 수도 있다. 이처럼 4P 활동 자체는 고객의 필요와는 상관없이 기업이 제품을 만들고 그들 방식대로 고객을 설득하는 일방적인 형식을 띤다.

이 때문에 4P 활동이라는 마케팅을 고객 관점에서 새롭게 정립해야 할 필요를 느끼고 고안해 낸 것이 바로 로터본 교수가 정의한 4C 개념이다.

4C의 첫 번째는 고객가치(customer value)이다. 4P의 '제품'이 기업 관점이라면 4C의 '고객가치'는 고객 관점으로 제품을 바라보면서 '우리 제품의 장점'이 아닌 '고객에게 제공되는 가치'를 중심에 놓는다. 고객이 상품에 부여하는 가치는 주관적인 데다 상황에 영향을 받게 되어 있다. 따라서 고객이 어떤 상품을 우리 상품의 비교 대상으로 인식하는지, 제공하는 편익은 무엇인지 분석해 보아야 하는데, 이 편익들은 상품 설명서 작성, (심리적) 가격결정 등 마케팅 활동에서 다양하게 활용된다. 그럼에도 고객들이 원하는 가치를 알지 못하고 설득할 수 없다면 그 상품은 아무리 잘 만들었어도 진흙 속의 진주로 묻혀 버리고 만다.

과거에는 고객들이 '가격'이나 '품질'에 제품에 대한 가치를 부여했지만, 이제는 감성적 요인에 가치를 더 많이 부여한다. 스타벅스가 좋은 예다. 스타벅스는 '커피를 판매한다.'고 하지 않고 '집과 사무실 외 제3의 공간'이라고 고객을 설득한다. 지금까지는 이성적이고 논리적 사고로 기능적인 속성과 편익을 강조했다면, 앞으로의 마케팅은 소비자를 감성적인 존재로 인식하고 소비자 감성 충족을 위한 체험을 제공해야 한다.

고객가치 측면에서 감성 못지않게 중요한 게 또 하나 있다. 바로 제품의 서비스화이다. 우버와 같은 공유서비스를 활용하면 필요할 때만 자동차를 사용할 수 있고, 이런 서비스가 많아지면 자동차는 제품이 아닌 서비스가 된다. 가족들과 캠핑을 떠나면서 캠핑용품을 대여해 사용한다면 캠핑용품 또한 마찬가지다. 그리고 이렇게 제품이 서비스를 제공하기 위한 도구로 인식되기 시작하면 제품에 대한 고객가치 자체가 바뀔 것은 불 보듯 뻔한 일이다.

4C의 두 번째는 고객이 쓰는 비용(customer cost)으로, 4P의 '가격'이 기업 관점이라면 4C의 '비용'은 고객 관점에서 가격을 바라보는 것이다. 소비자는 제품을 구입할 때 돈만 지불하는 게 아니라 정보를 탐색하기도 하고, 주변 사람에게 의견을 구하기도 하며, 제품을 사용할 때 다른 사람의 시선을 의식하기도 한다. 따라서 가격은 당연히 비용의 관점으로 접근해야 한다.

가격은 기업, 소비자, 경쟁자의 세 가지 입장에서 결정될 수 있다. 원가에 적정 이윤을 더한 결정이 기업 입장에서의 가격결정이고, 제품을 소비하면서 얻는 가치 기반의 결정이 소비자 입장에서의 가격결정이다. 그리고 원가나 고객과 상관없이 경쟁기업이 설정한 가격을 기준으로 한 결정이 경쟁자 입장에서의 가격결정이다.

여기서 가치 중심의 가격결정이란 고객이 느끼는 제품의 가치를 중심으로 가격을 결정하는 걸 말한다. 뮤지컬 같은 공연의 관람료에서 2층보다는 무대 앞 좌석이 비싸고, 평일보다는 주말이 더 비싼 것과 같다. 가치 중심 가격결정은 이처럼 원가 중심 가격결정과 달리 목표고객들이 우리 제품과 서비스에 어느 정도의 가치를 부여하고 있는지를 조사해 이를 중심으로 가격을 결정하는 행위이며, 경쟁제품 및 원가를 모두 고려한다는 점에서, 또 소비자 중심으로 가격을 결정한다는 점에서 많은 기업들이 도입하고 있는 방식이다.

하지만 가치 중심으로 가격을 결정하기 위해서는 제품과 서비스에 대한 명확한 차별점이 존재해야 한다. 비슷한 제품과 서비스에 가격만 높이는 게 가치 중심이 아니라는 뜻이다. 따라서 기업은 제품과 서비스에 유니크한 차별점이 존재한다는 전제하에 소비자 관점의 가치를 파악해야 한다. 고객이 어떤 상황에서 구매를 결정하고, 결정 과정에서 누구에게 영향을 받는지, 구매채널은 어디인지, 경쟁기업의 가격이나 품질은 어떻게 인식하고 있는지 등 고객에 대한 다양한 정보를 수집해야 한다. 물론, 조사비용이 많이 들고, 사람들이 의견을 명확히 이야기하지 않는다는 점에서 정확한 측정이 어렵다는 한계는 있다.

4C의 세 번째는 고객편리성(convenience)이다. 이 역시 4P의 '유통'이 기업 관점이라면 4C의 '고객편리성'은 고객 관점에서 유통을 바라보는 것이다. 과거에는 유통채널을 백화점, 대형마트, 온라인 쇼핑몰처럼 물리적인 공간으로 구분했다. 그러나 고객 편에서 보면 백화점이든 대형마트든 온라인 쇼핑몰이든 편리하게 구매할 수만 있으면 그만이다. 고객편리성 측면에서 온라인과 오프라인의 구분은 별 필요가 없다. 유통은 언제 어디서든 고객이 편리하게 구매할 수 있어야만 의미를 갖기 때문이다.

이러한 관점에서 나온 유통방식이 '옴니채널OmniChannel)'과 '리버스 쇼루밍(Reverse showrooming)'이다.

옴니채널은 '모든'을 뜻하는 옴니(Omni)와 제품의 유통경로를 의미하는 채널(channel)의 합성어로, 온라인과 오프라인, 모바일 등으로 구분된 모든 쇼핑채널을 고객들이 하나의 매장처럼 이용할 수 있도록 한 시스템을 말한다. 반면, 리버스 쇼루밍(Reverse showrooming)이란 온라인에서 물건을 검색한 후 오프라인 매장을 통해 물건을 구매하는 방식을 일컫는다. 온라인에서 미리 상품정보와 가격을 확인하면 오프라인에서 쇼핑시간을 단축할 수 있는데, 기업들은 실제로 애플리케이션을 통해 쇼핑뉴스와 상품정보,

매장별 이벤트 행사를 제공하면서 리버스 쇼루밍족을 공략하고 있다. 실시간으로 정보를 업데이트해 제공함으로써 고객들이 가까운 매장에 방문해 제품을 살 수 있도록 하는 방식이다.

오프라인과 온라인이 연결되는 O2O, 모든 채널을 통합하는 옴니채널은 거스를 수 없는 흐름이 되었다. 이마트와 쿠팡의 경쟁에서 보듯 플랫폼의 장벽도 무너지고 있다. 이런 점에서 향후 유통은 고객에게 얼마나 편리하게 구매할 수 있는 시스템을 제공하느냐가 성공의 관건이라고 볼 수 있다.

4C의 네 번째는 고객과의 커뮤니케이션(communication)이다. 마찬가지로 4P의 '촉진활동'이 기업 관점이라면 4C의 '커뮤니케이션'은 고객 관점이다. 보통의 성인이 하루에 접하는 광고 메시지는 헤아릴 수 없을 정도로 많다. 출근길에 만나는 간판과 현수막에서부터 지하철, 스마트폰, PC, 신문, TV 등 보고 듣는 메시지가 넘쳐난다. 기업이 생각하는 커뮤니케이션과 소비자가 생각하는 커뮤니케이션이 다름에도 끊이지 않는다. 기업은 좋은 제품을 만들어 광고, 홍보, 판촉활동을 하면 팔릴 거라 생각하지만 그렇지 않다. 소비자를 설득하기 위해서는 기업 관점이 아닌 소비자 관점에서 커뮤니케이션이 이루어져야 한다.

고객 관점에서 볼 때 커뮤니케이션은 이미 과잉현상을 나타내고 있다. 커뮤니케이션 과잉사회에서 또 다른 광고를 이야기하거나 새로운 커뮤니케이션 수단에 관한 이야기는 잠재적 효과를 지나치게 과장하는 일에 지나지 않는다. 기업이 처한 현실과 관계없는 자기중심적 주장에 불과할 뿐이다.

미디어 환경은 이미 SNS를 중심으로 급변하면서 커뮤니케이션 패러다임이 쌍방향으로 바뀌었다. 제품과 서비스가 고객을 만났을 때, 사람과 사람이 만났을 때의 아주 짧은 시간이 중요해진 것이다. 만남의 순간, 제품과 서비스에 노출되는 순간, 메시지가 전해지는 순간에 커뮤니케이션을 해야 하는데, 그 순간이란 몇 초일 수도, 몇 분일 수도 있다. 기업은 그 순간을 찾아내야 한다. 소비자들이 어디에서 브랜드를 만나고, 어느 부분에서 접점이 이루어지는지를 알아내 그곳에서 어떤 방식으로 커뮤니케이션을 할 것인지 결정해야 한다.

커뮤니케이션이 확장되고 있다는 사실에도 주목할 필요가 있다. 첨단기술 기반의 스마트한 쇼핑 환경은 소비자가 상품을 선택하고 주문하는 과정에 대대적인 변화를 가져왔다. 이는 인공지능, 머신러닝 등 기술적 차원의 발전 때문이기도 했지만, 기업과 소비자 간의 커뮤니케이션이 완전히 다른 맥락에 놓이는 전환이기도 하다. 사람과의 상호작용 없이도 소비가 가능해지고(무인매장), 매장 직원에게 묻는 대신 챗봇과 대화하며 쇼핑하는 시대로 접어든 것이다. 이제는 커뮤니케이션의 범위를 보다 넓게 해석해야 한다.

온라인을 중심으로 진행되는 디지털 마케팅의 대부분이 '누구에게 무슨 말을 할 것인가?'로 귀결되는 만큼 마케팅 활동의 4P를 4C로 바꿔 해석해야 한다. 제품(Product)은 고객가치(customer value)로, 가격(Price)은 비용(customer cost)으로, 유통(Place)은 편리성(convenience)으로, 촉진(Promotion)은 커뮤니케이션(communication)으로 해석하면 디지털 마케팅을 진행할 때 다양한 메시지와 콘텐츠를 확인할 수 있다.

마케팅의 대부분은 고객 이야기이다

마케팅 효과를 높이기 위해서는 가장 먼저 목표고객이 정해져야 한다. 예를 들어, 나름의 전문성을 갖추고 동네에서 조그마한 커피전문점을 시작하려는 사람이 있다고 가정해 보자. 인테리어 및 메뉴의 결정, 가격결정 등 해야 할 일들이 여러 가지다. 무엇부터 시작해야 할까?

가장 먼저 해야 할 일은 누구에게 커피를 판매할지 결정하는 작업이다. 목표고객이 누구냐에 따라 인테리어, 메뉴, 가격 등이 달라지기 때문이다. 판매자는 "커피는 사람들 모두가 마시지 않나요?"라고 반문할 수 있고, 자신의 커피를 모두 다 사랑해 주리라고 생각할 수 있다. 하지만 그런 일은 일어나지 않는다. 20대가 많이 가는 커피숍에는 50대가 가지 않으며, 50대가 많이 가는 커피숍에는 20대 역시 가지 않는다. 모두에게 판매할 수 있다는 말은 아무에게도 판매할 수 없다는 말과 같다.

물론, 스타벅스처럼 전 국민이 가는 장소도 있기는 하다. 그러나 스타벅스에서 판매하는 제품도 분석해 보면 누구를 목표고객으로 생각하고 있는지를 알 수 있다. 스타벅스에서 판매하는 음료와 먹거리는 20~30대에게 맞춰져 있다.

그렇다면 20~30대는 스타벅스 커피가 다른 커피숍보다 더 맛있어서 스타벅스를 찾을까? 나는 그렇지 않다고 생각한다. '집과 사무실 외의 제3의 장소'라는 공간을 소비하려는 욕구도 있지만, 그렇게 보기에는 전국 대부분의 스타벅스는 너무 많은 사람들로 인해 정신이 없다. 그럼에도 20~30대가 스타벅스를 찾는 이유 안에는 사실 '허영심'이라는 키워드가 들어 있다. 다른 곳보다 커피가 맛있어서가 아니라 스스로 본인의 가치가 올라가는 느낌을 즐기려 찾는다.

만약, 같은 이유로 똑같은 커피를 40대에게 판매한다면, 그때도 '허영심'이라는 키워드를 이용해도 될까? 그래선 안 된다. 40대의 커피숍 선택기준은 '편안한 휴식', '조용한 곳', '편안한 대화장소'이기 때문이다.

이렇듯 같은 커피를 누구에게 판매하느냐에 따라 사업 전체의 방향이 달라질 수 있다. 이는 온라인 마케팅에서도 마찬가지다.

목표고객이 명확하게 설정되지 않으면 아무도 설득할 수 없는 좋은 말만 나열하게 된다. 위의 표현을 다시 빌리자면 '모두에게 판매할 수 있다는 말은 아무에게도 판매할 수 없다는 말과 같다.'는 뜻이다.

17 대 1로 싸워 이기는 장면은 영화에서나 나오는 이야기이다. 17명을 이기겠다고 시간과 돈을 17로 쪼개 사용하면 아무도 이길 수 없다. 집중을 방해하는 어리석은 집착은 성공 가능성을 낮춘다. 고통스럽더라도 단 하나의 시장만을 선택한 후 다른 유혹은 외면하는 절제력이 필요하다. 선택과 집중은 포지션을 명확히 할 뿐만 아니라 안정적이고 용이한 현금흐름을 창출한다. 작더라도 하나의 시장에서 지배력을 확보해야 추후 인접한 시장을 공략할 수 있다.

소비자행동과
마케팅 퍼널Funnel

소비자들은 어떻게 행동하는가?

오프라인 중심의 기업들이 연일 어려움을 이야기하는 와중에도 온라인에서의 거래액과 소셜미디어 참여자 등은 꾸준히 증가하고 있다. 이 성장률 이면의 숨은 의미를 해석해 보아야 한다. 온라인 거래의 경우 전체 이용자는 늘어나지 않으면서도 거래액은 매년 높은 수치로 성장하는 추세이다. 시장은 성장하고 있는데 사용자 수는 그대로라는 말이다. 이는 온라인상에서 한 번에 구매하는 금액과 재구매 비율이 커지고 있음을 의미한다.

게다가 네이버, 쿠팡, 옥션 등 대형 사업자 중심으로 쏠리는 현상이 짙어져 간다. 하나의 기업이 자체적인 플랫폼을 구축해 소비자의 선택을 받는 일이 갈수록 어려워진다는 사실을 보여주는 증거이다. 플랫폼 사업자의 영향 아래에서 그들이 정해 놓은 룰에 의해 광고비만 지불하는 게 현실인 것이다.

더이상 "인스타그램에 홍보하면 효과가 있다던데", "유튜브에 영상을 올리면 사람들이 볼 거야.", "열심히 하면 입소문이 나겠지."와 같은 막연한 기대로 디지털 마케팅을 접근해서는 안 된다. 페이스북, 인스타그램, 유튜브, 홈페이지 등 채널마다의 특성에 따라 달라야 하는 접근방식처럼 시스템이 고도화되면서 광고 시스템 하나 설정하는 일에도 많은 학습과 고민이 필요하다. 온라인은 오프라인에 비해 비용이 적게 들고 성과측정도 용이하지만, 정확히 알고 실행하지 못하면 시간과 비용만 소모하는 경우가 많다. 또 기업이 준비되지 않은 채 디지털 마케팅을 진행하면 오히려 부정적 리스크를 발생시켜 큰 상처를 남길 때도 있다.

디지털 마케팅을 위해서는 먼저 소비자 관점에서 정보를 탐색하고 그들의 의사결정 과정을 이해해야 한다. 이렇게 소비자행동을 분석하는 이유는 그것이 마케팅 활동 전체에 활용되기 때문이다. 소비자의 개인적 특성, 심리적 특성, 사회문화적 특성 등 구매의 결정요인을 분석해야 소비자의 구매행태를 유형별로 분류해 시장을 세분화할 수 있고, 이를 바탕으로 목표시장 결정과 신제품

개발, 마케팅 실행방안 등의 전략을 세울 수 있다.

　모든 것이 넘치는 시대이다. 너무 많이 먹어 문제고, 정보가 너무 많아 또 다른 정보를 찾아야 해서 문제다. 이처럼 먹고 사는 기본적인 문제가 해결되다 보니 허기를 달래고 필요를 채우는 건 이제 소비의 주된 이유가 되지 못한다. 어떤 것을 먹고, 어떤 것을 입으며, 어떤 가방을 들었는지가 그 사람을 표현하는 수단이 되고 소비의 이유가 된다. 가격이 비싸더라도 유기농 식품을 고집하고, 조금 불편하더라도 친환경 소재를 찾는 것과 같다.

　제품을 구매할 때 사람들이 선택하는 방식은 아주 다양하다. 가격이나 품질, 브랜드를 중요시하지만 '친환경'을 고집하기도 하고, '공정무역'이라는 가치에 매력을 느끼기도 한다. 따라서 기업은 소비자가 어떤 가치를 추구하는지, 어떤 기준으로 제품을 평가하는지, 기업의 메시지를 어떻게 받아들이는지를 알아야 한다. 소비자에 대한 심층적 이해가 필요한 이유이다.

　마케팅은 이처럼 소비자의 욕구를 파악해 이를 경쟁자들보다 더 잘 충족시키려는 활동이다. 그리고 소비자의 욕구를 파악하려면 앞서 말했듯 소비자행동과 관련된 다양한 측면을 분석해야 한다. 연구개발 부서에서 제품을 만든 후 영업부서에서 판매하는 게 아니라, 소비자가 필요로 하는 것을 찾아 개발단계에서부터 모든 조직원이 참여하는 전사적 마케팅 활동이 이루어져야 한다.

그러나 소비자를 제대로 분석하는 일은 쉽지 않다. 스타벅스에 열광하는 소비자가 있는 반면, 스타벅스에는 전혀 관심 없는 소비자도 있다. 이는 다양한 요인들이 제품 선택에 영향을 주기 때문인데, 과거의 구매경험이나 개개인의 가치관이 영향을 미칠 때도 있고, 살아온 환경이나 문화권 또는 주변 사람들의 평가나 시선이 영향을 미치기도 한다.

공감 → 확인 → 참가 → 공유로

마케팅 활동에서 소비자의 구매과정을 설명하는 모델이 아이드마(AIDMA)이다. 1920년대 미국의 경제학자 롤랜드 홀(Roland Hall)은 소비자가 물건을 구매할 때 어떤 의사결정 과정을 거치는지를 연구했다. 그에 따르면 소비자들이 상품에 주목(Attention)하고, 그 상품에 대해 흥미(Interest)를 갖고 살펴본 뒤, 구매하고자 하는 욕구(Desire)가 형성되면, 기억(Memory)해 놓았다가 마침내 상품을 구매하는 행동(Action)을 한다고 한다. 그와 같은 소비자행동을 주목(Attention), 흥미(Interest), 욕구(Desire), 기억(Memory), 행동(Action)의 첫 글자들을 따서 아이드마(AIDMA)라고 이름 붙였다.

이 아이드마 모델은 인터넷이라는 매체가 출현하기 전까지는 그럴듯하게 통용되었지만, 변화된 소비자들의 구매과정을 설명하기에는 부족한 면이 있다. 이제 사람들은 의사결정 과정에서 검색도 하고, 소셜미디어상에서 친구들의 의견을 듣기도 한다. 이런 과정들을 친구들에게 보여주면서 서로에게 영향을 미치는데, 구매의사 결정이 단순한 형태로 빨리 이루어지기도 하고, 복잡한 형태로 많은 시간과 노력을 들여 이루어지기도 하기 때문이다.

이러한 한계점을 보완한 이론이 일본 최대 광고회사 덴츠(電通)가 제안한 '인지(Attention)→흥미(Interest)→검색(Search)→구매(Action)→공유(Share)' 모델로, 영문 앞글자만 따서 'AISAS 모델'이라고도 표현한다. 인터넷이 등장하면서 사람들은 궁금하면 검색

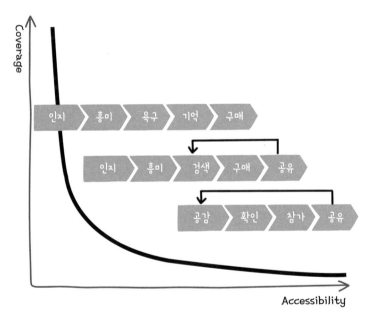

소비자 구매행동의 변화

해 본 후 구매를 하고, 구매경험을 다른 사람들에게 손쉽게 알리는 일까지 가능해졌다. 마케팅 관점에서의 행동과정 개념이 상품의 구매에서 끝나지 않고 그 뒤의 공유로까지 확장된 것이다. 이후 페이스북, 인스타그램 등의 소셜미디어가 등장하자 덴츠는 소비자행동을 '공감(Sympathize)→확인(Identify)→참가(Participate)→공유 및 확산(Share & Spread)'의 SIPS 모델로 설명하고 있는데, 이는 소셜미디어를 통한 참여자가 많을 때의 행동모델 방식으로 AISAS 모델과 상호 보완 및 상승작용을 한다는 특징을 가진다.

페이스북이나 인스타그램 등을 통해 공감한 소비자들은 자신에게 유익한지를 검색하고 체크한 후 참가를 결정한다. 이때의 참가란 반드시 구매만을 의미하지 않는다. 소셜미디어의 특성상 페이스북에서 '좋아요'를 누르거나 트위터에서 '리트윗'을 하는 행위들도 참가이며, 브랜드에서 만든 애플리케이션 이용도 참가의 한 형태로 본다. 이렇게 확인하고 참가한 소비자는 그 정보를 지인들에게 소셜미디어로 공유하는데, 공유된 정보를 본 사람들은 정보 자체에 공감한다기보다 발신원이자 친구인 '나'에게 공감한다고 보는 게 타당하다.

소비자의 구매의사 결정 과정은 이처럼 기술 및 미디어의 발달과 함께 변해 왔음을 알 수 있다. 이용할 수 있는 매체가 많지 않았던 과거에는 인지→흥미→욕구→기억→구매로도 소비자행동이 설명되었다. 그러다 1990년대 중반 인터넷이 대중화되면서 인지→흥미→검색→구매→공유의 방식으로 소비자행동이 변화되었고, 스마트폰과 맞물려 소셜미디어 사용이 일반화되면서는 공감→확인→참가→공유로 바뀌었다.

정보탐색과 구매전환 상황

소비자행동 중 정보탐색과 구매전환 상황을 생각해 보자. 사람들은 문제를 인식하면 이를 해결하기 위해 정보를 탐색한다. 정보탐색이란 구매에 관한 정보를 얻으려는 의도적 노력으로 내적 탐색과 외적 탐색으로 구분된다. 내적 탐색은 자신의 기억 속에 저장된 정보를 떠올려 보는 걸 말하고, 외적 탐색은 친구, 가족, 인터넷 등을 통해 정보를 찾아보는 걸 말한다.

기업은 목표로 하는 소비자가 어떤 원천 정보를 활용하는지, 알게 된 정보를 얼마나 신뢰하는지를 파악해야 한다. 오프라인에서는 서비스를 제공하면서 '어떻게 알고 왔는지' 물어봄으로써 유입경로를 파악할 수 있고, 온라인에서는 로그(log) 데이터를 분석해 유입경로를 확인할 수 있다. 이를 토대로 소비자들과 커뮤니케이션을 할 때 어떠한 매체와 방식을 활용할지 결정해야 한다.

또 정보탐색을 얼마나 하는지도 알아야 한다. 중요도가 낮은 저관여 상품과 중요도가 높은 고관여 상품의 정보탐색 시간은 다르다. 정보탐색의 양은 일반적으로 해당 제품이 소비자에게 얼마나 중요한가에 따라 달라진다. 혼자서 출장을 간다면 적당한 수준의 비즈니스 호텔로 숙박을 결정하겠지만, 가족과 함께 여행을 간다면 호텔 내의 다양한 편의시설과 주변 관광지까지 확인하는 것처럼 말이다.

게다가 정보탐색은 사람의 차이에 따라서도 달라진다. 얼리어답터나 인플루언서(Influencer)로 불리는 사람들은 정보를 적극적으로 탐색하고 주변 사람들에게 이를 알린다. 그러므로 기업은 자신의 업종에서 어떤 사람들이 영향력을 발휘하는지 파악해 활용할 필요가 있다.

소비자행동을 분석하는 과정에서는 기업의 상황도 분석이 가능하다. 소비자들이 구매하는 과정에서 떠올리는 상표들을 환기상표군이라고 하고, 여기에 친구나 가족, 인터넷 등을 통해 알게 된 상표들을 고려상표군이라고 한다. 기업들은 자사의 상품이 환기상표군에 포함될 수 있도록 해야 한다. 그래야 추가적인 노력 없이도 최종 후보가 될 수 있기 때문이다. 만약 자사의 상품이 환기상표군에 포함되지 못한다면 적극적인 노출을 통해 고려상표군에 들어갈 수 있도록 해야 한다. 고려상표군조차 되지 못하면 소비자들에게 선택받을 가능성은 없다고 보는 게 맞다. 인텔의 '딴 따따따따',

농심의 '손이 가요 손이 가 새우깡에 손이 가요' 같은 징글(jingle)
이 바로 환기상표군과 고려상표군에 남기 위한 활동들이다. 특정
한 소리나 멜로디만 들으면 즉각적으로 브랜드나 서비스를 연상할
수 있도록 유도함으로써 브랜드 이미지를 각인시키는 방법이다.

　구매 당시의 상황 파악도 중요하다. '이 브랜드를 꼭 사겠다.'
고 결정하고 구매를 시작하는 소비자는 많지 않다. 소비자들의
선택은 구매단계에서 변경되기도 하고, 어떤 브랜드를 구매할지
매장에 와서 결정하기도 한다. 따라서 기업은 구매시점을 위한
전시, 점포 내 진열, 선반의 위치, 판매원의 행동 등에 관심을 가
져야 한다. 구매시점이란 브랜드 선택이 이루어지는 시점이자 소
비자와 기업이 직접 커뮤니케이션할 수 있는 시점이기도 하다.
판매 여부가 최종적으로 확정되는 순간으로, 기업의 각별한 관심
이 필요하다.

　예를 들면, 온라인 사이트의 '구매' 버튼을 크게 하는 것만으로
도 전환율이 높아진다. 오프라인에서는 소비자의 주의를 끌 수 있
는 진열과 제품의 배치, 쇼핑카트나 선반에 하는 구매시점 광고
등도 구매에 영향을 미친다.

　최근에는 고객의 상황에 대한 정보를 활용해 맞춤화된 마케팅
을 수행하기도 한다. 아마존은 오래전부터 개인화 서비스를 제공
하고 있는데, 기준 데이터와 비교 데이터의 양이 비약적으로 증가

하면서 정확성도 매우 높아졌다. 이처럼 개인에게 최적화된 추천 시스템을 이용하는 기업으로는 아마존과 넷플릭스가 대표적이다.

소비자행동과 마케팅 퍼널(Funnel)

퍼널(Funnel)이란 소비자의 행동을 기업 관점에서 재구성한 것으로, 고객이 유입되어 전환에 이르는 단계를 수치로 확인하고 분석하는 방법론이다. 광고 등을 통해 제품과 서비스를 인지하고 관심을 갖게 된 후 구매로 이어지거나 이탈하는 과정을 보여주는 퍼널은 위에서 아래로 흘러내려 오는 모양을 취하고 있어 깔때기 모양이라고 표현한다.

예를 들어, 전월 대비 이번 달의 전환율이 10% 감소했다고 가정해 보자. 경쟁사가 할인행사를 했을 수도 있고, 계절적으로 비수기로 접어들었을 수도 있으며, 유명 인플루언서가 부정적인 후기를 남겼기 때문일 수도 있다. 이 같은 내외부의 이슈를 검토해 의사결정에 필요한 내용을 시각화하고 정확하게 분석해야 하는데, 쉽지 않다. 따라서 고객 이탈률의 원인을 찾아 분석해 볼 수 있는 시스템이 필요해진다.

이때 대표적인 서비스가 웹사이트 방문자의 데이터를 수집해 분석함으로써 온라인 비즈니스의 성과를 측정하고 개선하는

데 사용하는 웹로그 분석도구 구글애널리틱스(Google analytics)이다. 이를 활용해 우리 채널에 어떤 사용자들이 방문하는지, 어떤 사이트를 통해 방문하는지, 웹사이트에 도착하면 어떤 행동패턴을 보이는지, 웹사이트에서 구매나 상담 신청 같은 전환은 얼마나 발생하는지 등 고객 관련 질문에 대한 분석내용을 퍼널형태로 확인하면 고객의 불편을 감소시킬 뿐만 아니라 더 나은 고객 경험을 제공할 수 있다.

구글애널리틱스는 또 무료 서비스임에도 불구하고 100가지가 넘는 표준 보고서(standard reports)와 분석하고자 하는 데이터(측정기준과 측정항목)를 선택해 나만의 맞춤 보고서(custom reports)를 쉽게 만들 수 있으며 활용 또한 가능하다. 또 시스템 세그먼트 및 맞춤 세그먼트 기능을 사용하면 심층적인 데이터 분석, 구매나 회원가입 등 매크로 전환(목표 또는 전자상거래) 설정 외에도 상담 신청, 자료 다운로드 같은 매크로 전환에 대한 이벤트 설정, 다양한 기기를 통한 유입을 파악할 수 있는 사용자 ID(User-ID) 설정이 가능하다. 그리고 이를 통해 고객을 보다 심층적으로 이해하는 데 도움이 되는 데이터 및 개별 웹사이트의 고유한 데이터를 추가로 수집할 수 있다. 구글의 강력한 클라우드 인프라에 힘입어 데이터 처리 속도가 빠른 것도 장점이다.

이처럼 구글애널리틱스 같은 도구를 활용해 고객의 행동을 기업의 관점에서 재구성한 퍼널로 분석하면 더 많은 잠재고객을 확보하는 한편 전환율을 향상시키는 방법을 찾아갈 수 있다. 그렇게 되면 고객유입 후 상품을 구입할 때까지의 과정을 개선, 사용 편리성을 높임으로써 더 나은 고객경험을 제공하고, 궁극적으로는 매출과 수익 향상이 가능해진다.

구글과 페이스북 등은 온라인 소비자행동을 인지→탐색→고려→전환으로 분석해 제공한다. 인지는 고객이 제품 또는 서비스에 대해 인식하는 단계로, 적극적 정보탐색으로 나아가도록 고리를 연결해야 한다. 탐색은 고객이 상품에 관한 관심을 능동적으로 표

NAVER Google **facebook**

인지
- 고객이 제품 또는 서비스에 대해 인식
- 탐색으로 연결고리가 중요(사용자 행동)

탐색
- 고객이 상품에 대한 관심을 능동적으로 표현
- 적극적인 정보탐색 단계로 정보제공이 중요

고려
- 일반 소비자가 잠재고객으로 전환하는 단계
- 상품(서비스) 구매 고려단계로 구매전환 포인트 제공

전환
- 구매완료, 회원가입, 구독, 신청 등 고객의 실질적인 행동
- 전환에 대한 기업의 사전 정의가 필요(업종에 따라 상이)

리타깃팅 광고

사이트 방문자 중 구매하지 않고 이탈했던 사용자에게 다시 노출

장바구니 담기 후 구매하지 않은 고객에게 구매유도 광고

상품(서비스)을 구매한 고객에게 재구매를 유도할 수 있는 광고

소비자 구매행동과 마케팅 퍼널의 구조

현하는 단계로, 고객으로 하여 상품에 대한 충분한 정보를 얻을 수 있도록 해야 한다. 고려는 일반 소비자가 잠재고객으로 전환되는 단계로, 상품에 대한 장점과 구매후기 등 구매로의 전환 포인트를 명확히 제시하도록 해야 한다. 그리고 전환은 구매완료, 회원가입, 구독, 신청 등 고객이 실질적으로 전환하는 단계를 말한다. 물론, 전환에 대해서는 사전에 기업 나름의 정의가 필요하다.

인지→탐색→고려→전환단계에서 이탈한 고객을 대상으로 다시 노출하는 것을 '리타깃팅'이라고 한다. 리타깃팅은 구글, 유튜브, 페이스북, 인스타그램, 다음(카카오) 등에서 집행이 가능한데, 그러려면 스크립트코드나 픽셀을 설치해야 한다. 리타깃팅 방법으로는 첫째, 사이트 방문자 중 구매하지 않고 이탈했던 사용자에게 다시 노출하는 방법, 둘째, 장바구니에 담은 후 구매하지 않은 고객에게 구매를 유도하는 광고, 셋째, 상품(서비스)을 구매한 고객에게 재구매를 유도하는 광고 등이 있다.

퍼널로 설계된 구글 광고 구조

디지털 마케팅, 퍼포먼스 마케팅, 그로스해킹 등은 어떤 직종(마케터, 프로그래머 등)에서 바라보느냐에 따라 사용하는 용어만 다를 뿐 모두 결이 비슷한 표현들로, 가설을 세워놓고 사용자 흐름에 따라 시장을 확대시키는 방법이 주된 내용이다. 가장 많이 활용되는 구글(유튜브 등), 페이스북(인스타그램), 네이버의 서비스를 활용해 퍼널로 재구성할 수 있는데, 사용자 흐름에 따라 광고를 해야 하는 이유는 실제 구매로 이어지기까지 다양한 니즈(Needs)가 존재하기 때문이다.

구글에서는 꽤 오래전부터 사용자 흐름에 따라 광고를 진행할

Google

인지단계

- 인구통계 타깃팅   • 위치 및 언어 타깃팅
   성별   국가
   연령   지역
                           도시
                           언어

관여단계

- 게재 위치 타깃팅(GDN 중
  광고 게재 위치 선택)
- 문맥 타깃팅   • 주제 타깃팅
- 관심사 타깃팅   • 구매의도 타깃팅

구매단계

- 유사 유저 타깃팅
- 리마케팅

퍼널 구조로 설계된 구글 광고

수 있었으며, 더 나아가 매일경제나 한국경제 신문 같은 여러 사이트들과 네트워크를 구성함으로써 타 사이트에도 광고를 노출해 주었다. 이를 GDN(Google Display Network)이라고 부른다.

구글애즈는 구글에서 제공하는 온라인 광고 서비스로 타깃팅, 자동입찰 전략, 기타 캠페인 및 계정 전체를 최적화할 수 있는 도구들을 활용해 광고 효율성을 높이고 전환 실적을 극대화할 수 있다. 퍼널로 볼 때 구글의 광고 구조는 인지, 관여, 구매(전환)단계로 구성되어 있는데, 구글 광고를 통하면 구글 검색 사이트, 유튜브, 지메일, 파트너 사의 사이트 및 앱으로 구성된 노출영역과 전 세계 네티즌의 90%에 이르는 사용자를 대상으로 텍스트, 이미지, 동영상 등 다양한 형식의 광고 노출이 가능하다

페이스북, 인스타그램도 퍼널로

페이스북의 광고관리자에서는 페이스북과 인스타그램 광고 집행이 가능하다. 페이스북(인스타그램 포함)은 스마트폰에 의해 365일 로그인되어 있는 상태에서 사용함으로써 확보한 다양한 정보를 바탕으로 브랜드를 알리는 '인지', 고객들과 연결해 주는 '관심', 판매를 유도하는 '전환' 광고 등 구글보다 정교하게 광고할 수 있다.

페이스북이 기업 관점의 소비자행동 분석도구인 퍼널로 광고

시스템을 제공하는 이유는 브랜드에 대한 관심도나 구매의도 등에 따라 성과가 달라지기 때문이다. 아무런 관심도 없는 사람에게 "이것을 구매하세요."라고 하면 구매할 사람이 과연 몇이나 될까? 소비자행동을 인지, 관심, 전환으로 구분해 단계별로 광고를 진행해야 효과를 높일 수 있다.

브랜드 인지도를 높이는 단계에서는 브랜드 인지도, 도달, 동영상 조회, 트래픽, 참여방식의 광고를 활용할 수 있고, 관심단계에서는 도달, 동영상 조회, 트래픽, 참여, 메시지, 잠재고객 확보, 앱 설치 등을 활용할 수 있으며, 판매를 유도하는 전환단계에서는 메시지, 잠재고객 확보, 앱 설치, 전환, 카탈로그, 매장 유입 등의 광고를 활용할 수 있다.

브랜드 인지도는 사람들이 브랜드를 발견하도록 유도하는 광고로, 관심을 가질 가능성이 큰 사람들에게 광고를 표시해 준다. 도달은 최대한 많은 타깃에게 광고를 노출하는 것이고, 동영상 조회는 새로운 타깃의 관심을 끌어 인지도를 높이는 동영상 방식의 광고이다. 그리고 트래픽은 기업의 웹사이트, 앱 등의 랜딩페이지로 사람들을 연결해 주는 광고이다. 참여형 광고는 페이스북과 인스타그램에서 공유, 공감, 이벤트 응답처럼 더 많은 사람들이 게시물 및 이벤트를 확인하도록 유도하는 방식이며, 메시지는 페이스북 메신저나 인스타그램에서 메시지를 보내도록 유도한다. 또 B2B 기업에서 주로 활용되는 잠재고객 확보는 브랜드에 관심을 가진 잠재고객의 정보를 수집하는 광고이며, 앱 설치는 말 그대로 기업의 애플리케이션을 활용할 가능성이 큰 사람들에게 앱을 홍보하는 방식이다. 전환광고는 온라인 판매, 가입, 신청 등 원하는 행동을 유도하는 광고로 페이스북 픽셀 또는 앱 이벤트가 필요하다. 그리고 카탈로그 광고는 인터넷 쇼핑몰 등에서 동적 기능을 활용해 다양한 상품을 표시하는 광고이며, 매장 유입은 오프라인 사업자를 위해 음식점, 미용실, 대리점 등 근처에 있는 사람들에게 매장을 홍보하는 방식이다.

facebook

인지(브랜드 알리기)

- 브랜드 인지도
- 도달
- 동영상 조회
- 트래픽
- 참여

관심(고객과 연결하기)

- 도달
- 트래픽
- 메시지
- 앱설치
- 동영상 조회
- 참여
- 잠재고객 확보

전환(판매 유도)

- 메시지
- 앱설치
- 카탈로그
- 잠재고객 확보
- 전환
- 매장 유입

퍼널 구조로 설계된 페이스북 광고

이처럼 퍼널의 단계별로 고객 관심사가 다르므로 콘텐츠나 메시지도 달라져야 한다. 콘텐츠와 메시지 구성을 위한 단계는 Top, Middle, Bottom으로 구분할 수 있으며, 페이스북에서 구분하는 인지, 관심, 전환으로 해석해도 무리는 없다. Top of Funnel에서는 브랜드 인지를, Middle of Funnel에서는 상세설명이나 스토리텔링을, Bottom of Funnel에서는 구체적인 행동 촉구가 단계별 주요 방향의 핵심이다.

첫 번째 단계에서는 잠재고객들에게 상품과 브랜드를 인지시켜야 한다. 인지 및 친숙단계에 해당한다. 두 번째 단계에서는 상품

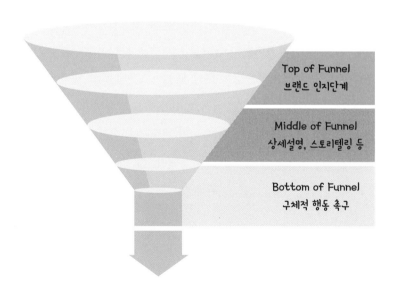

퍼널 단계별 메시지 구조

이나 브랜드에 대한 추가 설명 및 스토리를 보여주어야 한다. 친숙 및 고려단계이다. 세 번째 단계에서는 구체적인 행동을 촉구한다. 바로 구매단계이다. 구매가 이루어진 이후 필요한 재구매 활동을 과정에 포함시키면 네 번째 단계가 되는데, 구글애널리틱스와 페이스북 픽셀 등을 활용해 결제가 완료된 고객집단을 '타깃'으로 저장, 이들을 대상으로 이벤트 안내, 쿠폰 증정 같은 마케팅 행사를 진행할 수 있다.

페이스북(인스타그램)과 구글(유튜브 등)은 텍스트, 이미지, 카드뉴스, 동영상 등 다양한 포맷의 광고 집행이 가능하므로 각각의 채널 특성에 맞게 콘텐츠와 메시지의 변환 작업이 필요한데, 이때 캠페인 최적화를 위해 A/B 테스트를 진행해 보아야 한다. 하나의 고객집단에게 A버전과 B버전의 광고를 보여주고 무엇이 더 나은지 실험하는 방법인 A/B 테스트는 구글과 페이스북의 광고 계정에서는 기본으로 제공한다. 그리고 이 A/B 테스트를 진행하면 유저의 행동 데이터를 통계적으로 분석해 어떤 변화를 주었을 때 목표를 더 높게 달성했는지 등을 보여주고 시스템적으로 제안해 준다.

퍼널이 아닌 키워드 중심의 네이버

국내에서 가장 많은 사용자를 확보한 네이버는 퍼널 형태 구조를 갖고 있지 않다. 하지만 아주 방법이 없는 것도 아니다. 사람들은 자신의 관심사를 '키워드'라는 형태로 표현하기 때문에 이를 활용하면 된다.

예를 들면 이렇다. 노트북을 처음 구매하는 사람들은 '삼성 노트북', 'LG 노트북' 같은 대표 키워드로 검색한다. 퍼널에서의 '인지'단계와 같다. 이처럼 대표 키워드로 검색한 사람들은 아직 구체적인 상품이나 브랜드를 결정하지 않은 사람들이므로 클릭률

NAVER

대표 키워드

세부 키워드

브랜드 키워드

퍼널 관점의 네이버 광고 구조

대비 전환율이 낮다는 특징을 보인다.

이후 노트북에 대한 구체적인 정보가 필요하면 사람들은 모델명이나 브랜드명 등을 검색한다. 퍼널에서의 '관심'단계에 해당한다. 특정 상품에 관심 갖기 시작하면 세분화된 키워드로 정보로 탐색하므로 세부 키워드로 광고를 진행하는 방식으로 다양한 관심사의 소비자를 끌어들일 수 있다. 사실, 세부 키워드로 검색하는 사람들은 많지 않지만, 유입이 이루어지기만 하면 구매로 전환될 가능성이 크다. 좀 번거롭더라도 다양한 세부 키워드로 광고를 집행하면 적은 비용으로도 높은 전환을 이루어낼 수 있다.

대표 키워드가 '인지' 측면에서, 세부 키워드가 '유입'과 '전환' 측면에서 활용된다면 브랜드 키워드는 재방문과 재구매에 활용이 가능하다. 기업에 가장 큰 이익이 되는 사람들은 충성고객으로, 애플 제품을 사랑하는 사람들은 삼성이나 LG를 처음부터 후보군에 넣지 않는다. '애플빠'로 불리는 이들은 아이폰, 아이패드, 아이팟 등의 애플 생태계에 깊이 빠져들 뿐이다.

이처럼 마케팅에서 말하는 충성고객이란 '특정 회사의 상품이나 브랜드, 서비스 등을 반복적으로 재구매하거나 이탈하지 않고 지속적으로 이용하는 고객'을 의미하며, 주변 사람들에게 추천하거나 적극적으로 추천할 의향이 있는 고객을 포함한다. 매출액과 매출 기여도, 비용절감, 구전효과, 재구매 측면에서 매우 중요한 사람들이다.

퍼널 구조로 제공되는 광고 시스템은 신규고객 유입이라는 면에서 활용도가 높지만, 신규고객으로 유입된 후 구매전환 단계를 지나 충성고객을 확보하려는 측면에서는 활용에 한계가 있다. '애플빠'로 불리는 애플 마니아들은 신제품이 나오면 줄을 서서 구매하고, '된장녀'로 표현되기도 하는 스타벅스 마니아들은 자신만의 라이프 스타일을 즐기기 때문이다. 이는 일반적으로 볼 때 고객만족도보다는 고객충성도 개념이 기업의 미래 성과와 연관성이 크다는 사실을 보여준다.

신규고객보다는 충성고객이 매출과 수익향상에 더 크게 기여한다는 건 누구나 다 안다. 이들은 경쟁사가 새로운 제품이나 서비스를 출시하더라도 이탈하지 않고 구매함으로써 매출을 증대시킨다. 또 재구매 고객에게는 광고비용이 들지 않아 그만큼 수익이 높아지며, 신규고객보다 더 많이 구매할 확률이 높은 만큼 객단가 면에서도 유리하다. 아이폰을 사용하던 고객이 아이패드를 구입하고, 아메리카노를 마시던 고객이 상큼한 스피니치 비트 케이크를 구매하는 것처럼 충성고객은 교차판매와 추가판매로 이어져 기업의 매출에 큰 기여를 한다.

충성고객은 또 비용절감 효과가 크다. 아이스 스타벅스 돌체라떼를 좋아하는 고객은 망설임 없이 자신이 좋아하는 커피를 주문하고, 아이폰 사용에 익숙한 고객에게는 아이패드 사용법을 따로 가르칠 필요가 없다. 기존 서비스에 익숙한 고객은 기업이 투자해야 할 여러 가지 자원을 절약시켜 주며, 경쟁사가 가격을 낮추거나 추가 서비스를 제공하더라도 쉽게 마음을 돌리지 않는다.

자신의 경험을 자발적으로 공유하는 사람들도 충성고객이다. 좋은 경험을 해본 사람은 스스로 시간을 내어 주변 사람들에게 사용법을 가르치거나, 제품이나 서비스를 알리는 일을 마다하지 않는다. 만약 그가 영향력이 큰 사람이라면 그 효과는 몇 배 이상 커진다. 소셜미디어가 일반화되면서 입소문에 자유로울 수 있는 기업과 개인은 이제 없다. 제품과 서비스를 경험한 고객 하나하나가 영업채널이 되고 있음을 유념해야 한다.

고객의 구매여정을
따라간다

계획구매와 충동구매의 차이점

생산되는 상품의 수는 적은데 구매하려는 사람들이 많다면 판매를 걱정하지 않아도 되지만, 제품의 종류와 수량이 많아지고 판매하는 사람도 많아지면 상황이 달라진다. 소비자가 너무 많은 정보에 노출됨으로써 어떤 제품을 사야 할지 몰라 갈팡질팡하게 되면, 소비자들의 선택을 받아야 하는 판매자들도 어려움을 겪을 수밖에 없다.

지금은 누가 봐도 제품과 서비스가 넘쳐나는 시대이다. 생산성이 높아진 데다 글로벌화로 인해 제품은 더 저렴하게 생산된다. 게다가 업종 간 파괴 현상으로 경쟁마저 갈수록 심화되고 있다. 이러한 시대에서 이겨내려면 본질적인 경쟁력과 함께 마케팅 활동을 강화해야 한다. 제품이 아무리 좋아도 소비자가 모르면 판매가 안 되기 때문이다.

소비자들의 구매패턴에는 계획구매와 충동구매가 있다. 예를 들면, '이것을 사야겠다.'라고 마음먹고 검색을 시작하는 경우와 인스타그램과 페이스북 광고를 보고 '이거 괜찮은데'라고 인식할 때가 있다. '이것을 사야겠다.'라고 스스로 마음먹고 사는 경우를 '계획구매', '이거 괜찮은데'라고 인식하고 사는 경우를 '충동구매'라 할 수 있는데, 디지털 마케팅은 이 같은 고객의 구매동선을 따라 진행해야 한다.

고객이 제품을 살 때는 대개 계획적이든 충동적이든 바로 구매로 이어지기보다 중간에 검색과정을 한 번 거친다. 이 과정을 수행하는 동안 상품에 대한 보다 자세한 정보를 수집하고, 다른 사람들의 후기를 읽는 등 적극적인 정보탐색자가 된다. 따라서 상황별로 방법은 다를 수 있으나 광고와 홍보는 필연적이다. 또 광고와 홍보는 소비자 입장에서도 도움이 된다. 많은 비슷비슷한 제품들 중 자신에게 맞는 제품을 얻을 수 있다면 이는 광고가 아닌 정보가 되기 때문이다.

네이버와 구글에서 사람들에게 상품을 노출하는 방법은 광고와 검색 두 가지밖에 없다. 그러므로 기업은 사람들이 검색할 만한 키워드로 광고를 집행하는 한편, 자사의 콘텐츠가 블로그나 웹페이지, 동영상 등의 검색영역에 노출될 수 있도록 검색엔진최적화(SEO)를 진행해야 한다.

이처럼 주목받을 수 있는 콘텐츠와 해시태그를 찾아내는 일도 중요하지만, 소비자의 구매동선과 경험을 기초로 마케팅 활동을 설계하는 작업도 중요하다. 예를 들어, '#아이폰케이스'라는 콘텐츠와 해시태그로 쇼핑몰이 노출되었다면 이후 구매동선에도 쇼핑몰이 노출되어야 한다. 정보를 접하고 나면 사람들은 의심의 눈초리로 블로그 등의 구매후기를 찾아보는데, 추가적인 정보가 부족하거나 부정적 후기들이 나오면 더이상 탐색하지 않는다.

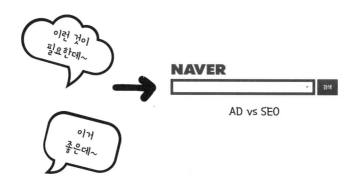

계획구매와 충동구매 형태

페이스북이나 인스타그램 같은 소셜미디어는 상품을 구매하기 위해 이용하기보다는 친구들과 일상의 경험을 공유하기 위해 사용할 때가 대부분이다. 애초의 의도가 구매가 아니므로 이들에게 광고를 노출한다고 해서 구매전환으로까지 이어지지는 않는다. 광고를 통한 고객유입도 마찬가지다. '아이폰케이스'를 검색한 사람들이 모두 하나의 사이트로 유입되지는 않는다. 광고의 집행 방법이나 경쟁자 등이 영향을 미치기 때문이다. 이상적인 상황은 광고나 콘텐츠를 접한 소비자들이 추가 탐색 없이 쇼핑몰로 유입되어 구매전환으로 연결되는 것이지만, 대부분의 웹사이트 구매 전환이 1% 수준임을 감안한다면 구매전환을 높이기보다 관심을 보였던 사람들을 다시 유입시키는 방법이 더 중요하다.

모든 매체는 나름의 특징과 한계를 가지고 있으므로 그 특성에 맞게 광고와 홍보를 진행하면서 매체들을 하나로 엮는 일을 디지털 마케팅의 방향으로 삼아야 한다.

일본 최고의 마케터 요코야마 류지가 쓴 《트리플 미디어 전략》 은 통합마케팅 관점에서 미디어 간의 연계를 설명한다. 미디어를 연계하는 이유는 상품과 서비스를 인지한 일반인들을 팬(Fan)과 고객층으로 흘러가도록 하는 구조를 만들기 위함인데, 이 과정에서 상품의 팬이 반드시 고객이 된다고는 할 수 없다. 따라서 일반에 호소하는 광고 미디어를 통해 고객층을 양성하고, 광고 미디어를 자사 미디어로 유입해 고객화를 도모해야 한다. 그리고 소셜미디어에서는 브랜드에 접근하는 사람들을 팬으로 양성하거나 로열유저로 이끌어가야 한다.

트리플 미디어는 페이드 미디어, 온드 미디어, 언드 미디어로 구성되어 있다. 페이드 미디어(Paid Media)는 일종의 광고개념으로, 기업이 광고비를 지불하고 사용하는 판매 미디어를 말하며 TV, 신문, 온라인 등에 하는 광고를 의미한다. 온드 미디어(Owned Media)는 기업이 자체적으로 보유한 자사 미디어로, 기업의 홈페이지나 쇼핑몰, SNS 채널들을 의미한다. 언드 미디어(Earned Media)는 온라인과 SNS상의 댓글이나 반응, 보도된 기사

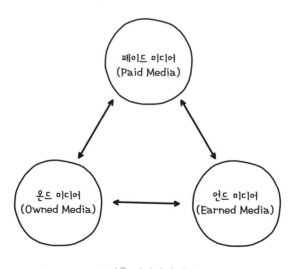

트리플 미디어의 구조

등으로 제3자가 만들어낸 정보를 의미하는데, 평가 미디어라고 할 수 있다.

트리플 미디어는 각각 독립적으로 연계되기도 하지만 소셜미디어 안에 자사 미디어를 두기도 하고, 자사 미디어 안에서 소셜미디어의 기능을 활용하기도 한다. 또 소셜미디어라고 해서 브랜드 정보를 확산시키거나 화제와 평판을 공유하는 데만 활용되는 것도 아니다.

소셜미디어는 브랜드 인지 수법으로도 활용이 가능하다. 기업이 온라인 마케팅에 투자하는 이유는 단기적으로는 매출액을 높이기 위함이지만, 장기적으로는 브랜드 인지도와 사용자 충성도를 높이려는 목적이 있다. 상품 간 경쟁이 심화되고, 콘텐츠를 소비하는 매체 수가 증가하면서 갈수록 목표시장에 도달하기가 어려워져 간다. 기업이 보유한 채널을 중심으로 광고 매체와 SNS를 전략적으로 통합해야 하는 이유이다.

고객유입, 구매전환, 재구매 프로세스

운동화를 사려는 A씨의 제품 구입과정을 살펴보자. 일단 운동화를 사기 전에 인스타그램에서 해시태그를 먼저 검색해 본다. 최근에는 어떤 디자인과 브랜드가 인기 있는지 확인하는 과정이다. 이후 쿠팡이나 네이버 등에서 원하는 상품을 찾아본다. 연령대에 따라 지그재그, 무신사, 에이블리 등을 찾아볼 수도 있다. 그렇게 검색을 통해 원하는 운동화를 찾으면 다양한 방식으로 가격을 비교해 본다. 이때 다른 사람들의 구매후기나 질의 게시판 등을 통해 자신의 판단이 잘못되지는 않았는지 다시 한 번 확인한다. 구매과정에서 발생하는 적립금이나 간편결제, 빠른 배송 등도 결정의 중요한 요소로 작용한다. 그리고 자신의 구매활동이 전체적으로 마음에 든다면 해당 사이트를 계속 이용하고, 마음에 들지 않는다면 다른 곳으로 이탈한다.

이렇게 온라인에서 운동화 하나를 구매하는 과정처럼 소비자들의 구매과정을 이해하는 행위가 바로 디지털 마케팅의 출발점으로, 디지털 마케팅은 채널을 구축한 후 고객유입, 구매전환, 재구매 프로세스를 거친다.

고객유입이란 광고, 검색, SNS 등에 우리의 상품과 브랜드를 노출시켜 기업의 채널로 고객을 유입시키는 작업을 말한다. 키워드 광고, 검색엔진최적화(SEO), 콘텐츠 마케팅, 소셜미디어 마케팅이 고객유입을 위한 활동들인데, 온라인만 놓고 본다면 고객을 유입할 수 있는 경우의 수는 크게 세 가지밖에 없다.

첫 번째는 광고이다. 사람들은 자신의 관심사를 '검색'이라는 형태로 표현하기 때문에 검색하는 키워드에 기업의 상품과 브랜드를 노출할 수 있다면 고객유입에 효과가 있다.

　두 번째는 검색되도록 하는 방법으로, 이를 위한 작업을 검색엔 진최적화(SEO)라고 한다. 홈페이지나 쇼핑몰 등의 채널구축에서 부터 블로그 등에 올리는 콘텐츠가 검색될 수 있도록 해야 한다.

　세 번째는 SNS이다. 인스타그램, 페이스북, 유튜브 등에서 특 정 집단의 고객을 타깃팅해 콘텐츠를 노출시킨다. 물론, SNS는 처음부터 구매를 의도하고 이용하는 장이 아니므로 콘텐츠와 메 시지를 어떻게 구성하느냐가 중요하다.

　그러고 나면 채널에 유입된 사람들을 구매로 전환시켜야 한다. 여기서 말하는 전환이란 상품판매일 수도 있고, 회사소개서를 다 운로드하는 일일 수도 있으며, 콜센터에 전화하는 행동일 수도 있 다. 구매전환은 기업 나름의 상황에 맞게 정의하면 된다.

　그렇다면 구매전환에는 어떤 부분이 가장 큰 영향을 미칠까? 상세설명, 고객의 구매후기, 가격 등이다. 구매전환을 위해서는 고객을 논리적이면서 감성적으로 설득하는 일이 중요하다. 논리 적 설득 포인트는 마케팅 커뮤니케이션에서 사용하는 '고유한 판 매제안(Unique Selling Point)'이 활용되는데, 상품의 고유한 특성 (Unique)을 내세우는(Selling) 제안(Point)으로 '차별화 포인트' 정도로 이해할 수 있다. 여기에 감성적인 설득도 필요하다. 이를 위해서 는 상품을 사용하면서 느낄 수 있는 가치에 집중해야 한다. 죽은 빵도 살려낸다는 발뮤다의 '더 토스터'가 그 예로, "풍부한 향과 식감을 실현하는 감동의 토스터"라고 고객을 설득한다. 만일 발뮤다가 기술을 강조했다면 '스팀기술이 적용된 혁신적인 기술의 토스터'라고 설명했을 가능성이 크다. 이처럼 고객이 제품을 사용하면서 느낄 수 있는 가치에 집중해야 고객을 설득하기 쉽다.

고객유입 측면에서 생각하면 늘 자극적인 콘텐츠 사용이라는 유혹을 느끼지만, 구매전환 측면에서 보면 자극적인 콘텐츠는 상품판매와 브랜딩에 그리 긍정적이지 않다. 주목은 할지 몰라도 구매하고 싶은 마음은 들지 않는 것과 같다. 또 자극적인 콘텐츠로 부정적으로 연상되던 브랜드 이미지를 긍정으로 바꾸기는 더더욱 어렵다.

일반적으로 고객유입 후 구매전환까지 완료되면 온라인 마케팅은 소기의 효과를 달성했다고 본다. 하지만 재구매가 이루어지지 않으면 기업은 계속해서 신규고객 유입활동을 해야 한다. 그러면 광고비 집행을 통한 고객유입의 굴레에서 벗어나지 못해 매출액은 커져도 수익률이 개선되지 않는 악순환에 빠져들고 만다. 고객을 일회성으로 바라보기보다 장기적인 관계를 형성해야 하는 대상으로 봐야 하는 이유이다.

신규고객이 충성고객으로 전환되어야 다른 사람들에게 추천할 가능성도 생긴다. 이를 위해서는 기존 고객을 대상으로 다양한 행사와 프로모션을 진행하면서 맥락에 맞는 적절한 콘텐츠를 제공해야 한다. 충성고객은 다른 기업에서 새로운 상품이 출시되더라도 이탈하지 않고 우리를 지켜주는 역할을 하며, 재구매 고객에게는 광고비용이 들어가지 않아 그만큼 수익이 높아지는 효과가 있다. 게다가 재구매 고객은 신규고객보다 더 많이 구매할 확률이 있어 매출액 향상에도 도움이 된다.

위 표는 고객유입, 구매전환, 재구매 프로세스로 X축은 '인지도'를, Y축은 '매출'을 나타낸다. 온라인 마케팅이 성과가 있으면 일반적으로 위 점선처럼 왼쪽 아래에서 오른쪽 상단으로 성장곡선이 그려진다.

그렇다면 왼쪽 아래에 해당하는 인지도 낮고 매출도 적은 기업

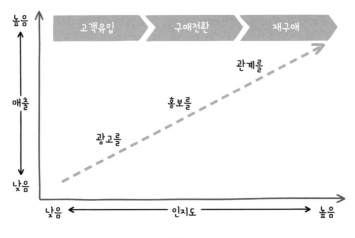

고객유입, 구매전환, 재구매 프로세스

은 어떤 온라인 마케팅을 해야 할까? '광고'를 집행해야 한다. 여기서 광고는 검색포털의 키워드 광고와 페이스북 등의 콘텐츠 광고처럼 소비자의 태도나 행동에 영향을 줄 목적으로 돈을 내고 진행하는 것, 즉 '나는 당신을 진짜 사랑해!'라며 의도된 메시지를 일방적으로 내보내는 '광고'를 말한다.

소비자들은 자신의 행동을 바꿔야 할 이유가 없다. 실제로 주변 사람들에게 "지금 크게 불편한 게 있나요?"라고 질문해 보면 대부분은 "그렇지 않다."고 대답한다. 사람들은 모두 나름대로 살아가는 방법이 있다. 자주 가는 사이트와 식당이 있고, 친구들과 노는 장소도 대부분 정해져 있다. 기업 생각에는 좋은 상품을 만들어 판매하면 고객들이 받아들일 것 같지만 대부분은 그렇지 않다. 자신의 행동을 바꿔야 할 이유가 없기 때문이다. 결국에는 광고라는 방식을 통해 '이렇게 좋은 상품이 있다.'며 알려야 제품이 필요한 사람들에게 직접적으로 다가갈 수 있다.

하지만 광고의 효과는 그리 길지 않다. 온라인의 특성상 경쟁자에게 금방 노출되고, 그것을 인지한 경쟁자는 며칠 이내에 다른 방법으로 맞대응을 한다. 또 시간이 흐름에 따라 사람들도 광고를 식상해한다. 따라서 인지도와 매출액이 조금씩 개선되기 시작하면 광고비를 줄이는 한편 고객과의 관계 형성이 필요한데, 상품과 브랜드가 갖는 맥락(context)을 중심으로 다양한 콘텐츠를 제공해야 한다. 그게 바로 '홍보'이다.

홍보는 돈을 지불하지 않으면서 자주 만나는 친구나 가족, 주변 사람, 회사 동료 등의 입을 빌리는 행위이다. 친한 친구가 "내 말을 믿어 봐! 그 남잔 정말 괜찮은 사람이야!"라고 이야기하면 훨씬 더 신뢰가 가는 것과 같다. 페이스북, 블로그, 유튜브 등의 SNS에서 서로가 영향을 주고받는 데는 아는 사람이 주는 정보의 효과도 한몫을 톡톡히 한다.

광고는 돈이 드는 반면 직접적인 효과를 기대할 수 있고, 돈이 안 드는 홍보는 브랜딩 효과를 기대하기까지 오랜 시간이 필요하다. 그러므로 인지도가 낮거나 직접적인 매출확보를 위해서는 키워드 광고 같은 직접적인 광고가, 고객과의 관계를 강화하고자 할 때는 블로그나 페이스북 등을 활용하는 홍보가 효과적이다.

사람들이 알지 못하면 존재하지 않는 것이나 다름없다. 광고든 홍보든 존재를 알리며 끊임없이 고객과 커뮤니케이션 활동을 해야 한다. 물론, 온라인 마케팅을 한다고 해서 오프라인을 등한시해서는 안 된다. 사람들은 여전히 오프라인에서 살아가고 있으니 말이다. 그런 의미에서 온라인과 오프라인은 서로의 단점을 보완하는 역할이라고 보아야 한다. 정보를 찾고, 구매를 결정하고, 공유하는 활동 전반에서 온라인의 영향력이 커지고 있을 뿐, 오프라인 시대가 끝났다고 받아들여서는 안 된다.

앞에서 고객유입, 구매전환, 재구매로 온라인 마케팅 활동을 구분한 이유는 마케팅 목적에 따라 활동이 달라지기 때문이다. 예를 들어, 신규고객이 필요한 경우라면 광고가 효과적이다. 반면, 기존 고객의 재구매가 필요한 경우라면 이벤트를 진행하거나 이메일을 보내는 게 효과적인데, VIP 카드를 발급하거나, 자체 판촉용 상품을 제공하거나, 기념 카드 발송 등이 고객과의 관계를 강화해 재구매를 끌어내는 방법들이다.

상황별, 목적별에 따라 온라인 마케팅이 달라져야 함에도 많은 기업들이 유사한 방법으로 마케팅을 진행한다. 소개받은 업체를 통해 그럴싸한 홈페이지를 제작해 놓고 효과가 측정되지 않는 방식으로 마케팅을 진행하는 행위가 그중 하나이다.

콘텐츠 제작과 광고 집행도 대행사가 있으므로 기업은 디자인을 선택하거나, 자신들의 요구사항을 추가로 반영시키려고 하거나, 비용을 지불하는 일에만 관여한다. 문제는 여기서 발생한다. 홈페이지 제작업체는 디자인에 대한 전문성은 있을지 몰라도 기업의 상품에 대한 전문성은 부족하다. 광고를 대행하는 업체도 마찬가지다. 이런 식으로는 많은 시간과 비용을 지불하더라도 투자 대비 효과(ROI, Return on Investment)가 낮을 수밖에 없다. 만약, ROI가 낮게 나왔다면 기업의 잘못일까, 홈페이지 제작업체의 잘못일까, 광고 대행사의 잘못일까? 누구의 잘못이든 손해는 기업의 몫이다.

디지털 마케팅에서 중요한 부분은 HTML을 이해하고 포토샵

등의 그래픽 프로그램을 잘 다루는 일이 아니다. 디지털 마케팅을
통해 성과를 달성한 기업들은 기능적인 지식보다 소비자의 니즈
를 끊임없이 연구하고, 그에 맞는 상품을 제공했기 때문이다. 소
비자 만족도를 높이기 위해 HTML, 포토샵, 사진 촬영 등의 스킬
이 사용될 수는 있지만, 이러한 것들이 디지털 마케팅의 핵심 성
공요인은 아니라는 말이다. 기능적인 요소들을 아는 것보다 소비
자 마음을 이해하는 게 훨씬 중요하다.

고객유입의 첫 번째 관문, 네이버 광고

사람들이 정보를 찾고 콘텐츠를 소비하는 방식은 매우 다양하
다. 검색을 통해 정보를 찾는 사람들이 있는가 하면 페이스북과
인스타그램에서 친구들의 추천으로 접하는 사람들도 있다. 하지
만 그럼에도 무엇인가를 구매하거나 의사결정을 하려 할 때 반드
시 거치는 곳이 있다. 바로 네이버이다. 콘텐츠 소비 측면에서 유
튜브, 페이스북, 인스타그램의 점유율은 분명 높아졌으나 정보탐
색의 출발점은 여전히 네이버이다.

디지털 마케팅이라 불리는 커뮤니케이션 활동은 무수히 많다.
홈페이지 구축이나 페이스북 활용, 유튜브에 영상을 올리는 행위
등이 모두 디지털 마케팅이다. 그렇지만 어떤 방식이든 네이버를

빼놓고는 이야기할 수 없다. 페이스북, 인스타그램, 블로그 등의 SNS는 고객과 관계를 강화하는 데는 효과적이나 실제적인 매출로 이어지기까지는 시간이 필요한 반면, 검색한 이들은 구매로 전환될 준비가 되어 있는 사람들이기 때문이다.

사람들이 검색을 한다는 말은 무엇인가에 관심이 있다는 뜻으로 정보를 찾기 위함일 수도, 뉴스를 보거나 리포트를 작성하기 위함일 수도 있다. 그들 모두가 제품을 구매하지는 않는다 해도 전혀 관심 없는 사람보다 제품을 구매할 확률이 높은 것 또한 사실이다. 이런 관점에서 인터넷은 검색이라는 행위를 통해 잠재적 소비자를 타깃팅할 수 있어 불특정 다수를 대상으로 하는 TV, 신문, 잡지, 라디오보다 효과가 높다는 장점이 있다. 게다가 사람들 대다수가 스마트폰으로 정보를 찾으므로 고객의 위치정보를 포함해 보다 정밀한 마케팅이 가능하다.

그런 면에서 소비자가 유입될 수 있는 1차 관문인 네이버는 기업이 활용할 수 있는 가장 큰 온라인 채널이다. 전에 비해 구글의 영향력이 높아졌지만, 일반적인 상품의 탐색은 아직 네이버를 통한 검색비율이 압도적으로 높다. 이는 모바일 검색에서도 비슷한 패턴을 보인다. 조사업체에 따라 조금의 편차는 있으나 대체로 네이버의 모바일 검색시장 점유율은 70%가 넘는다.

구글이 만든 운영체제인 안드로이드폰이 국내 모바일 시장의 90%를 차지하고, 인터넷 중심이 웹에서 모바일로 바뀌면 네이버의 영향력이 줄어들 것이라는 의견도 있었다. 하지만 사람들은 여전히 네이버를 사용하는데, 이는 네이버가 웹에서 구축한 콘텐츠와 브랜드 파워를 효과적으로 모바일로 가져왔기 때문이기도 하다.

각자가 처한 상황에 따라 다행인지 불행인지는 모르겠지만 국내에서 네이버가 미치는 영향력은 여전히 크다. 웹과 모바일에서 사람들이 지나다니는 통로를 네이버가 장악했다는 점은 싫든 좋든 네이버 중심으로 디지털 마케팅 활동이 진행되어야 함을 의미한다. 변화의 흐름에 맞춰 웹 중심 기업에서 모바일 중심 기업으로 빠르게 변화를 시도한 네이버가 시행착오를 겪는 지점도 분명히 있으나 디지털 마케팅 측면에서만 보면 네이버는 여전히 중요할 수밖에 없다.

프로세스 관점의 디지털 마케팅

고객유입, 구매전환, 재구매 활동에 맞춰 온라인 마케팅을 진행한다고 앞에서 설명했다. 그렇다면 이를 실행할 수 있는 업무 중심으로 일을 세분화할 수 있어야 한다. 주요 흐름은 채널을 만든 후 다양한 콘텐츠 포맷을 기반으로 데이터 중심의 마케팅 활동을 진행하는 일이다. 이처럼 소비자들과 다양한 접점을 만들고 그 과정을 측정해 체계화하는 마케팅 활동을 '디지털 마케팅'이라고 정의할 수 있는데, 이 디지털 마케팅은 채널구축→콘텐츠 제작 및 공유→광고 집행→성과분석 및 전략조절 과정을 거친다.

첫 번째, 채널구축이란 홈페이지, 블로그, 페이스북, 유튜브, 쇼핑몰 등의 구축을 말한다. 그중에서도 홈페이지(또는 쇼핑몰)가 중심이 되어야 한다. 기업이 운영하는 홈페이지가 플랫폼이 되어야 하는 이유는 콘텐츠를 한 곳에서 관리하기 위함도 있지만, 홈페이지에 방문한 사람들의 정보를 바탕으로 디지털 마케팅을 정교화할 수 있기 때문이다. 또 구글애널리틱스 등의 로그분석 서비스와 연계하면 성과측정을 통한 방향 재설정 같은 부분들도 용이해진다. 홈페이지든 쇼핑몰이든 홈페이지와 쇼핑몰이 혼합된 방식이든 메인 플랫폼이 있어야 한다. 스마트폰으로 대부분의 정보를 탐색한다는 점에서 모바일 사용성을 고려해 반응형 서비스가 가능토록 한 워드프레스 기반의 플랫폼을 만드는 것도 좋다.

뿐만 아니라 공식 블로그, 페이스북 페이지, 인스타그램, 유튜브 채널 등도 필요하다. 페이스북과 인스타그램은 사람들과 관계 형성에는 편리하지만 지나간 콘텐츠를 찾기 어렵다는 단점이 있다. 또 해시태그로 검색하면 검색은 되나 기본적으로 폐쇄적인 구조를 가졌기 때문에 정보를 체계적으로 관리하기에도 한계가 있다.

홈페이지가 회사 소개와 연락처 등 비즈니스에 필요한 정보 중심으로 구성되는 채널이라면 블로그는 상품이 개발되는 과정이나 기업에서 일하는 사람들의 이야기, 소비자들의 후기 등을 올리는 유연한 채널로 적합하다. 또 유튜브는 제품의 시연 및 소개 영상을 올리기에 적합하며, 감성적으로 다가가고자 할 때는 인스타그램을 활용하고, 카드뉴스 같은 정보 등은 페이스북 활용이 좋다. 이렇듯 매체마다 특성이 있으므로 기업으로서는 번거롭더라도 다양한 채널을 만들고 운영할 수밖에 없다.

그 외 판매채널도 필요하다. 자체적으로 운영하는 쇼핑몰 또는 옥션이나 11번가 같은 오픈마켓이 해당한다. 검색의 입구를 장악하고 있는 네이버 스마트스토어도 무시할 수 없는 판매채널이다. 자체 몰로 가장 많이 사용되는 플랫폼은 카페24, 고도몰, 메이크샵 등이 있는데, 쇼핑몰 운영에 필요한 다양한 기능들을 제공하고 있어 별도로 구축할 때보다 비용 대비 효과가 높다.

판매채널까지 구축되었다면 콘텐츠를 만들어 공유해야 한다. 콘텐츠의 종류는 매우 다양하지만, 텍스트→이미지(사진, 카드뉴스 등)→동영상 순으로 제작하는 게 좋다. 블로그에 텍스트 중심의 콘텐츠를 만들어 공유한 후 유저의 반응이 좋은 건 카드뉴스, 인포그래픽, 이미지 등으로 재가공해 페이스북, 인스타그램 등에 발행한다. 그리고 텍스트와 이미지로 발행한 콘텐츠 중 소비자 반응이 좋은 걸 동영상으로 제작하면 하나의 콘텐츠로 다양한 형태의 포맷이 가능하다.

이때 콘텐츠와 메시지의 방향은 잠재고객의 페르소나(Persona)에 기반을 둠으로써 목표고객을 추상적으로 바라보는 게 아니라 구체적으로 설득해야 할 대상으로 정의하고 잡아야 한다. 심리학 용어인 페르소나는 겉으로 드러난 외적 성격을 말한다. 사람은 여러 개의 페르소나를 갖고 살아가는데, 겉으로 드러난 페르소나를 통해 타인으로부터 평가받으며 그에 따라 대우를 달리 받기도 한다. 인격의 '가면'이라고도 불리는 이유이며, 목표고객을 하나 이상의 페르소나로 정의하면 고객을 설득하고 콘텐츠를 만드는 일에 큰 도움이 된다.

페르소나 프로세스는 고객의 상황 및 요구사항을 분석하는 일에서부터 시작된다. 그러므로 관계된 사람들이 모여 '이런 사람들이 사용할 것'이라는 생각을 포스트잇에 적어 서로 의견을 주고받으며 브레인스토밍을 진행해야 한다. 이때 보다 효과적인 진행을 위해 '이런 사람들'에 대한 이름, 성별, 나이, 직업 등 기본적인 정보를 함께 적으면 페르소나를 보다 구체적으로 파악할 수 있다.

페르소나는 평균적으로 20~30명의 사용자를 대상으로 개별 리서치를 한 후 4~6가지를 작성한다. 단 하나로 정하기보다는 여러 가능성을 열어놓고 접근해야 한다는 뜻이다. 그리고 나서 하나하나를 놓고 정보탐색행동(Behavior), 문제점(Problem), 원하는 상태(needs)를 구체화한다.

아래 그림은 오프라인 사진관을 스마트폰 중심의 앱으로 중개
해 주고자 하는 사업자가 만든 페르소나이다. 고객을 '30대 여성'
으로 막연히 접근하지 않고 '35세 김소영 씨, 여성, 맞벌이, 첫 돌
을 맞는 딸의 사진을 찍기 위해 사진관 등을 고민하고 있음'처럼

김소영(35세, 여성), 거주지역 : 서울, 담당업무 : 마케팅, 소득 : 4,500만 원

Profile
홍보 업무를 수행 중인 7년차 직장인
3년 전 결혼한 후 첫돌을 맞는 딸이 있음
남편이 육아휴직을 통해 딸을 돌보고 있어요
가정에도 충실하지만 자신의 전문성도 꾸준히 높여 나가기를 원해요

Behavior
인스타그램을 많이 사용하고 있어요
필요한 정보는 블로그와 카페를 이용해요
페이스북은 주로 업무용으로 사용해요
네이버를 통해 사진관 위치 등을 확인합니다
주변 친구들에게 육아정보를 묻곤 해요
온라인 검색을 잘한다고 생각해요

Problem
첫돌을 맞은 딸의 사진을 남기고 싶어요
아이가 편하게 촬영할 수 있는 분위기가 중요해요
사진작가의 콘셉트와 프로필을 확인해 보고 싶어요
꼭 필요한 것들 중심으로 서비스가 제공되길 원해요
다양한 콘셉트가 있는 실내 촬영장을 원해요

Needs
실력 있는 사진작가에게 맡기고 싶어요
가격이 터무니없이 비싸지 않았으면 좋겠어요
우리가 원하는 것에 꼼꼼히 귀기울여 줬으면 좋겠어요
평범한 것보다는 아이와 함께 재미있게 촬영하고 싶어요
주중에는 시간이 없어서 주말에 촬영하고 싶어요.

페르소나 작성 사례

페르소나를 구체화했다.

이렇게 페르소나가 구체화되었다면 이를 증명해야 한다. 아직까지 페르소나는 우리의 가설일 뿐이므로 '서울에 사는 35세 김소영 씨'를 찾아 인터뷰를 진행해서 가설을 검증해야 한다. 주변 사람들을 통해 만나는 방법도 있고 페이스북, 인스타그램, 블로그 등에서 찾아보는 방법도 있다. 적합한 절차를 거쳐 연락해 취지를 설명하고, 인터뷰에 필요한 비용 등을 지급하면 의외로 많이 참여한다. 고객을 만나는 일은 생각보다 어렵지 않다.

여기서 중요한 점은 드러나지 않는 니즈를 찾아내려면 페르소나 고객을 대상으로 어떤 질문을 해야 하는가이다. 대표적으로 안좋은 질문은 "다이어트에 관심 있으세요?"처럼 정답이 정해진 질문이다. "그렇다."는 대답이 나올 게 뻔하다. 또 "이런 제품이 나오면 사용하겠습니까?" 같은 질문도 긍정적인 답변이 나올 가능성이 크다. 사회적 동물인 사람은 처음 보는 상대에게 부정적인 대답을 하지 않으려 하기 때문이다. "가격은 얼마가 적당하다고 보십니까?" 등의 질문도 마찬가지다. 당장 구매할 것도 아닌데 마주보면서 가격을 낮게 말하기가 미안해 높게 말하거나, 때로는 비싸다고 생각하면서도 자신이 돈이 없다고 생각할까 봐 높여 대답하기도 한다.

이처럼 특정 의도가 반영된 질문으로는 의미 있는 답변을 듣기 어렵다. 게다가 사람들은 적당히 대답하는 경향이 있다. 사고 싶지 않거나 살 수 없는 사람이 긍정적으로 대답하거나, 맛이 없으면서도 말하기 미안해 맛이 있다고 대답하기도 한다. 정확지 않은 데이터에서는 그 어떤 해답도 찾을 수 없다. 쓰레기 같은 정보는 아무리 분석해도 쓰레기일 뿐이다.

소비자조사가 필요 없다는 말이 아니다. 조사의 한계를 인식하고 의사결정에 참고해야 한다는 뜻이다. 그렇다고 고객은 항상 옳다는 생각도 바람직하지 않다. 고객의 의견만 따라가다 보면 상상력이 축소되어 새로운 시장개척과 혁신을 이루어내지 못한다. 애플의 '아이폰', 테슬라의 '모델 S'처럼 혁신적인 기업과 상품은 모두 다 고객의 부정적인 의견을 극복하고 시장을 개척한 결과물이다.

새로운 시장이나 혁신적인 상품은 소비자조사만으로 찾아지지 않는다. 사실, 소비자조사를 통해 그동안 몰랐던 새로운 사실을 발견해낸 예는 드물다. 만약, 그럴 수만 있다면 경쟁사도 조사를 통해 이미 관련 정보를 알고 있을 확률이 높다. 아무리 뛰어난 조사기술을 활용하더라도 감춰진 정보는 쉽게 밖으로 드러나지 않는다. 특히, 소비자의 의식구조는 그렇게 단순치 않다는 사실을 이해해야 한다.

페르소나 고객을 대상으로 인터뷰를 진행하다 보면 4~6개 중 1~3개 정도로 고객이 좁혀지게 마련이다. 그러고 나면 각각의 페르소나를 대상으로 광고 집행을 위한 콘텐츠를 만들어야 하는데, 위에서 도출한 '35세 김소영 씨'를 보면 몇 개의 유용한 키워드가 확인된다. '초보 엄마'라는 키워드를 바탕으로는 '육아정보에 대한 콘텐츠'가 필요하리라는 점을 연상할 수 있고, '친구들과 육아정보를 공유'한다는 점에서 '친구에게 관련 정보 추천' 같은 기능을 포함시켜 광고를 집행할 수도 있다. 이때 콘텐츠와 광고 집행은 퍼널(Funnel)을 중심으로 진행해야 한다.

첫 단계에서는 잠재고객들에게 상품과 브랜드를 인지시켜야 한다. 관심도 없는 사람들에게 "저희 상품이 이렇게나 좋습니다."라고 외친다고 구매해 주지 않는다. 누구나 쉽게 부담 없이 볼 수 있는 콘텐츠를 던져야 한다. 예를 들면, '백일 때 찍은 사진 한 장의

초보 엄마입니다
육아중입니다
항상 시간이 부족합니다
함께해 주지 못해서 미안해요
아이가 커가는 과정을 남기고 싶어요
곧 첫돌이랍니다
친구들에게 육아정보를 얻곤 해요

직장인입니다
전문성을 키우고 싶어요
일은 포기하지 않을 거예요
공부도 더 하고 싶어요
5년 후쯤 창업할 거예요
남편도 육아에 적극적입니다
친정엄마가 근처에 살아요

페르소나에 바탕한 콘텐츠의 방향 정리

추억'과 같은 이야기를 카드뉴스 형태로 제작해 공유하는 일 등이다. 이 단계를 Top of Funnel이라고 정의할 수 있다.

두 번째 단계로는 상품이나 브랜드에 대한 추가 설명 및 스토리를 보여주어야 한다. 페이스북 광고관리자나 구글애널리틱스 등을 활용하면 Top of Funnel에 반응한 사람들만 선별해 타깃 집단으로 모아주는데, 이들을 대상으로 중간 단계의 콘텐츠와 메시지를 전달하는 식이다. '백일 때 찍은 사진 한 장의 추억' 콘텐츠에 좋아요를 눌렀거나 댓글을 남긴 사람들을 대상으로 '소중한 순간, 전문가에게 사진촬영을 맡겨야만 하는 5가지 이유'처럼 보다 구체적인 콘텐츠를 제시하는 것이다. 이 단계를 Middle of Funnel이라고 정의할 수 있다.

세 번째 단계로는 구체적인 행동을 촉구해야 하는데, 이 단계에서는 우리만의 확실한 장점이 제시되어야 한다. 예를 들면, '11개의 전문 스튜디오 공간, 10년 이상의 전문 포토그래퍼가 함께합니다.'처럼 구체적인 장점을 보여주어야 한다는 말이다. 또한, '지금 구매하세요.', '상품 소개서 다운로드'처럼 고객에게 구체적인 행동을 요구해야 한다. 그리고 이 같은 구매요청 단계에서는 구매에 장애가 되는 요인들이 있는지도 점검이 필요하다. 네이버 ID 로그인과 네이버페이 결제가 연동되면 소비자는 구매과정이 손쉬워진다. 이 단계를 Bottom of Funnel이라고 정의할 수 있다.

여기서는 Top of Funnel, Middle of Funnel, Bottom of Funnel

이라는 세 단계로 퍼널의 단계를 구분했지만, 규모가 크지 않은 기업이라면 Top 단계와 Middle 단계를 하나로 묶어 진행해도 된다. 너무 많은 세분화를 진행하면 '일을 위한 일'이 될 가능성이 있으므로 경계해야 한다.

퍼널 방식의 콘텐츠 발행과 동시에 해야 할 일이 광고 집행인데, 비용을 지불하면서 페르소나 형태로 정의한 고객에게 제품을 노출하는 단계이다. 페이스북, 인스타그램, 유튜브 등은 성별, 나이 같은 인구통계학적 타깃팅뿐만 아니라 친구 사이의 관계, 평상시에 올리는 내용을 바탕으로 한 관심사까지 매우 다양한 타깃팅이 가능하다. 또 그전에 언론사 등에 보도자료를 보내야 하는데, 보도자료는 사전에 기사 검색을 통해 확보해 놓은 관련 업계 담당 기자의 이메일로 새로운 제품과 서비스가 출시되는 시점에 배포한다.

마지막 단계는 성과분석 및 전략조절이다. 성과분석을 위해서는 사전에 온라인 마케팅 특성이 반영된 핵심성과지표(Key Performance Indicator)가 정의되어 있어야 한다. 이때 '매출액 10% 향상' 같은 성과지표는 좋지 않다. 기업의 여러 활동을 통한 결과물인 매출액은 마케팅을 잘해서 오를 수도 있고, 경쟁기업이 못해서 오를 수도 있으며, 외부에 좋은 환경이 조성되어 오를 수도 있기 때문이다.

온라인 마케팅이 오프라인 마케팅과 다른 점 중 하나는 측정할 수 있다는 사실이다. 대부분의 활동이 디지털 형태로 진행되므로 한 사람 한 사람의 방문행동 분석이 가능하다. 가장 많이 사용하는 툴인 구글애널리틱스는 웹 기반의 로그 분석 서비스로써 홈페이지나 쇼핑몰 등 온라인 마케팅 활동의 거짐(플랫폼) 역할을 할 수 있을 뿐만 아니라, 간단한 설치만으로 방대한 양의 고객 데이터를 수집하고 분석할 수 있다는 장점이 있다. 구글애널리틱스를 활용하면 우리 홈페이지에 어떤 사용자들이 방문하는지, 이들이 어떤 채널을 통해 유입되는지, 홈페이지에 도착해서는 어떤 행동 패턴을 보이는지, 구매나 상담 신청으로 전환이 얼마나 발생했는지 등 고객과 관련한 많은 정보와 대답을 얻을 수 있다.

2장

고객을
어떻게
유입시킬
것인가?

1
소비자키워드 조사와
검색엔진최적화

검색은 여전히 중요!

페이스북, 인스타그램, 유튜브를 주로 이용하는 사람들도 궁금한 건 검색을 통해 알아본다. 물건 구매를 위해서든, 다른 사람들의 구매후기를 확인하기 위해서든 검색의 중요성은 여전하다. 이는 홈페이지, 쇼핑몰 등에 아무리 좋은 내용이 있더라도 검색이 안 되면 의미가 없다는 뜻이기도 하다.

검색의 예를 하나 보자. '악세사리'가 맞을까, '액세서리'가 맞을까? 외래어이기 때문에 어떻게 사용해도 문제는 없지만, 우리나라 외래어 표기법에 의하면 '액세서리'가 맞다. 그럼 검색의 관점에서는 어떤 게 맞을까? 네이버에서 '액세서리'는 PC와 모바일 검색량이 월간 1만 건 수준인 반면, '악세사리'는 2만 5천 건이다. 다시 묻는다. '악세사리'가 맞을까, '액세서리'가 맞을까? 검색 관점에서 본다면 '악세사리'가 맞다.

이처럼 홈페이지, 쇼핑몰, 블로그, 유튜브 등에서 다양한 키워드로 콘텐츠가 검색되어야 한다. 그렇지 않으면 사람들에게 클릭의 기회조차 얻을 수 없다. 그리고 검색되지 않는 사이트를 노출하는 방법은 비용을 지불하는 광고뿐이다.

사람들이 검색하는 키워드로 콘텐츠를 만드는 일은 기본 중의 기본이다. 네이버에서 '강남 맛집'이라고 검색하면 블로그만 백만 건이 넘는 결과가 나온다. 그런데 그중 1등과 꼴등은 어떻게 생기는 걸까? 검색결과 순위는 누가 정할까? 네이버 직원들이 모든 콘텐츠의 순위를 결정할까, 아니면 특정 알고리즘에 의해 순위가 결정될까? 결론부터 말하면 검색을 해주는 기본원칙이 있는데, 이를 검색엔진최적화(Search Engine Optimization)라고 부른다. 구글은 더 중요한 페이지는 더 많은 다른 사이트로부터 링크를 받는다는 기준을 적용해 검색순위를 결정하고 있으며, 네이버는 리브라, C-RANK, DIA 형태로 검색방식을 고도화해 왔는데, 서비스마다 차이는 있어도 검색의 기본원리는 비슷하다.

소비자를 기업의 채널로 유입시키는 방법으로는 돈을 내고 광고를 하거나 검색을 통하는 두 가지가 있다. 광고로는 언제든 검색결과 상단에 위치할 수 있으나 비용이 많이 든다는 단점이 있고, 검색엔진최적화는 꾸준한 시간이 필요하나 비용을 들이지 않고 지속해서 노출할 수 있다는 장점이 있다. 일반적으로 광고는 단기적으로, 검색은 장기적으로 접근해야 하는 이유이다. 또 키워드 광고를 하면 검색한 사람에게 확실히 노출되면서 분명한 효과를 나타내지만 끊임없이 비용을 들여야 하고, 광고를 진행하는 키워드에만 관심을 기울임으로써 숨겨진 키워드를 찾아내는 데 한계를 드러내기도 한다.

다양한 키워드로 검색하는 사람들

검색엔진의 역할은 사용자 관점에서 최적의 검색결과를 보여주는 데 있다. 이를 위해 인터넷상의 수많은 문서를 수집해 그 데이터들을 분류하고 정리해 저장해 두었다가 사용자가 검색했을 때 정리, 분류된 데이터 중 가장 적합한 문서를 사용자에게 전달한다. 따라서 홈페이지나 쇼핑몰 등의 콘텐츠가 소비자들이 검색하는 키워드 중심으로 만들어져 있지 않다면 검색될 가능성이 상대적으로 낮아진다.

검색엔진최적화는 이처럼 소비자가 어떤 키워드로 검색하는지를 알아내는 것에서부터 출발한다. 바로 '소비자키워드 조사'이다. 소비자키워드 조사는 소비자와의 머리싸움으로, 판매하려는 제품이나 서비스와 관련해 소비자가 과연 어떤 키워드로 검색할지, 검색한 소비자가 궁극적으로 얻고자 하는 게 무엇인지를 고민하고 진행해야 한다. 이때 키워드는 온라인 마케팅 전반에 활용되므로 불특정 다수가 아닌 목표고객을 중심으로 조사해야 하는데, 고객을 페르소나 형태로 만든 후 그의 마음속에서 키워드를 찾아야 한다는 말이다.

소비자키워드 조사는 또 고객유입을 위해 고객이 어디에 있는지 파악하는 과정이기도 하다. 고객이 어디로 몰려다니는지 알아야 그에 맞는 채널에 노출하고 방문을 유도할 수 있기 때문이다. 물론, 고객은 특정 상품에 대한 정보를 얻기 위해 다양한 검색어를 활용한다. 청바지 구매를 위해서는 디젤 청바지, 워싱 청바지처럼 스타일 관점에서 검색하기도 하고 리바이스, 캘빈클라인 같은 브랜드로 검색하기도 한다. 손예진 청바지, 현빈 청바지처럼 유행에 따라 검색할 때도 있는데, 검색어가 다양할수록, 사람들이 적게 찾는 검색어일수록, 상품명과 동일하지 않은 검색어일수록 고객을 유입시키는 비용은 낮아진다.

실무관점에서 보면 키워드는 대표 검색어, 브랜드명, 유행, 상품과 관련된 니즈를 먼저 찾아본 다음, 네이버와 쿠팡 등에서 자동완성 키워드, 연관 키워드로 생각을 확장시켜 나가는 방식이 좋다. 대표 키워드 중심에는 많은 확장 키워드가 있다. 가방만을 보아도 '배낭', '파우치', '크로스백', '숄더백', '힙색' 등의 하위 제품 키워드 등 많다. 또 대표 키워드가 아닌 브랜드로 검색하는 사람들도 있다. 스마트폰의 경우 아이폰, 갤럭시S 등이 이에 해당한다. 스타일 및 유행관점의 키워드도 놓치면 안 되는데, 여성의류나 패션상품의 경우 '헐리우드 스타일', '힙합 스타일'처럼 스타일이나 유행으로 상품을 검색하는 사람들도 많다. 게다가 상품을 찾는 목적이나 니즈 등에도 키워드가 존재한다. 화장품을 '깨끗한 피부', '봄철 피부관리' 등으로 검색하기도 하고, 다이어트 식품을 '살 빼는 방법' 등으로 검색하기도 한다.

구분	키워드 조사
대표 키워드	
확장 키워드	
브랜드 키워드	
유행(스타일) 키워드	
상품의 Needs 키워드	
자동완성키워드	
연관 키워드	
기타 키워드	

소비자키워드 조사 양식

이처럼 대표 키워드, 확장 키워드, 브랜드 키워드, 유행이나 스타일 및 상품의 니즈 관점 키워드와 함께 자동완성 키워드와 연관 키워드도 찾아봐야 한다. 네이버 트렌드의 쇼핑 카테고리에서는 카테고리별로 사람들이 많이 검색하는 키워드를 별도로 보여주며, 쿠팡에서는 자동완성 키워드와 연관 키워드로 찾아봐야 한다. 이렇게 다양한 방식을 설명하는 이유는 상품을 판매하려는 사람들이 판매자 관점에서 키워드를 찾다 보면 키워드가 제한적이기 마련이므로 고객관점의 키워드가 필요하기 때문이다. 그리고 이런 과정을 밟으면서 꾸준히 조사한 소비자키워드 내용을 엑셀에 업데이트해 나가면 온라인 마케팅 진행에 큰 도움이 된다.

경쟁사 키워드 조사도 필요

디지털 마케팅 채널을 구축하고 운영하다 보면 경쟁 사이트에서는 주로 어떤 이벤트를 하는지, 가격은 어떤지 등을 자주 확인하게 된다. 이때 키워드도 같이 분석해 보아야 한다. 거리에서 마주치는 현수막 하나도 누군가가 고민한 결과물이다. 하물며 다양한 색상과 포맷 등을 사용하는 온라인 마케팅은 더 많은 고민이 필요한 영역이다. 경쟁기업이 어떤 메시지로 고객을 설득하고 있는지, 주로 사용하는 키워드는 무엇인지 등을 분석하는 작업은 당연히 해야 할 일이다.

경쟁기업의 홈페이지나 쇼핑몰을 방문해 타이틀 태그와 메타 태그에 어떤 키워드가 배치되어 있는지, 상세설명에는 어떤 키워드를 사용하고 있는지 등을 꼼꼼히 확인해야 한다. 경쟁기업 분석에서는 고객이 남긴 후기도 힌트가 되는데, 이렇게 찾아낸 키워드들은 온라인 마케팅에서 아주 중요하다. 그때그때 마음의 변화에 따라 원칙 없이 콘텐츠를 생산하는 게 아니라 사전 조사된 키워드를 바탕으로 콘텐츠가 만들어지기 때문이다.

아래 양식을 활용해 경쟁기업 사이트 분석을 해보자. 여기서 중요한 점은 칸을 채워 넣는 게 아니라 다양한 관점에서 소비자가 어떤 키워드로 검색을 하는지 생각을 확장하고 그것을 확인해서 기록하는 일이다.

구분	키워드 조사
타이틀 태그	
메타 태그	
상세설명 내 주요 키워드	
소비자 구매후기 키워드	
기타	

경쟁기업 키워드 분석양식

사이트를 최적화시키는 방법

검색엔진최적화가 효과적으로 이루어지면 검색결과의 상위에 노출됨으로써 고객의 눈에 들어올 확률이 높아져 브랜드 인지도와 구매전환율 상승에도 도움이 된다. 자주 보는 콘텐츠는 더 자연스러워지고 신뢰로 연결되므로 결과적으로 인지도를 향상시킬 뿐만 아니라 구매전환율에도 영향을 미친다. 동일한 상품이라면 익숙하고 잘 아는 브랜드를 구입할 가능성이 크기 때문이다.

검색엔진최적화(SEO)는 사이트를 최적화시키는 '테크니컬 SEO'와 콘텐츠 자체를 최적화시키는 '콘텐츠 SEO'로 구분된다.

테크니컬 SEO는 홈페이지 같은 채널이 검색엔진에 잘 노출되도록 기본적인 토대를 마련하는 작업으로, 네이버와 구글에서 가장 중요도가 높게 관리되는 영역은 도메인 관리, 사이트맵, robot.txt이다.

도메인 관리는 도메인을 어떤 형태로 운영하는가에 관한 내용이다. 하나의 도메인은 여러 웹사이트 주소로 나누어 관리가 가능한데, 여기에는 또 서브도메인 방식과 서브폴더 방식이 있다. 서브도메인 방식은 bizwebkorea.com, blog.bizwebkorea.com, shopping.bizwebkorea.com, video.bizwebkorea.com처럼 각각 독립된 도메인으로 운영하는 방식을 말한다. 이처럼 몇 개의 도메인을 관리해야 하는 서브도메인 방식은 하나의 기업에서 별도 브랜드를 키워나갈 때 사용되곤 한다. 서브폴더 방식은 bizwebkorea.com, bizwebkorea.com/blog, bizwebkorea.com/shopping, bizwebkorea.com/video처럼 하위메뉴를 카테고리처럼 확장시켜 관리하는 방식으로, 상위 페이지 하나의 점수가 하위 페이지들의 점수에 반영되기 때문에 상대적으로 도메인 점수 관리에 효율적이다.

'사이트맵'은 웹사이트의 모든 페이지들을 목차처럼 보여주는 'xml' 형식의 파일을 말한다. 홈페이지나 쇼핑몰에서 방문자들을 위한 사이트맵 페이지와는 별도로 'sitemap.xml' 파일을 검색엔진에 제출해야 한다. 이 파일을 제출하면 일반적인 크롤링 과정에서 발견 못한 페이지들도 문제없이 크롤링되고 인덱싱될 수 있다. 사이트맵은 전 세계적으로 정해진 양식이 존재하므로 그에 맞게 만들고 관리해야 하는데, 무료로 사이트맵을 생성해 주는 사이트들이 있으므로 어렵지 않게 'sitemap.xml'을 생성할 수 있다. robots.txt 파일과는 달리 sitemap.xml 파일은 꼭 루트 디렉토리에 위치하지 않아도 되지만, 대부분의 홈페이지들은 sitemap.xml 파일도 robots.txt와 마찬가지로 루트 폴더에 업로드하기를 권장한다.

'robot.txt' 파일은 검색엔진의 검색엔진(웹크롤러)에게 사이트맵의 위치를 안내하고, 특정 웹크롤러가 웹페이지의 정보를 수집하는 것을 차단하는 역할을 한다. 예를 들어, 카페24 솔루션으로 서비스를 이용한다고 치면 하나의 콘텐츠임에도 2개의 페이지가 검색될 수 있다. 카페24에서는 회원 가입시 생성되는 기본 도메인으로 콘텐츠를 만든 후에 실제 도메인을 연결하는 방식으로 운영되기 때문이다. 따라서 특정 웹페이지의 수집을 차단해야 중복 검색을 방지할 수 있다. 만약, 크롤러가 중복된 콘텐츠의 웹페이지를 제한 없이 수집하게 되면 검색엔진을 평가하는 데 있어 부정적인 영향을 미칠 수밖에 없다. 게다가 구글 같은 곳에서는 중복 콘텐츠에 페널티를 부여하므로 robot.txt 파일을 통해 크롤러의 정보수집을 적절하게 제한하는 게 좋다.

robot.txt 파일은 일반 텍스트 파일로 작성해 사이트의 루트 디렉토리에 위치시켜 설정한다. 다른 곳에 올리면 검색로봇이 찾지를 못한다. robots.txt는 누구에게나 공개된 파일로 웹사이트 URL 뒤에 /robots.txt를 입력하면 다른 웹사이트에서는 어떻게 robots.txt 파일을 적용하고 있는지 확인할 수 있다.

```
User-agent: *
Disallow: /
```

또 위처럼 robots.txt를 설정하면 웹사이트의 모든 콘텐츠에 대한 모든 웹크롤러의 접근을 차단할 수 있는데, 이때 구글로봇만 차단하고 싶다면 User-agent 부분을 Googlebot으로 변경해 설정하면 된다. 하지만 웹사이트의 모든 콘텐츠를 차단시킨다면 검색엔진최적화를 진행한 의미도 사라져 버린다. 따라서 가능한 한 모든 콘텐츠를 허용하되 검색당하면 안 되는 페이지, 즉 관리자 페이지나 개인정보 페이지처럼 검색로봇의 방문을 허용하면 안 되는 웹페이지는 차단을 지정함으로써 수집을 허용치 말아야 한다.

> User-agent: Yeti
> Disallow: /admin/

이렇게 설정하면 웹사이트상 모든 콘텐츠에 네이버 검색로봇의 크롤링을 허용하면서 /admin/디렉토리 안의 페이지에 대한 접근만 차단할 수 있다. 자주 쓰이는 검색로봇의 이름으로는 구글(Googlebot), 네이버(Yeti), 빙(Bingbot) 등이 있으며, 검색엔진 별로 정한 검색로봇의 이름은 모두 비슷하다.

콘텐츠를 최적화시키는 방법

테크니컬 SEO가 콘텐츠가 노출될 수 있는 기술적 토대를 마련하는 작업이라면 콘텐츠 SEO는 개별 콘텐츠 등의 노출 가능성을 높이는 작업이다. 홈페이지나 쇼핑몰 같은 채널에는 수많은 서브

페이지가 존재하며, 메인페이지도 회사소개도 자유게시판의 특정 글도 모두 콘텐츠에 해당한다. 따라서 콘텐츠 SEO 작업을 통해 모든 페이지의 노출 가능성을 조금이라도 더 높여야 한다.

콘텐츠 SEO에서 가장 중요한 작업은 키워드를 관리하는 일이다. 하나의 페이지에 들어간 키워드의 위치와 개수 등이 검색엔진 알고리즘에 영향을 미치므로 콘텐츠를 제작할 때 사람들이 검색할 만한 키워드를 선정해 제목과 본문 등에 적절히 삽입해야 한다. 이미지를 넣으면 설명 태그를 달아주고, 소제목을 사용한다면 적절한 태그를 넣어주는 일들이 콘텐츠 SEO라고 할 수 있다.

검색엔진최적화에 대한 오해 중 하나가 콘텐츠를 인위적으로 조작하면 상위에 노출할 수 있다는 생각이다. 실제로 그런 글들이 여기저기 보인다. 하지만 내가 네이버 담당자라면 어떨까? 이런 상황을 가만히 두고 보진 않을 것이다. 또 무엇보다 검색엔진이 그렇게 단순하지도 않다. 검색기술은 우리 생각보다 훨씬 발전해 있다. 검색결과 상위에 노출되는 비법을 찾아 헤매기보다는 본질적인 노력을 더 하는 게 맞다. 그리고 검색엔진최적화를 이해했다면 동시에 잊어버리길 권한다. 너무 의식하면 본질에 집중하기 어려워진다.

검색엔진최적화에도 단계가 있다. 온라인 마케팅을 처음 시작하는 기업이라면 대표 키워드보다는 세부 키워드를 공략하는 방법이 효과적이다. 처음부터 '강남 맛집' 같은 대표 키워드에 욕심을 부려서는 안 된다. 이미 실력 좋은 경쟁자가 해당 키워드를 다 선점한 상태라 10위 안에 노출되기란 불가능에 가깝다. 욕심내지 말고 가벼운 마음으로 검색량을 높여나가야 한다. 구글에서 site:bizwebkorea.com 같은 식으로 검색해 보면 해당 사이트가 구글 검색에 얼마나 반영되고 있는지 확인할 수 있다. 이 방식으로 키워드 점유비율을 체크한 후 얼마나 증가시켜 나갈지를 결정하면 된다. 이때 서로 다른 키워드를 동시에 공략하기보다 특정한 분야에서 집중적으로 점유율을 높여나가야 검색 상위노출에 유리하다는 점에 유의해야 한다.

또 '강남 맛집', '데이트 장소' 같은 대표 키워드로 노출되기 위해서는 오랫동안 공을 들여야 하지만, '신촌역 4번 출구 커피숍' 같은 세부 키워드는 그 효과가 단기간에 빠르게 나타난다. 키워드에서 느껴지듯 즉시 구매결정이 필요한 때에는 사람들이 세부 키워드로 검색하므로 기업 입장에서는 매출로 이어지는 전환율이 높은 키워드라고 할 수 있다. 게다가 세부 키워드는 경쟁이 심하지 않아 검색결과 상위노출이 상대적으로 쉽다. 처음 온라인 마케팅을 시작하는 기업이라면 경쟁이 심하지 않으면서 전환율이 높은 세부 키워드부터 차근차근 검색량을 늘려가는 게 좋다.

타이틀 태그와 메타 태그가 중요

온라인에서 콘텐츠를 만들 때는 사람보다 검색엔진을 먼저 생
각해야 한다. 사람을 위해서는 사진을 예쁘게 찍고, 포토샵으로
편집을 하며, 유익하고 재미있는 형태로 만들면 된다. 하지만 네
이버나 구글 같은 검색엔진에서는 돈을 내고 광고하지 않으면 검
색이 안 돼 소비자와 만날 수 있는 길이 없기 때문이다.

우리가 검색엔진이라고 부르는 네이버, 다음, 구글 등에는 사람
처럼 눈이 달린 게 아니다. 기계인 검색엔진이 이해할 수 있는 것
이라곤 웹페이지를 만드는 기본적인 언어인 HTML과 텍스트뿐
이다. 사람처럼 사진과 동영상을 본다고 해도 그게 어떤 사진인
지, 어떤 동영상인지 모른다. 따라서 검색엔진이 이해하고 수집하
기 쉽도록 콘텐츠를 만들어야 한다. 그래야 검색을 통한 노출 기
회도 증가한다.

검색엔진최적화는 내부검색엔진최적화와 외부검색엔진최적화
로 나누어진다. 내부검색엔진최적화는 콘텐츠나 사이트 자체에
최적화된 정도를 말하며, 외부검색엔진최적화는 외부에서 해당
콘텐츠나 사이트를 얼마나 신뢰하고 있는지를 보여준다.

내부검색엔진최적화 요소로는 제목, 본문, 본문 내의 콘텐츠 구
성 정도 등이 있다. 흔히 제목에 검색되고 싶은 키워드를 배치하

고, 본문에도 키워드를 적절히 사용하며, 사람들의 시선을 붙잡기 위해 관련된 사진과 동영상도 넣고, 콘텐츠 이용이 편하도록 글자를 굵게 하거나 색깔도 넣는다.

그중에서도 가장 중요도가 높은 곳은 제목에 해당하는 타이틀 태그로, 검색되기 원하는 키워드를 제목에 포함해야 검색의 기회를 얻을 수 있다. 또 페이지마다 고유한 타이틀 태그가 있으면 다른 페이지와 구별되어 사용자에게 도움이 된다. 이때 지나치게 긴 제목이나 불필요한 키워드는 사용자에게 불편을 주므로 피해야 한다.

네이버 웹마스터 도구에서의 사이트 메인페이지 타이틀 태그로는 사이트 성격을 잘 표현할 수 있는 브랜드명, 즉 사이트의 개설 목적에 맞는 브랜드 키워드인 상호명, 서비스명, 제품명 등의 고유명사 사용을 권한다. 제목을 자주 변경하거나 너무 길어 사용자가 쉽게 사이트를 파악하지 못하게 되면 검색 시 노출이 잘 안 될 수도 있다.

개별 페이지의 타이틀 태그로는 페이지의 콘텐츠 주제를 명확히 하는 문구를 넣어야 한다. 글자 수를 별도로 제한하지는 않지만, 검색결과에서 표현이 가능한 수준으로는 제목의 길이를 제한하고 있다. 다양한 키워드로 검색되기 위한 과도한 길이의 제목은 검색자의 사용성을 저해하며, 2회 이상의 반복적인 키워드, 스팸성 키워드, 콘텐츠와 연관이 없는 키워드가 나열되는 경우 또한 검색 시 노출에 불이익을 받을 수 있다. 반대로 사이트 내의 모든 페이지를 동일한 제목으로 넣는 방법도 피해야 한다. 페이지 콘텐츠에 맞는 고유한 제목이어야 검색 사용자가 콘텐츠를 찾을 확률이 높기 때문이다.

메타 태그는 각 페이지의 요약정보를 보여주는 곳이다. '디스크립션 태그(description tag)'로는 짧은 단락으로 된 설명을 넣고, '키워드 태그(keywords tag)'로는 페이지를 설명할 수 있는 키워드를 넣어준다. 디스크립션 메타 태그 내용이 검색결과와 일치도가 높으면 검색결과 페이지 내용 미리보기로 사용된다. 따라서 사용자에게 정보를 제공하는 동시에 관심 유도가 가능하도록 작성해야 한다. 키워드를 반복적으로 포함시킬 경우 검색에서 제외될 수도 있다.

메타 태그에서는 오픈 그래프 태그도 설정해 준다. 오픈 그래프 태그는 웹사이트의 URL 링크 공유 시 미리보기를 만들 때 사용하는 태그이다. 페이스북이나 카카오톡에 웹사이트를 공유할 때 제목, 설명, 이미지가 어떻게 노출될지를 결정해 주는 곳이라고 할 수 있다. 오픈 그래프 태그를 설정하지 않으면 이미지가 없거나, 이상한 이미지가 잡히거나, 내용이 제대로 표시되지 않는다. 주요 설정방법은 다음과 같다

```
〈head〉

...
```

```
〈meta property="og:type" content="website"〉
〈meta property="og:title" content="페이지 제목"〉
〈meta property="og:description" content="페이지 설명"〉
〈meta property="og:image" content="사용자가 Facebook
등에 콘텐츠를 공유할 때 표시되는 이미지 경로"〉
〈meta property="og:url" content="이미지 클릭 시 랜딩페
이지 URL"〉
...
〈/head〉
```

 사진 등 이미지가 많은 페이지는 검색에 긍정적인 영향을 미친다. 이때는 이미지 하단에 설명을 넣음으로써 'img alt' 태그를 활용해 검색되도록 해야 한다. 다만, 검색엔진에서 무료로 제공하는 이미지는 다른 곳에서도 사용할 경우 중복성 문제로 검색이 안 될 수도 있다는 점에 주의해야 한다. 따라서 가능하면 직접 찍은 사진이나 그린 이미지를 사용하는 게 좋다. 만약, 남의 이미지나 사진을 사용한다면 저작권도 중요한 문제가 되므로 잘 살펴야 한다.

 외부검색엔진최적화는 다른 사이트에서 내 사이트를 얼마나 신뢰하고 있는가에 대한 측정으로, 최신 페이지의 여부나 페이지 나이, 링크 인지도, 클릭 인기도, 포털 내부에 있는지 등을 확인해야

한다.

　페이지의 나이는 웹페이지가 얼마나 오래전부터 존재해 왔는가를 평가하는 항목이다. 검색이 가진 최대 장점이라면 과거에 만들어놓은 콘텐츠라도 언제든 검색이 가능하다는 부분이다. 그런 면에서 볼 때 오랫동안 다양한 키워드로 콘텐츠를 쌓아 놓는 게 검색에 유리하다.

　링크 인지도란 다른 사이트에서 내 사이트 링크를 얼마나 걸어 두었는지 하는 정도를 말하는데, 누군가가 내 사이트를 소개한다는 것은 그만큼 의미가 있다는 뜻이다. 검색엔진에 등록된 이후 시간이 흐르면 흐를수록 페이지의 나이와 링크 인지도가 검색결과에 매우 큰 영향을 미친다.

　또 검색결과로 노출되는 키워드나 콘텐츠 중에서도 높은 인기를 구가하는 게 있다. 보통은 검색자의 의도를 충분히 반영한 양질의 콘텐츠를 담으면 클릭 인기도가 높아진다.

　최신 페이지도 중요하다. 좋은 콘텐츠가 아무리 많아도 더이상 새로운 콘텐츠가 생산되지 않으면 검색에서 멀어지게 마련이므로 꾸준한 콘텐츠 생산이 필요하다.

　포털에서 제공하는 서비스 여부도 영향을 미치기는 마찬가지다. 똑같은 내용의 블로그 페이지라 할지라도 네이버의 검색엔진에서는 네이버 블로그가, 다음의 검색엔진에서는 다음의 블로그가 유리한 것과 같다.

모바일에서도 검색엔진최적화는 필요

　기술적으로 웹과 모바일 검색엔진최적화는 다르지 않으나 모바일에서는 방문자의 편의성이 훨씬 중요해진다. PC보다 작은 화면에서 손가락에 의해 움직이는 만큼 직관적이며 이용하기 편해야 한다. PC 중심으로 만들어놓은 콘텐츠를 모바일에서 그대로 보여주면 불편할 뿐만 아니라 구매전환률도 낮아진다. 화면을 확대해서 이용할 수도 있지만, 모바일 이용자는 이런 수고로움을 장시간 견디지 못한다. 네이버, 카카오, 페이스북 등으로 로그인 가능한 간편로그인과 간편결제 등이 제공되어야 하는 이유이다.

　모바일은 작은 화면에서 짧은 콘텐츠를 소비한다는 점에 주목해야 한다. 따라서 과거 PC에서 작성했던 것처럼 서론, 본론, 결론으로 구성되는 콘텐츠보다는 짧고 간결하게 콘텐츠를 제공해야 효과적이다. 모바일에서는 동영상도 3분 이상 시청이 어려운데, 이를 감안하면 장황한 텍스트는 더욱 안 좋다는 사실을 알아야 한다.

　네이버나 구글에서 검색을 해보면 PC와 모바일에서의 검색결과가 다를 때가 있는데, 이는 검색엔진 자체가 모바일에서 이용하기 좋은 콘텐츠를 먼저 보여주기 때문이다. 구글을 보면 모바일 버전의 사이트보다는 반응형 구조를 가진 사이트가 모바일에 노출된다. 그런 이유로 워드프레스와 같은 반응형 홈페이지의 비율이 높아지는 게 사실이다.

그러나 PC와 모바일에서 최적화된 고객경험을 제공할 수 있는 동적 홈페이지도 여전히 많이 사용한다. PC와 모바일 사이트를 달리하면 2개의 도메인이 생성된다. 예를 들면, PC 사용자들에게 보이는 bizwebkorea.com과 모바일 사용자들에게 보이는 m.bizwebkorea.com 사이트처럼 말이다. 사실, 도메인이 2개가 되어도 검색엔진최적화에는 문제가 없다. 같은 사이트인데 PC용과 모바일용 도메인이 다를 경우에는 대표 URL 선언, 즉 캐노니컬(canonical) 구문으로 문제를 처리하면 되는데, html 문서의 헤드(head) 영역에 아래와 같이 문구를 추가하면 된다. 카페24, 고도몰 등 대부분의 솔루션에서는 이렇게 대표 URL 설정 페이지를 제공한다.

〈link rel="canonical" href="https://bizwebkorea.com" /〉
〈link rel="alternate" href="https://m.bizwebkorea.com" /〉

고객을 유입하는
첫 번째 방법,
광고!

광고를 해야 할까, 홍보를 해야 할까?

커뮤니케이션 활동에서 가장 많이 활용되는 방법이 광고 (Advertising)와 홍보(Public Relations)라고 볼 수 있다. '키워드 광고를 한다.', '신문 보도자료를 배포한다.' 등이 모두 이에 해당한다.

광고와 홍보는 비슷한 듯 보이면서도 다르다. 가장 큰 구분점은 돈을 지불했는지의 여부이다. 유명 인플루언서가 자발적으로 포스팅을 해주는 건 홍보지만, 기업에서 비용을 지불하고 노출하면 광고이다. 신문도 마찬가지다. 기자가 객관적인 사실을 바탕으로 기사를 내주었다면 홍보지만, 기업에서 상품 등으로 비용을 지불하고 기사화된 것이라면 광고라고 보아야 한다.

광고는 이처럼 대가를 지불한다. 그래서 광고가 나쁘다는 말이 아니다. 정보를 찾는 사람에게 시의적절한 광고는 정보가 된다. 이를 통해 기업은 매출을 발생시킬 수 있고, 광고를 중개한 업체도 수수료를 얻을 수 있다. 적합한 방식으로 광고가 노출된다면 모두에게 이익으로 다가온다.

홍보는 커뮤니케이션 활동을 통해 기업의 생각이나 계획, 활동, 실적 등을 널리 알리는 일이다. 하지만 직접 말하기보다는 다른 사람의 입을 빌려 말하는 형태이다. 평소 잘 알고 지내는 사람이 "내 말을 믿어봐! 그 사람 정말 괜찮은 사람이야."라고 소개한다면 훨씬 더 신뢰하게 되는 것과 원리가 같다. 일반적으로 홍보의 목적은 사람들의 마음을 얻거나 관리하는 데 있다.

기업으로서는 광고와 홍보 모두 필요하다. 예를 들어, 10만 원을 투자해 100만 원의 매출을 발생시킬 수 있다면 광고를 해야 한다. 간혹 "저희는 광고보다는 입소문 마케팅을 활용할 생각입니다."라고 말하는 사람들이 있으나 입소문 마케팅에는 시간이 필요하다. 들어보지도 못한 상품은 구매할 이유가 없을 뿐만 아니라 구매 후 만족하고 입소문을 내는 행위 자체가 어려운 일이다. 무엇보다 입소문 마케팅은 기업이 통제하고 의도한다고 해서 만들어지는 게 아니다. 입소문은 기업의 바람일 뿐 전략으로 삼기에는 많은 한계가 있다. 그러므로 새로운 상품을 출시한 기업은 광고를 전략적으로 활용해야 한다. 돈을 지불하고라도 소비자의 태도나 행동에 영향을 주어야 한다는 말이다.

광고매체로는 TV, 신문, 잡지, 라디오, 네이버, 페이스북, 유튜브 등 매우 다양하지만, 이미 온라인 매체가 전통적 매체의 광고 시장을 대부분 빼앗았다. 물론, 그렇다고 전통적 매체의 효과가 전혀 없다는 뜻은 아니다. 각자의 영역에서 여전히 나름의 영향력은 간직하고 있다.

어떤 매체에 광고를 집행할지는 목표고객이 누구인가에 달려 있다. 예를 들어, 20대 여성이라면 인스타그램이, 30대 주부라면 네이버 카페의 협찬 광고가, 50대 이상의 남성이라면 네이버 밴드 광고가 효과적일 수 있다. 광고매체는 고객이 있는 곳으로 정해야 한다. 인스타그램이 뜬다고, 유튜브가 대세라고 모두가 그곳으로 몰려갈 필요는 없다.

고객을 유입하는 첫 번째 방법, 키워드 광고

온라인에서 진행할 수 있는 광고로는 네이버 키워드 광고, 네이버 쇼핑 광고, 페이스북 타깃 광고, 유튜브 광고, 구글 리타깃팅 광고 등 무수히 많다. 앞서 얘기했듯 비용을 지불하더라도 홈페이지나 쇼핑몰로 고객을 유입시켜 매출을 발생시킬 수 있다면 광고를 부정적으로 볼 필요는 없다. 온라인 매체의 광고단가가 지속적으로 올라가고 있음에도 기업들이 광고를 진행하는 이유는 목표 고객에게만 노출이 가능한 데다 그 효과를 직접 눈으로 확인할 수 있기 때문이다.

그중 가장 많이 활용되는 키워드 광고는 전단지나 현수막 광고처럼 '판매자가 고객을 찾아' 하는 광고가 아니라 검색을 통해 '찾아오는 고객'에게 광고를 노출한다는 점에서 적극적이고 적중률 높은 광고방식이다. 또 구매율을 가장 높이는 수단임과 동시에 실시간으로 관리하고 성과를 분석하기에도 용이하다. 물론, 단점도 있다. 광고를 만들고 집행하는 데 있어 여러 부분에서 비용이 들기 때문에 수익률에 영향을 미친다. 또한, 오로지 광고에만 의존하면 자연스러운 브랜딩 효과를 기대하기 어려우며, 일부의 경우 입찰경쟁과 부정클릭에 대한 이슈가 생기기도 한다.

키워드 광고는 과금 부과방식에 따라 CPC(Cost per click)와 CPM(Cost Per Millenium)으로 나눈다. CPC 광고는 클릭이 일어날 때마다 비용을 지불하는 방식으로 네이버 파워링크와 구글 키워드 광고가 대표적이다. 반면, CPM 광고는 광고가 1,000회 (Millenium) 노출되었을 때를 기준으로 비용을 책정하는 일종의 고전적인 정액제 방식인데, 실제 클릭으로 인한 방문과 상관없이 키워드의 전월 노출 수를 기준으로 한 달 이용료가 책정된다.

서비스별로 광고 집행방식이 달라 온라인 마케팅 전체를 대행하는 기업도 많다. 다만, 광고대행사는 의뢰인의 바람과 달리 비즈니스 도메인에 대한 이해가 부족하다는 안타까운 면이 있다. 그들의 전문분야는 검색원리와 효과적인 광고 세팅 기법들이다. 기업에서 판매하는 제품이나 서비스의 특징은 무엇인지, 고객은 누구인지, 고객이 구매하는 이유는 무엇인지 등에 대한 고민은 깊게 하지 않는다.

그렇게 된 데에는 여러 이유가 있다.

먼저 기업들은 대행사에서 제공하는 컨설팅이나 코칭을 무료로 생각한다는 점이다. 그들의 노하우를 가벼운 서비스 정도로 치부한다. 그렇다 보니 대행사들도 깊이 있는 고민보다는 기능적인 광고 세팅 방식에 더 주력한다.

수수료의 문제도 있다. 일반적으로 네이버, 구글, 페이스북 등은 공식 대행사를 선정하고 대행사별로 등급을 설정해 수수료를 달리하는데, 보통 종합 매출액의 누적에 따라 대행사의 등급과 수수료가 결정된다. 따라서 대행사는 소액으로 광고를 진행하는 기업보다는 월별 광고비가 높은 기업에 집중할 수밖에 없다. 월 광고료가 적은 기업은 사실상 광고대행사 종합 매출액을 누적시키는 개념으로만 생각하고 열심히 관리하지 않는다는 말이다. 결국,

광고대행사 입장에서는 광고주가 가능하면 광고비를 많이 지출하기를 바라는 반면, 광고주는 최소한의 비용으로 최대한의 효과를 얻으려 한다는 측면에서 서로의 이해관계가 상충할 수밖에 없다.

기업이 직접 광고를 집행하면 인건비와 관리비가 들어간다. 게다가 직접 광고를 진행하든 대행사를 통하든 광고단가가 달라지지도 않는다. 언뜻 대행사에 위탁하는 게 합리적으로 보인다. 하지만 자기가 컨트롤 가능한 상태에서 대행사에 맡기는 것과 잘 알지 못해 대행사에 맡기는 건 다르다. 기업 편에서 성실하게 광고를 진행하는 대행사도 있지만, 광고시장의 구조로 보아 그래 주기를 기대하는 건 욕심이다. 쉽지 않은 일이고, 많은 시행착오도 겪겠지만 외부 광고대행사에 의존하기보다는 직접 광고를 진행하면서 필요한 부분만 대행사를 이용하는 편이 효과적이다.

데이터 중심의 디지털 마케팅을 진행하기 위해서는 자사의 홈페이지나 쇼핑몰이 메인 플랫폼으로 운영되어야 한다. 네이버, 쿠팡, 옥션 등 타사 플랫폼에서는 데이터 분석을 위한 스크립트 코드 삽입이 어렵다. 또 자사몰을 중심으로 마케팅 활동을 진행해도 구글, 네이버, 페이스북 등의 서비스와 연동할 수 있으며, 이를 통해 고객의 방문행동 데이터를 얻으면 세분화된 마케팅 활동이 가능해진다.

예를 들어보자. 네이버에서 키워드 광고를 클릭해 들어온 사람과 인스타그램에서 유입된 사람의 니즈가 다르다면 어떻게 해야 할까? 키워드 광고로 유입되는 랜딩페이지와 인스타그램에서 유입되는 랜딩페이지가 따로 있어야 한다. 키워드 광고를 클릭해 들어온 사람은 본인의 의지로 검색한 사람들로 '계획구매'에 가깝고, 인스타그램에서 유입된 사람은 우연히 정보를 접한 사람으로 '충동구매'일 가능성이 크기 때문이다. 서비스에 따라, 광고방식에 따라, 콘텐츠에 따라 계획구매인지 충동구매인지 예측할 수 있고, 이를 통한 분석이 가능하다는 뜻이다.

온라인 광고는 이처럼 데이터를 중심으로 의사결정을 할 수 있다는 점에서 오프라인과 확연히 다른데, 이를 '데이터 드리븐(Data Driven)'이라고 표현하기도 한다.

온라인 패션 편집숍인 무신사를 보면 상품 구매후기, 커뮤니티 등 다양한 채널을 통해 수립된 데이터를 즉각 상품에 반영, 개선하는 과정을 수차례 거쳐 매 시즌 업그레이드된 상품을 선보인다. 이 과정을 수행하기 위해 자체적인 솔루션을 구축할 수도 있으나 대부분은 무료로 제공되는 솔루션을 이용한다. 그래도 충분하다. 대표적으로 구글은 로그분석(Google analytics)과 태그매니저(Google Tag manager) 등의 서비스를, 페이스북은 고객행동 측정 및 타깃 구축, 마케팅 최적화를 위해 픽셀(pixel)을 무료로 제공하고 있다.

검색의 길목을 지키고 있는 네이버

키워드 광고는 초기에는 네이버에 집중하는 편이 좋다. 네이버가 70% 이상의 검색 점유율을 가졌기 때문이기도 하지만, 노하우가 많지 않은 기업으로서는 처음부터 구글이나 다음, 페이스북 등의 광고 구조를 알기가 어렵다는 점에 그 이유가 있다. 먼저 네이버에서 광고를 진행해 운영방법이나 노하우를 축적한 다음 페이스북이나 구글, 유튜브, 다음 등으로 광고의 영역을 확장하는 게 바람직하다.

네이버에서도 그중 가장 많이 활용되는 광고는 파워링크 키워드 광고이다. 기업들 대부분이 활용하고 있는 만큼 이 광고를 중

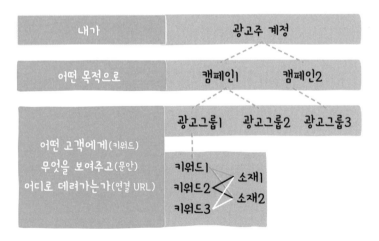

네이버 광고 구조

심으로 네이버 광고에 대해 알아보자.

네이버의 검색광고 구조는 '캠페인-광고그룹-키워드-광고소재'로 구성되어 있다. 소비자가 어떤 키워드로 검색했을 때 우리의 광고가 보일지 키워드를 선택하고, 보여줄 제목과 내용을 작성하고, 광고를 클릭했을 때 어디로 이동할지 연결 페이지를 설정하는 방식이다.

캠페인이란 운영하는 광고의 전략단위를 말하는데, 네이버에서 집행할 수 있는 캠페인으로는 파워링크, 쇼핑검색, 파워콘텐츠, 브랜드검색, 플레이스 등이 있다.

파워링크는 검색광고를 통해 특정 사이트로 고객을 유입시키는 광고이다. 쇼핑검색은 네이버 통합검색의 쇼핑영역 및 네이버 쇼핑검색 결과 페이지에 노출하는 광고로, 쇼핑영역이다 보니 온라인으로 상품을 판매하는 사업자를 위한 광고이다. 파워콘텐츠는 블로그, 카페, 포스트를 활용한 콘텐츠 광고로, 이용자에게 신뢰성 있는 정보를 제공하고 브랜딩 기회와 전환 성과를 얻을 수 있는 상품이다. 브랜드검색은 특정 상호나 브랜드를 검색했을 때 통합검색 결과에 해당 브랜드의 정보와 다양한 소재를 함께 노출하는 브랜드형 검색광고이다. 그리고 지역의 소상공인을 위한 캠페인인 플레이스는 네이버 스마트 플레이스에 등록된 업체정보를 연동해 원하는 지역에서 업체 이름, 위치, 업체 설명, 업체 이미지 등을 함께 네이버 콘텐츠 서비스에 노출시킨다.

광고그룹이란 광고를 운영하고, 효과를 분석하고, 입찰을 진행하는 단위로 PC에서만 노출할지, 모바일에서만 노출할지, PC와 모바일에서 동시에 노출할지 등을 결정해야 한다. 통합검색이나 블로그처럼 노출되는 위치 및 시간대와 요일, 지역 등의 설정이 가능한 광고그룹에는 최대 1,000개의 키워드와 5개의 소재를 등록할 수 있다. 이때 보통 성격이 유사한 키워드와 소재를 하나의 광고그룹으로 묶어 운영해야 효율적이다. 운동화를 판매하는 사이트에서 여성과 남성을 다르게 설정해 광고하고 싶다면 '운동화_여성그룹', '운동화_남성그룹'으로 광고그룹을 각각 생성한 후 각 그룹에 등록하는 키워드와 소재를 달리해 운영해야 한다는 말이다.

광고그룹까지 설정했다면 어떤 키워드로 광고를 집행할지 결정해야 한다. 그러려면 소비자가 어떤 키워드로 검색하는지를 알아야 한다. 소비자들은 생각보다 다양한 키워드로 검색한다. 핸드폰 같은 경우에는 '스마트폰'이라고 검색하기도 하고 '아이폰'이라는 브랜드로 검색하기도 한다. 또 '깨끗한 피부관리 방법'처럼 고객의 니즈 관점에서 검색하기도 하고, 밸런타인데이에 연인에게 줄 선물을 사려고도 검색을 한다. 따라서 고객이 어떤 키워드로 검색하는지를 모르면 키워드 광고는 불가능하다.

키워드는 일반적으로 대표 키워드를 찾아낸 후 세부 키워드로 확장해 나간다. 예를 들어, '라식수술'이라는 대표 키워드는 검색량은 많으나 구매전환은 낮은 반면, '강남역 라식수술 안과'라는 세부 키워드는 검색량은 상대적으로 적으나 구매전환 가능성이 크다. 세부 키워드로 확장되어야 적은 비용으로 고객을 유입해 매출을 높일 수 있으며, 사람들의 구매패턴을 고려해도 대표 키워드보다는 세부 키워드로 광고를 진행해야 효과가 크다는 의미이다. 사람들은 처음에는 대표 키워드로 검색하지만, 구매가 임박할수록 세부 키워드로 검색하기 때문이다.

이런 경향은 스마트폰 케이스에 관심이 있으면 먼저 '아이폰 케이스', '갤럭시S 케이스' 등으로 검색하다가도 어느 정도 정보를 찾아보고 나서 구매할 때가 되면 '아이폰11 가죽 케이스', '갤럭시S 가죽 케이스'처럼 구체적인 키워드로 검색을 하는 데서도 알 수 있다. 이처럼 대표 키워드를 확장시켜 세부 키워드로 광고를 진행하는 방식은 키워드 광고의 노하우 중 하나이다.

물론, 대표 키워드도 광고해야 한다. 그래야 구매전환으로 이어질 확률은 낮아도 브랜딩 측면에서 도움이 된다. 또 세부 키워드로만 광고를 집행하면 전체 방문자 수가 너무 적어 효과 측면에서 실질적인 성과를 거두기 어렵다.

세부 키워드를 강조하는 이유는 비용 대비 효과가 높다는 데 있다. 만약, 용산에서 노트북 및 주변기기를 판매하는 사업자가 키워드 광고를 진행한다 치자. 해당 사업주는 소비자키워드 조사를 통해 '노트북'이라는 키워드를 찾았다. 그럼 '노트북'이라는 키워드 광고를 진행하면 될까? 정답은 '아니오.'이다. 업종의 대표 키워드인 '노트북'은 검색량이 많은 만큼 가격이 비싸다. 게다가 아직은 어떤 노트북을 구매할지가 불분명해 사이트를 방문한 후에 구매로 전환될 가능성도 적다. '노트북'이라는 키워드로는 고객들이 노트북을 구매하기 위함인지, A/S를 받기 위함인지, 노트 관련 보고서를 쓰기 위함인지 알 수가 없다. 이에 비해 '노트북'이라는 대표 키워드를 확장해서 '용산 노트북 매장', '용산 노트북 저렴한 곳'처럼 세부 키워드로 광고를 진행하면 의사결정이 어느 정도 진행된 고객을 만날 수 있으므로 검색량은 적지만 비용 대비 효과가 높아진다.

대표 키워드를 세부 키워드로 확장하는 데는 엑셀이 효과적이

A1&B1

	A (대표 키워드)	B (확장 키워드)	C (세부 키워드 확장)
1	소나타	차량용방향제	소나타차량용방향제
2		디퓨저	소나타디퓨저
3		차량용디퓨저	소나타차량용디퓨저
4		차량방향제	소나타차량방향제
5		방향제	소나타방향제

세부 키워드 확장방법

다. 키워드 확장을 구조화할 수 있기 때문이다. 앞의 표는 차량용 방향제를 판매하는 기업이 차량 종류를 중심으로 키워드를 확장한 사례이다. 대표 키워드 하나에 앞뒤로 다른 키워드를 붙여 확장하면 생각보다 많은 키워드 도출이 가능하다. 엑셀에서 글자와 글자를 붙일 때는 '&'를 사용하면 된다. 그리고 특정 값을 변하지 않게 고정시키려면 '$'를 넣어주면 된다. 앞 표의 '$A$1&B1' 함수는 A1의 값을 동일하게 유지하면서 뒤에 B열의 글자값을 더하라는 의미이다.

물론, 모든 세부 키워드가 효율이 높지는 않다. 하지만 그물을 촘촘히 치는 일임에는 틀림이 없다. 소비자가 어떤 키워드로 검색해도 우리의 광고가 노출될 수 있도록 만드는 작업이다. 그런 다음 광고 관리 시스템에서 제공하는 통계 보고서 기능을 활용해 세밀하게 전략을 수정해 나가면 된다.

키워드를 결정했다면 제목과 설명, 연결 URL로 구성된 소재를 등록해야 한다. 제목과 설명에는 '키워드 삽입' 기능을 이용할 수 있는데, 키워드가 자동으로 입력되어 노출되게 만든다. 이 기능을 활용하면 제목과 설명에 키워드가 굵게 표시된다. 다만, 무리하게 끼워 넣은 부자연스러운 키워드는 클릭률이 낮아지므로 모든 키워드에 적용해서는 안 된다. 바람직하지 않다.

만약, '예쁜 운동화'라는 키워드에 내 광고가 노출되도록 했다면 광고소재의 {키워드}라고 입력된 자리에 자동으로 '예쁜 운동화'가 치환되어 노출된다. 하지만 키워드에 따라 글자 수가 너무 길면 키워드 삽입으로 인해 제목과 설명의 길이가 제한 글자 수를 초과할 수 있다. 이럴 때를 대비해 '키워드 삽입' 사용 시에는 키워드 대신 삽입될 '대체 키워드'를 입력하게 되어 있다. 그 후 검색한 사람이 광고를 클릭했을 때 연결되는 URL까지 설정하면 광고 등록이 완료된다.

네이버에서 '예쁜 운동화'라고 검색하면 PC에서는 10개의 파워링크 광고가 노출된다. 주목도가 가장 높은 1등 위치에 노출하면 좋겠지만 특정 키워드의 경우 1등에서 10등까지의 클릭당 가격이 두 배 이상 차이가 나는 반면, 구매전환이 보장되는 게 아니므로 신중할 필요가 있다. 재미있는 사실은 10등에 노출되어도 1등보다 더 많은 클릭을 받을 수 있다는 점이다. 그것은 바로 광고소재인 제목과 설명, 연결 URL을 어떻게 작성하느냐에 달려 있다.

대중적인 인지도가 있는 기업이나 브랜드는 특별한 광고문구가 아니라도 원하는 클릭률을 얻는 게 가능하다. 많은 클릭을 받고 싶으면 순위를 높이면 되기 때문이다. 하지만 그렇지 않은 기업에게 그 방법은 해당 키워드에 대한 경쟁이 치열할 경우 광고비의 증가로 이어져 별 도움이 되지 못할 수도 있다. 따라서 자신만의 독창적인 제목과 설명글을 넣어 검색한 사람들이 클릭하도록 유도해야 한다. 좋은 글은 품질지수에 영향을 미쳐 키워드 광고 경쟁력을 높인다.

사람들이 쉽게 구매를 결정하지 못하는 고가 제품이나, 자신의 정체성을 표현하는 고관여 제품은 가격보다 전문성과 감성적 접근이 필요하다. 유기농 식품이라면 '100% 무농약'을 강조하고, 어린이 장난감이라면 '아이를 안전하게 보호할 수 있음'을 강조해야 하는 것처럼 말이다. 반면, 습관적으로 구매하는 물건이나 무엇이든 품질이 비슷한 저관여 제품이라면 가격 할인과 옵션, 무이자 할부 등을 강조하는 방식이 효과적이다.

사이트 설명은 주어진 45자를 최대한으로 활용하면서 고객의 질문에 효과적으로 답변할 수 있어야 한다. 어떤 이가 '가로수길 맛집'이라고 검색했다면, 이 사람은 '어떻게 하면 연인과 함께 즐겁게 시간을 보낼 수 있을까?'를 생각하거나 '가로수길 맛집으로는 어디가 있을까?' 궁금해한다고 보는 게 타당하다. 이처럼 광고주는 검색한 키워드를 보고 고객이 진짜로 무엇을 원하는지 알아내, 이를 기반으로 '연인을 위한 독립 공간' 혹은 '서울시 맛집 선정업체' 같은 설명글을 제시할 수 있어야 한다. 고객이 검색한 키워드에 맞는 올바른 대답이 광고 글에 나타나야 클릭을 받을 수 있다.

그다음 연결 URL은 고객이 키워드 광고를 클릭한 후 만나는 첫 번째 화면으로 랜딩페이지라고도 부른다. 이때 키워드별로 다르게 연결 URL을 설정하면 구매전환율이 높아지긴 하나 관리의 번거로움으로 인해 기업들은 대개 연관성이 가장 높은 페이지로 일괄 설정한다. 따라서 번거롭더라도 랜딩페이지를 정확히 설정해야 높은 성과가 나타난다. 상세페이지 내용에 따라 다르긴 하지만 검색하는 키워드와 연관성이 높은 페이지로 바로 연결되면 체류시간은 늘어나는 반면, 반송률 및 이탈률은 줄어든다. 특히, 인지도를 높이거나 구매전환율, 매출증대가 목표라면 더욱더 랜딩페이지를 최적화해야 한다.

또 상세페이지 콘텐츠 역시 사람들이 보고 싶어 하는 내용을 중심으로 꾸며야 한다. 힘들게 유입시킨 고객이라도 첫 페이지에서 만족하지 못하면 7초 이내에 이탈해 버린다고 한다. 그만큼 사람들의 인내심은 오래 가지 않는다. 따라서 키워드 광고 시에는 사이트 메인화면이 아니라 해당 제품과 서비스를 안내할 수 있는 상세페이지로 고객을 유인해야 한다. 고객의 관심은 개별 상품에 있을 뿐 해당 상품을 판매하는 회사 전체를 보려는 게 아니기 때문이다. 메인페이지보다 상품 리스트 페이지가, 상품 리스트 페이지보다는 상품판매 페이지가 랜딩페이지로 설정된 경우 구매율이 약 1.6배 가량 더 높게 나온다는 통계자료도 있다.

네이버 파워링크 광고에서는 기본소재인 제목, 설명, 연결 URL 이외에 추가 확장 소재를 설정할 수 있다. 추가 제목과 홍보 문안, 서브페이지 링크, 홍보 영상 등의 추가 정보를 통해 고객의 유입경로 확대가 가능하다는 말이다. 물론, 전화번호나 네이버 예약, 이미지 방식의 서브링크 등은 모바일 매체에서만 노출되는 것처럼 PC인지 모바일인지에 따라, 어떤 업종인지에 따라, 노출 영역 등에 따라 확장 소재는 달라질 수 있다. 그러므로 더보기 영역을 통해 다양한 유형의 확장 소재를 등록해 테스트하고 성과를 비교 분석한 후 이를 바탕으로 최적화된 소재 전략을 수립할 수 있도록 지원해야 한다. 광고그룹 단위로 등록 가능한 확장 소재는 각 유형별로 최대 2개까지인데, 광고 시스템 접속 후 광고그룹의 '확장 소재' 탭에서 [+ 새 확장 소재] 버튼을 클릭한 후 드롭다운 메뉴에서 등록하면 된다.

키워드 광고 성과를 높이는 운영 팁

키워드 광고는 직접적으로 비용을 지불하고 운영하므로 꼼꼼한 관리가 필요하다. 진행할 때 참조할 만한 몇 가지 팁들을 보자.

첫 번째는 매출에 따라 공격과 방어를 유연하게 해야 한다는 점이다. 예를 들어, 여름 휴가시즌이라면 '휴가철 공항패션', '휴가철 반바지' 같은 관련 키워드를 미리 운영하는 게 좋다. 하지만 시즌 내내 이렇게 공격적으로 광고를 진행하기보다는 매출의 증감 속도에 따라 공격과 방어를 조절해야 한다. 휴가를 준비하는 6월부터 7월까지는 공격적으로 진행하고, 휴가가 끝나가는 8월에는 한

두 번 입자고 옷을 구매하는 사람이 많지 않으므로 방어가 필요하다는 뜻이다. 그리고 방어 기간에는 다음 시즌 키워드 광고를 준비한다.

두 번째는 시기에 따라 키워드 광고를 달리해야 한다는 점이다. 업종 대부분은 시기에 영향을 받는다. 꽃집은 5월이나 입학과 졸업 시즌에 따라, 식당은 연말 모임을 얼마나 유치하느냐에 따라 전체 매출이 달라질 수 있다. 성수기와 비수기가 구분되는 업종은 성수기가 1년 매출을 결정하기도 하는데, 이렇게 시기적 영향을 받는 업종이라면 목표고객에 맞는 키워드 광고가 필요하다. 만약 동네 꽃집이라면 어버이날, 스승의 날 등에 적합한 상세페이지를 만든 후 각각의 세부 키워드로 광고를 진행해야 한다. 무조건 메인페이지로만 유입시키려 하면 고객 대부분이 이탈할 수도 있다. 기간 중 1+1이나 선물 증정 이벤트 등을 병행하는 방법도 좋다.

세 번째로는 상대적으로 판매가격이 높다면 다양한 사전작업이 필요하다는 점이다. 사람들은 '강남 맛집'으로 검색해 광고를 클릭하기도 하고 블로그 리뷰를 읽기도 한다. 하나의 정보로만 의사결정을 하지 않고 다양한 방식으로 교차해서 결정한다는 의미로, 키워드 광고를 통해 정보를 얻었더라도 블로그나 지역 정보 등 다른 서비스에 노출되지 않으면 의사결정을 미룰 때도 있다. 같은 관점에서 이벤트나 프로모션은 철저한 분석에 따라 수립된 예산에 맞춰 계획성 있게 진행해야 큰 효과를 얻을 수 있다.

네 번째로는 그룹으로 키워드를 관리해야 한다는 점이다. 화이트데이, 밸런타인데이, 크리스마스처럼 특정 기간에만 진행하는 키워드 그룹부터 연중 광고를 진행하는 그룹까지 이벤트별로 키워드를 모아서 관리해야 한다. 특정 시즌에 임박해 관련 키워드로 광고를 진행하면 효과가 낮아질 가능성이 크다. 검색포털에 따라 차이는 있지만 검수기간을 간과해 그 기간을 보내고 나면 시즌 후반으로 들어서는 경우가 많기 때문이다. 길게는 특정 시즌 한 달 전, 늦어도 보름 전에는 모든 검수과정이 끝나 광고를 진행할 수 있어야 한다.

다섯 번째로는 사회적 이슈와 트렌드에 주목해야 한다는 점이다. 언론에서 특정 사건을 이슈화하면 갑자기 수요에 영향을 미칠 때가 있다. 긍정적 이슈로 수요가 증가한다면 관련 키워드를 빨리 선점해 광고를 진행해야 하고, 부정적 이슈로 수요가 감소한다면 그에 맞춰 적절하고도 빠르게 대응해야 한다. 만약, 부정적 이슈가 등장했다면 콘텐츠로 상세설명을 보완하면서 클릭률 높은 대표 키워드 중심으로 광고 노출을 제한하는 방식의 대응이 필요하다.

여섯 번째로는 키워드 클릭 단가를 최적화해야 한다는 점이다. 클릭 단가의 조정은 키워드 확장, 순위 차별화, 시간대별 순위 탄력 운영 등을 통해 가능하다. 키워드 확장은 대표 키워드의 비중을 줄이고 클릭 단가가 비교적 낮은 세부 키워드를 확장해 단가를 맞추는 방법이다. 키워드 개수가 증가하면서 광고비용이 전체적으로 증가하지만, 클릭당 단가가 낮아져 적은 비용으로 더 많은 구매를 이끌어냄으로써 전체 ROI를 낮추는 효과가 있다. 순위 차별화는 단가가 높은 대표 키워드의 순위는 하향 조정하고 세부 키워드는 상위로 조정하는 방법이다. 대표 키워드는 10등 정도의 낮은 순위로 노출해 비용을 절약하고, 구매비율이 높은 세부 키워드는 1~2등에 노출되도록 한다. 시간대, 요일별 순위 탄력 운영은 구매전환율이 가장 높은 시간대나 특정 요일에는 높은 순위를 유지하고, 구매전환율이 낮은 시간대나 특정 요일에는 낮은 순위로 탄력적으로 광고를 운영하는 방법이다. 이 방식은 모든 키워드에 적용하기보다는 핵심 키워드를 별도 그룹으로 만들어 관리해야 효과적이다.

일곱 번째로는 반드시 성과측정을 해야 한다는 점이다. 네이버, 구글, 페이스북 등은 전환 추적이 가능하다. 전환 추적이란 고객이 광고를 클릭해 사이트에 유입된 후 제품을 구매했는지, 뉴스레터를 신청했는지, 상품 소개서를 다운로드받았는지 등을 알 수 있는 도구를 말한다. 전환을 추적하면 어떤 키워드로 유입되어 실제 전환까지 이어졌는지를 확인할 수 있다. 물론, 기업마다 판매하는 제품과 서비스가 다르므로 전환은 기업마다 다르게 정의될 수 있다. 전환분석 스크립트를 사이트에 삽입하면 보고서에서 전환 수, 전환률, 전환 당 비용 등을 확인할 수 있어 구체적인 광고수익률을 알 수 있다.

다양한 타깃팅이 가능한 구글 광고

　네이버 광고의 대부분은 통합검색, 블로그, 쇼핑검색 등 네이버 내부에서만 노출된다. 옥션, G마켓, 다나와, 인터파크, 11번가 같은 일부 파트너 매체에도 광고가 노출되기는 하지만, 사람들이 이용하는 매체가 이들만 있는 것은 아니다. 일반적으로 보면 네이버의 검색량이 압도적이나 사람들은 구글도 사용하고, 매일경제나 한국경제에서 콘텐츠를 소비하기도 한다.

　네이버 외의 다른 사이트에 광고를 집행하려면 구글애즈(Ads)를 활용하면 된다. 구글은 GDN(Google Display Network)이라는 이름으로 매일경제나 한국경제를 비롯해 수만 개 매체에 광고가 노출될 수 있도록 해준다. 또 구글에서만 광고가 노출되도록 할 수도 있고, 비슷한 성향의 고객집단이 모인 특정 매체에서만 노출되도록 할 수도 있다. 키워드 중심으로 광고를 집행하는 네이버와 달리 구글은 타깃팅, 자동입찰전략, 기타 캠페인 및 계정 전체를 최적화할 수 있는 도구들을 제공한다. 검색 사이트, 유튜브, 지메일, GDN 파트너의 사이트 및 앱 등의 노출 영역을 확보하고 있는 구글은 이를 통해 전 세계 네티즌의 90%에 이르는 사용자를 대상으로 텍스트, 이미지, 동영상 등 다양한 형식의 광고를 노출할 수 있다.

　노출 가능한 매체도 다양하고, 세분화된 도구를 제공하다 보니 구글애즈 구조가 네이버보다는 복잡해 보이는 게 사실이다. 예를 들면, 관심분야를 타깃팅할 때 카테고리를 얼마나 추가해야 할지, 관련성이 큰 키워드만 할지, 자동 타깃팅 확장은 얼마나 넓게 가져갈지, 입찰가는 얼마가 적정한지 등 고민해야 할 부분이 생각보다 많고 복잡한데, 이런 이유로 구글 광고는 어렵다고 생각한다. 하지만 타깃팅 유형에 대한 이해만 이루어진다면 이전에 비해 높은 효율의 광고 운영이 가능해진다. 막연하게 진행했던 마케팅 활동을 구체화할 수 있다는 뜻이다.

구글의 광고 구조는 발견, 인지, 관여, 구매(전환)단계로 구성되어 있다. 제품과 서비스를 처음 발견하거나 인지시키는 단계에서는 관심분야 및 주제로 타깃팅 광고를 진행하면 된다. 제품과 서비스에 대해 알리는 게 목적이므로 범위가 넓고 입찰가가 낮은 관심분야와 주제 타깃팅이 적합하다. 관여는 상품을 구매하기 직전의 상태로 제품의 사양이나 가격 등의 구체적인 정보를 탐색하는 단계이다. 따라서 관련성과 전환 가능성이 큰 위치와 키워드, 관심분야와 의도에 딱 맞는 타깃팅을 선택해야 한다. 보통 발견, 인지단계보다 광고단가가 높지만, 어느 정도 구매를 결정한 상태이므로 클릭당 비용보다는 구매전환에 초점을 맞춰야 하는 단계이기도 하다.

이처럼 세분화된 타깃팅과 다양한 매체에 노출된다는 점이 구

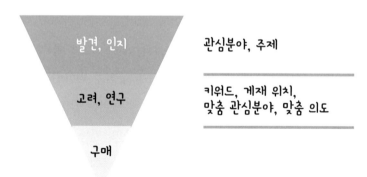

발견, 인지	관심분야, 주제
고려, 연구	키워드, 게재 위치, 맞춤 관심분야, 맞춤 의도
구매	

퍼널구조의 세분화된 구글 광고

글 광고의 특징이다. 또 구글 로그 분석, 구글 태그매니저, 구글 옵티마이저(A/B 테스트) 등의 서비스와 연동해 데이터 중심으로 광고를 집행할 수도 있다. 계정, 캠페인, 광고그룹 계층으로 구성된 구글애즈는 광고그룹 안에서 키워드와 광고 소재를 구성하게 되어 있다. 운영방식에는 차이가 있으나 광고 구조는 네이버의 '캠페인-광고그룹-워드-광고소재'와 유사한 형태라고 보아도 무방하다.

캠페인은 광고그룹의 집합을 의미한다. 예를 들면, '패션 일반'이라는 캠페인을 만들고 그 안에 '아우터', '팬츠', '팬츠 관심사'라는 광고그룹을 만들어 광고를 운영할 수 있다.

캠페인을 설정하고 나면 캠페인 목표와 캠페인 유형을 선택해야 한다. 캠페인 목표란 지금의 광고 목적이 판매를 위함인지, 뉴스레터 신청과 같은 리드를 위함인지, 웹사이트에 방문자를 유입시키기 위함인지, 사용자가 제품과 서비스를 살펴보도록 하기 위함인지, 광범위한 잠재고객에게 인지도를 높이기 위함인지, 애플리케이션 설치를 위함인지 등을 결정하는 행위를 말한다. 물론, 선택한 목표에 상관없이 모든 캠페인 설정 및 기능을 사용할 수 있으며, 언제든 목표를 변경하거나 목표를 사용하지 않기를 선택할 수도 있다.

판매, 리드, 웹사이트 트래픽, 제품 및 브랜드 구매 고려도, 브랜드 인지도 및 도달 범위, 앱 프로모션 중 광고 목표를 결정하면 목표에서 활용할 수 있는 캠페인 유형을 선택해야 하는데, 이때는 광고 목표가 바탕이 되어야 한다. 만약 비즈웹코리아(bizwebkorea.com)에 광고를 게재해 웹사이트 방문자를 늘리고 싶다면 '검색 네트워크 캠페인'을 설정해야 한다. 구글에서 제공하는 캠페인 유형으로는 검색 네트워크 캠페인, 디스플레이 네트워크 캠페인, 쇼핑 캠페인, 동영상(유튜브) 캠페인, 앱 캠페인 등이 있다.

캠페인 목표와 유형을 설정한 후에는 캠페인 하위에 속하는 광고그룹을 결정하면 된다. 일반적으로 사이트 내의 카테고리나 이벤트 중심으로 그룹을 설정한다. '컵케이크', '애플파이', '초콜릿 케이스' 등의 키워드는 '디저트'라는 그룹으로, '커피', '아이스티', '오렌지 주스' 등의 키워드는 '음료'라는 그룹으로 관리하는 방식이다. 이처럼 관련 주제별로 키워드를 분류해 유사한 키워드별로 그룹화해야 한다. 또 제품이나 서비스 또는 기타 카테고리에 따라 주제를 달리할 수도 있다. 예를 들면, 반지를 판매할 경우 '약혼반지'와 '결혼반지'로 키워드 그룹을 나눈 다음 그룹별 광고그룹을 만들고, 각 광고그룹에서 '약혼반지'와 '결혼반지'에 관련된 광고를 집행할 수도 있다.

그룹을 특징에 맞게 운영해야 하는 이유는 관리의 편리성뿐만 아니라 광고 품질지수에도 영향을 미치기 때문이다. 구글애즈는 키워드 목록과 광고, 방문 페이지에 공통된 단어나 문구가 있으면 연관성이 있다고 평가하는데, 연관성은 품질평가점수 결정요소 인 '광고 관련성', '예상 CTR', '방문 페이지 만족도' 모두에 영향을 준다. 어떤 사람이 '예쁜 운동화'라고 검색했을 때 광고 내용에 '예쁜 운동화'라는 키워드가 있으면 클릭할 가능성이 커질 것이며, 클릭을 통해 사이트에 방문했을 때 상세설명 등에 '예쁜 운동화'라는 단어가 다시 보인다면 구매로 전환될 확률도 높아진다. 이렇게 '예쁜 운동화'라는 키워드에 의해 높아진 클릭률과 전환율은 구글애즈에 전달되어 품질평가점수에 반영된다. 따라서 의미 없는 키워드를 그룹으로 묶기보다는 연관성 있는 키워드를 묶어 운영해야 효율적이다.

키워드는 사람들이 검색할 때 쓰는 검색어로 광고를 실행하기 위해 사용하는 단어나 구문을 말한다. 그러므로 원하는 시기에 원하는 고객에게 광고를 노출하려면 키워드 및 방문 페이지 모두가 고객이 검색하는 용어 및 고객이 방문하게 될 웹사이트에 표시되는 용어와 관련성이 아주 높아야 한다. 키워드가 구체적이면서도 광고 주제 및 고객을 유도하려는 페이지의 주제와 직접적인 관계에 있어야 하는 이유이다. 구글은 일반적으로 두세 단어로 된 키워드를 권장하는데, 키워드 수는 보통 광고그룹당 5~20개가 적당하다. 그리고 각 키워드의 비용은 키워드 품질, 입찰경쟁 그리고 기타 요인에 따라 달라진다.

방문한 사람에게 다시 노출하는 리타깃팅 광고

방문자가 많지 않을 때는 키워드 광고에 집중해야 하지만, 일정수준의 방문자가 확보되면 리타깃팅 광고를 함께 진행해야 한다. 홈페이지나 쇼핑몰 방문자의 구매전환율은 업종이나 유입된 경로에 따라 차이는 있으나 전체 평균은 1%를 넘지 않는다. 시간과 비용을 들여 힘들게 유입시켜도 정작 1% 내외만 구매하고 99% 방문자는 이탈한다는 말이다. 물론, 다른 곳을 돌아다녀 보고 며칠 후에 와서 구매할 수도 있다.

사이트에 방문했다가 이탈한 사람들에게 다시 노출하는 '리타깃팅 광고'는 소극적인 기다림이 아니라 적극적으로 재방문을 유도함으로써 구매전환을 시도하는 방법이다. 페이스북 픽셀과 구글 스크립트 코드 등을 사이트에 심어놓으면 구글과 페이스북이 타깃집단을 모아주는데, 기술적으로는 쿠키값을 사용하는 방식이다. 누구든 어떤 사이트에 방문하면 쿠키라는 형태로 흔적을 남기게 되어 있다. 바로 이 쿠키값을 활용하면 다른 사이트를 방문할 때도 사용자 인식과 추적이 가능해 그에게 맞는 광고를 노출할 수 있다.

또 이들의 상황을 좀 더 추적해 모바일에서 구매가 많은지, PC에서 구매가 많은지를 분석하고, 만약 모바일보다 PC에서의 구매가 많다면 모바일 리타깃팅 광고를 하지 말아야 한다. 구글 로그분석(Google Analytics)에서 잠재고객→모바일→개요를 확인해 보면 모바일 전환율 및 모바일 방문자의 총수익을 확인할 수 있다.

앞서도 말했듯 페이스북에서 제공하는 픽셀코드를 사이트에 심으면 장바구니에 담아놓고 결제를 안 했거나 결제한 고객의 정보 취합도 가능하다. 이를 바탕으로 장바구니까지 담은 고객에게는 '48시간 타임 할인' 같은 광고를 집행하고, 구매가 끝난 고객에게는 추가 상품 제시와 혜택 등의 광고를 집행하면 큰 효과를 기대할 수 있다. 페이스북의 경우 관리자 기능 안에 있는 '카탈로그 관리자'에서 동적 광고도 집행할 수 있다. 페이스북 동적 리마케팅 광고는 이전 방문자가 본 제품을 자동으로 보여주는 광고 유형으로, 방문자의 관심사와 관련성이 높아 효율적이다.

리타깃팅 광고는 초기에 진행하는 키워드 광고와 달리 지금 즉

시 구매해야 하는 이유를 명확히 제시해야 한다. 독일 온라인 통계 포털사이트인 스태티스타(Statista)에 따르면 온라인 구매자 중 4분의 1 이상이 특별한 이유 없이 단순 변심으로 장바구니 페이지를 벗어난다고 한다. 그리고 그중 36%가 다른 곳에서 더 좋은 조건이나 가격을 찾는다고 한다. 이 고객들을 다시 유입시키려면 앞서 이야기한 '48시간 타임 할인' 같은 보상이 필요하다. 할인이 어려운 상황이라면 설득 메시지와 상세설명을 개선한 페이지로 가도록 유인해야 한다.

페이스북은 사전에 정의된 타깃팅 옵션에서만 리타깃팅 광고를 집행할 수 있다. 예를 들면, '최근 1주일 방문자', '최근 30일 방문자'는 타깃팅이 되지만 사이트를 여러 번 방문한 '반복 방문자'는 타깃팅이 되지 않는다. 최근 30일 내에도 방문했고 7일 내에도 방문했지만 정작 구매는 하지 않은 사람을 찾아낼 수는 없다는 말이다. 이럴 때는 방문자의 방문 내용을 분석해 보아야 한다. '가격 안내' 페이지를 여러 번 방문한 사람이라면 가격 때문에 구매를 망설인다고 추정할 수 있는데, 그렇다면 '가격 안내' 페이지에 방문한 사람들만 타깃팅해서 왜 이 정도의 가격을 지불해야 하는지 설득하는 광고 집행이 가능해진다.

당장 구매하지는 않더라도 우리에게 관심을 보이는 사람들도 있다. 이들의 경우 페이스북 '잠재고객 확보' 광고를 통해 고객의 이메일 정보수집이 가능하다. 'e-book 다운로드'나 '무료 이메일

정보제공' 등의 혜택을 주면서 확보한 정보를 바탕으로 꾸준히 관계를 형성해 나가면 고객으로 전환될 확률이 높다.

사람에 관한 플랫폼,
소셜미디어

아는 사람이 주는 정보의 효과성

영국의 인류학자 옥스퍼드 대학 로빈 던바(Robin Dunbar) 교수는
개인이 유지하는 안정적인 친구의 수가 150명 내외라는 흥미로운
연구결과를 발표했다. 아무리 사교적이고 발이 넓어도 온전한 친
분 유지는 150명이 한계라는 말이다. 그 외의 사람은 통상적으로
'아는 사람'의 범주에 해당하는데, 아이러니한 사실은 대부분의 일
은 가까운 사람이 아니라 '아는 사람'을 통해 이루어진다고 한다.

이를 뒷받침하는 이론이 세계적인 사회학자 마크 그라노베터

(Mark Granovetter)가 발표한 '약한 연대의 힘(The Strength of Weak Ties)'이다. 그라노베터는 새롭게 직장을 구한 사람들을 대상으로 일자리 정보를 준 사람과 어떤 사이였는지, 얼마나 자주 만나는 사람이었는지를 직접 만나 확인했다. 그 결과 자주 만나거나 친한 사람이 아닌, 어쩌다 보거나 거의 보지 못했던 '아는 사람'이 가장 많았다고 한다. 이는 가까운 사람들을 만나면 마음이 편하기는 해도 비즈니스 면에서는 큰 도움은 되지 않는다는 증거도 된다.

물론, 가까운 사람과 깊이 있는 정서적 교류는 한 사람의 인생을 더욱 풍족하게 만드는 게 사실이다. 다만, 여기에서는 '아는 사람'을 활용한 페이스북 같은 SNS가 브랜드를 구축하고 비즈니스를 전개하기에는 매우 효과적이라는 관점에서 바라본 얘기일 뿐이다. 가족과 친구처럼 정서적으로 깊은 관계는 아니라도 블로그, 페이스북, 유튜브 등을 통해 서로의 근황과 하는 일을 이야기하다 보면 신뢰가 형성되고, 오래전부터 알던 사람처럼 느낀다는 점을 간과해선 안 된다.

블로그, 페이스북, 카카오톡 등 각각의 서비스를 활용하기 위해서는 사고의 전환이 필요하다. 분명 한 번도 만나보지 않은 사람들과 그곳에서 자기의 일과 생각을 공유하는 게 낯설고 부담스러울 수 있다. 하지만 조금은 가볍게 생각할 필요도 있다. 자신의 비즈니스를 알리기 위해 홈페이지를 개설하고, 명함을 뿌리고 다니는 행위와 비교할 때 블로그와 페이스북 등에 자기 일과 생각을 공유하는 게 그렇게 부담스러운 일만은 아니라는 의미이다.

얼마 전까지만 해도 '식스 픽셀 법칙'이라 해서 최대 여섯 명만 거치면 누구와도 연결된다고 했으나 이제는 누군가를 통해 접촉할 필요 없이 검색과 클릭 몇 번이면 만나고 싶은 사람과 정보에 직접 연결이 가능해졌다. 디지털 세계에서는 사람들 사이에 다리 자체가 존재하지 않는다. 인터넷과 수많은 소셜네트워크가 연결 다리를 제거하면서 온·오프라인 네트워킹의 패러다임 자체가 바뀐 것이다.

과거에는 정보를 외부로 노출하지 않고 혼자 알고 있어야만 능력 있는 사람으로 평가받았다면 소셜미디어에서는 누가 빨리 줄 수 있는가가 중요해졌다. 고급 정보를 얼마나 많은 사람이 볼 수 있도록 가공해 올리는가에 따라 특정 분야에서 전문가로 인정받는 시대가 되었다. 이렇게 형성된 온라인 네트워크는 오프라인 네트워크로 이어져 비즈니스 및 생활에도 큰 도움이 된다. 그리고 소셜미디어에서 이루어지는 작은 네트워크 세계에서는 소유보다는 공유가 훨씬 더 큰 가치를 발휘하는 세상이다.

인터넷과 소셜미디어의 등장 이전에는 사람들 간에 서로 소식을 주고받기가 어려워 대부분 비슷한 사람들과만 교류했다. 택시기사 모임에 가면 모두 택시기사였고, 공무원 모임에 가면 모두 공무원이었다. 그러다 페이스북 같은 SNS가 일반화되면서 다른 일을 하지만 관심사가 비슷한 사람들과도 쉽게 만날 수 있는 공간이 생겨났다. 그중 얼굴을 드러내는 시스템에서는 서로 신뢰를 형성하기도 하는데, 아는 사람들하고의 깊은 관계 형성과 함께 관심사가 비슷하면서도 다양한 사람들과의 교류도 필요하다. 비즈니스는 이들과의 사이에서 이루어질 가능성이 크기 때문이다.

이들 소셜미디어에서는 TV나 신문 등 기존의 매스미디어처럼 인위적인 모습을 보여서는 안 된다. 마음을 담은 소통의 도구가 되어야 한다. 소소한 내 일상을 진솔하게 전하면서 인간미를 표출함으로써 관계를 맺는 방식으로 사람들과 친근감을 형성해야 한다. 밥 먹고, 영화 보고, 산책하는 개인의 가벼운 일상은 비즈니스에는 도움이 안 될지 모르나 인간적으로는 가까워지는 느낌을 준다. 스타벅스가 "이번 주말 오후에 스타벅스 디지털 팀에서 파티를 열 거예요."라는 일상을 공유하면서 친근함으로 다가간 것처럼 기업도 개인과 소셜미디어를 통해 인간적인 면을 보여주면서 대화에 참여하면 사람들은 더욱 가깝게 다가올 것이다.

소셜미디어를 통한 적극적인 쌍방향 커뮤니케이션은 평판을 올리는 데도 효과적이다. 블로그, 페이스북 등을 통해 한 번이라도 대화를 나누었던 사람들은 서로 우호적이 될 뿐만 아니라, 부정적인 사건이 발생할 때 크게 확대되지 않도록 보호해 주기도 한다. 즉, 소셜미디어 활동을 통해 충성도 높은 고객을 끌어모을 수 있다는 뜻이다. 세상 많은 일이 인지상정(人之常情)에 좌우된다. 원활한 커뮤니케이션을 위해서는 친구 관계를 맺은 페이스북 친구의 글에 '좋아요'나 '댓글'을 달기도 해야 하며, 유튜브 등에서 얻은 유용한 정보에는 '링크'와 '댓글'도 남겨야 한다. 아무런 커뮤니케이션 활동 없이 일방적으로 받기만 하는 이의 말에 응할 사람은 없다.

페이스북은 사람에 관한 플랫폼이다

페이스북은 사람에 관한 플랫폼이다. 특별한 주제나 의미를 두지 않고도 친구들과 소통할 수 있으며, '좋아요'를 통한 관계 맺기 등 접점 마케팅 차원의 활용이 가능하다. 신뢰만 형성된다면 마케팅 채널로써 페이스북은 여전히 효과적이라는 의미이다. 네이버와 구글이 검색엔진을 통해 네트워크 관문 자리를 차지했다면, 페이스북은 사이버 공간에서 휴먼 네트워크의 승자로 자리매김했다. 검색에서 공유로 변화하는 트렌드 측면에서는 페이스북이 구글을 앞섰다고 볼 수 있다.

폐쇄적인 서비스인 페이스북은 로그인 전까지는 아무것도 볼 수 없다. 로그인 후에도 보고 싶은 사람과 친구를 맺어야만 하며, 친구를 맺지 않으면 어떤 정보에도 접근이 어렵다. 하지만 누군가와 친구가 되면 그가 어떤 그룹에 가입했는지, 누구와 어떤 대화를 주고받았는지, 새롭게 맺은 친구는 누구인지 같은 사생활을 개인의 선택에 따라 공유할 수 있다.

　페이스북은 이처럼 프로필 및 콘텐츠 생산, 관계 맺기, 커뮤니케이션 기능을 기본으로 탑재했다. 자신의 정체성을 확립하는 과정으로 프로필 및 콘텐츠를 생산하고, 이를 통해 다른 사람들과 관계를 맺는다. 주로 텍스트, 사진, 동영상 등을 업로드하면 그 정보가 친구에게 전달되는 구조이다. 홈페이지처럼 자신만의 공간에 사진이나 동영상을 올리는 게 아니라 열려 있는 공간에 자신의 콘텐츠를 업로드함으로써 공유의 개념이 훨씬 강하다.

　반면, 친구와 팬의 숫자가 실제 성과를 의미하지는 않는다. 무분별한 팬 확보와 콘텐츠 확산만을 위해 페이스북을 운영하면 경쟁력 없는 또 하나의 채널이 될 뿐이다. 개인이라면 자기 일을 중심으로, 기업이라면 캐릭터 등을 활용해 기업을 인간화하는 방식을 취함으로써 제품과 연관되면서도 광고 느낌이 나지 않도록 해야 한다.

　이러한 페이스북을 효과적으로 운영하려면 먼저 운영목적이 명확해야 한다. 목표의식이 뚜렷하지 않으면 기존 관계에 대한 신뢰와 이미지 손상 및 경제적·인적 손실이 발생할 수 있다. 페이스북은 1:1로 관계를 맺은 사람과 관계를 형성하는 미디어이다. 단순히 또 하나의 홍보채널로 인식하기보다는 어떻게 해야 원활한 소통이 이루어지면서 콘텐츠가 확산되고 입소문이 날지 고민해야 한다.

통합 마케팅 관점에서의 접근도 필요하다. 페이스북 성격상 유저들이 커뮤니케이션을 하는 이유는 다양하다. 콘텐츠를 활용해 사이트로 고객을 유입시킨다고 해서 구매로 이어지지 않는다. 둘은 완전히 다른 이야기다. 실제로 로그 분석을 해보면 네이버 검색광고를 클릭해서 들어온 경우보다 페이스북을 통해 들어온 때 전환율이 낮음을 알 수 있다. 잠깐 시간이 날 때 친구들이나 좋아하는 브랜드의 소식을 접하는 장소일 뿐 처음부터 구매할 의도로 접근하지 않았기 때문이다. 따라서 단순한 관심을 표현한 사람들을 어떻게 구매로 연결할 수 있는지에 대한 통합적 접근이 필요하다.

또 페이스북에서는 실제 나의 모습으로 커뮤니케이션을 하므로 재미와 감성도 중요한 요소가 된다. 순간적으로 웃음이 나오는 한 장의 사진도 좋고, 짧은 동영상도 좋고, 감동적인 콘텐츠도 좋다. 사람들이 설득되는 포인트는 이성보다는 감성에 의할 때가 많으므로 무겁지 않게, 그렇지만 무엇인가 느낌과 감동을 담아야 한다. 진정성을 바탕으로 이루어지는 사람과 사람의 커뮤니케이션에서는 단순히 친구나 팬을 늘리려 하기보다 감성을 자극하는 인간적인 교감이 필요하다. 친구들의 질문이나 코멘트에는 꼭 답을 해주고, 그들의 글에 '좋아요'와 '댓글'을 아끼지 말아야 하는 이유이다.

광고 집행을 통한 페이스북과 인스타그램 활용

기업이 페이스북 페이지를 개설했다면 적절하게 광고를 집행해야 한다. 페이지를 하나의 브랜드로 키워가는 일에는 긴 호흡이 필요하지만, 광고는 비교적 단기간에 효과를 기대할 수 있기 때문이다.

네이버 키워드 광고는 '계획구매자'를 목표로 하지만 페이스북과 인스타그램 광고는 '충동구매자'를 목표로 한다. 페이스북은 성별, 나이, 지역 같은 인구통계학적 정보뿐만 아니라 평상시에 올리는 글의 내용이나 친구와의 관계, '좋아요'를 누르는 콘텐츠의 특징 등 여러 가지 정보를 바탕으로 개인의 관심사를 찾아낸다. 이를 바탕으로 '서울에 사는 40세, 남성, 온라인 마케팅에 관심 있는 사람'과 같은 형태로 고객집단을 타깃팅할 수 있다. 네이버와의 가장 큰 차이점이 바로 여기에 있다.

네이버에서는 자신의 관심사를 검색이라는 형태로 표현하지만 페이스북은 다르다. 1년 365일 스마트폰에서 항상 로그인된 상태로 이용하므로 한 사람 한 사람의 관심사에 대한 예측이 가능하다. 불특정 다수가 아니라 관심을 가질 만한 사람들에게 광고를 노출한다는 뜻이다.

예를 들어, 어떤 사람이 스마트폰을 교체했다고 치자. 아마 그는 스마트폰과 관련된 여러 가지 글을 올릴 가능성이 크다. 그것은 카메라 성능을 자랑하는 글일 수도 있고, 새롭게 구매한 스마트폰을 자랑하기 위함일 수도 있다. 이때 그에게 스마트폰 보호필름이나 가죽으로 만든 스마트폰 케이스 광고를 노출한다면, 구매를 생각지는 않았더라도 우연히 노출된 광고를 본 그는 가죽으로된 스마트폰 케이스나 보호필름에 관심을 보일 확률이 높다.

페이스북 광고 관리자는 구글애즈처럼 세분화된 타깃팅을 제공한다. 페이스북 사용자 중에는 눈으로 읽기만 하는 사람, 친구들의 글에 예의상 '좋아요'를 누르는 사람, 상품 광고에 잘 반응하는 사람 등 다양한 이들이 있다. 전체적으로는 타임라인에 노출만 되는 사용자가 가장 많고, 동영상을 시청하거나 '좋아요'와 '댓글'을 남기는 사람들이 그다음이며, 사이트에 방문해 실제 상품을 구매

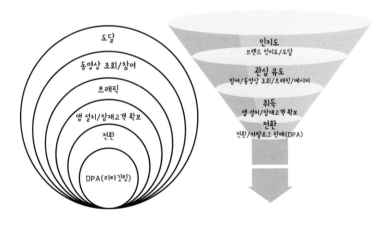

타깃팅 도달 범위와 퍼널 구조 광고방식

하는 사람들은 상대적으로 적다. 따라서 앞의 왼쪽 그림처럼 특정한 행동을 요구할 때마다 타깃 고객집단의 수는 줄어들게 된다.

이 같은 흐름의 방식을 퍼널 관점에서 구성하면 인지도, 관심 유도, 취득, 전환단계의 형태로 구조가 나온다. 기업의 마케팅 목표에 따라 세분화된 광고 진행이 가능하다는 뜻이다. 만약, 맨 위에 해당하는 인지도단계라면 브랜드 인지도와 도달 광고를 활용한다. 이때 브랜드 인지도 광고의 대상은 광고를 본 후 2일 이내에 광고에 관해 물었을 때 기억할 가능성이 크다고 예상되는 사람의 수이다. 도달 광고는 광고를 접하는 사람 수와 노출 빈도를 극대화할 수 있는데, 예를 들면 '아이폰 사용자'로 설정한 타깃에게 우리의 콘텐츠를 최대한으로 도달시켜 노출되도록 하는 것과 같다. 인지도단계는 직접적인 구매보다는 말 그대로 인지도를 높이기 위해 최대한 많은 이들에게 노출하는 게 목표이므로 상대적으로 예산이 넉넉한 기업에 적합하다.

퍼널 구조에 맞는 광고 집행

페이스북이나 인스타그램에서의 브랜드 인지도 및 도달 광고는 광고비가 많이 든다. 그런 이유로 기업들 대부분이 인지도 광고보다 관심유도 광고를 먼저 활용하는데, 여기에는 참여, 동영상 조회, 트래픽, 메시지가 있다.

참여란 '좋아요'나 '댓글', '공유하기'처럼 게시물에 참여할 가능성이 큰 사람들에게 노출하는 광고이다. 게시물에 대한 참여도(좋아요, 댓글, 공유)를 유도하고 싶을 때 사용된다. 동영상 조회는 페이스북이 계속 관심을 두고 지켜보는 상품으로 시청 가능성이 큰 사용자에게 동영상을 공유하는 광고인데, 특정 동영상의 조회 수를 올리려는 목적으로 사용한다. 그리고 트래픽은 웹사이트 랜딩 페이지, 블로그 게시물, 앱 등 원하는 URL로 이동하도록 유도하는 광고이다. 웹사이트 방문자를 늘리거나 네이버 스마트스토어 같은 특정 구매 페이지로 유입시키려 할 때 사용된다. 또 메시지는 페이스북을 이용하는 사람들과 교류하면서 비즈니스로 관심을 유도하고자 할 때 사용된다.

취득단계에서는 앱 설치 광고와 잠재고객 확보 광고가 있다. 앱 설치는 아이폰과 안드로이드 스마트폰에서 특정 앱을 다운로드 받아 설치하고자 할 때 사용되며, 잠재고객 확보는 B2B 기업에서 많이 활용하는 방식으로 잠재고객에 대한 이메일이나 연락처 정보 등을 얻고자 할 때 사용된다. 잠재고객 정보를 받기 위해서는 'e-book 다운로드', '뉴스레터 신청' 등 고객에게 혜택이 제공되어야 한다.

전환단계는 실제적인 성과를 기대할 때 활용하며 전환 광고와 카탈로그 판매 광고가 있는데, 신규 방문자보다는 사이트에 방문했던 사람들을 대상으로 리타깃팅 방식으로 진행해야 효율적이다. 사이트에 방문해 장바구니에 담기, 앱 다운로드, 사이트 가입 또는 구매 등의 특정 행동을 유도할 때 활용하는 전환 광고는 페이스북에서 제공하는 '픽셀'이라는 스크립트 코드가 사이트에 설치되어 있어야 한다. 또 주로 인터넷 쇼핑몰에서 사용하는 방식인 카탈로그 판매(DPA)는 여러 개의 상품을 노출해 매출을 발생시키고자 할 때 사용한다. 전환 광고와 마찬가지로 픽셀을 설치해야 할 뿐만 아니라 카탈로그를 추가로 만들어야 진행이 가능한 이 광고는 전자상거래 매장에 카탈로그로 제품을 노출해 매출을 창출한다.

이외에도 오프라인 매장에 방문시키고자 할 때 활용하는 매장 방문 광고도 있다. 그러려면 오프라인 위치를 등록해야 한다. 반면, 광고를 보고 실제로 오프라인 매장에 몇 명이나 방문했는지를 객관적으로 파악하는 데는 한계가 있다.

타깃팅과 광고방법을 결정했다면 광고 소재와 랜딩페이지를 결정해야 한다. 페이스북은 검색 기반이 아니다. 지하철로 이동하는 중간 혹은 횡단보도 신호를 기다리다가 잠깐씩 친구들의 일상을 바라볼 뿐이다. 하루에도 수도 없이 흘러가는 타임라인 속에서 아주 짧은 시간에 사람들의 시선을 붙잡아야만 한다. 따라서 페이스북에서는 소비자의 눈에 띄는 콘텐츠가 중요하다. 최근의 이슈가 잘 드러나는 제목이나 고객의 시선을 잡을 수 있는 자극적인 이미지를 포함하는 게 좋다. 페이스북은 텍스트보다는 이미지를, 이미지보다는 동영상을 밀고 있다. 게다가 동영상이 자동재생되기 때문에 정적인 이미지보다 활발하게 움직이는 동영상에 매력적인 문구를 넣으면 고객의 눈길을 사로잡을 수 있다.

페이스북 광고에서도 랜딩페이지 설정이 가능한데, 직접 운영하는 사이트가 아님에도 랜딩페이지로 설정할 수 있다는 점에서 네이버나 구글과 다르다. 네이버 스마트스토어나 옥션 같은 사이트로 랜딩페이지를 설정할 때 페이스북 광고를 자주 활용하는 이유가 거기에 있다. 물론, 직접 운영하는 사이트가 아니므로 실제 얼마나 구매로 이어졌는지 같은 전환 추적은 어려우며, 충동구매에 가까워 논리적인 상품 소개 페이지보다는 감성적인 상세페이지로 랜딩페이지를 설정해야 효과를 볼 수 있다.

페이스북 광고를 제대로 활용하려면 기업이 운영하는 사이트에 페이스북 픽셀코드를 심어 성과를 측정해야 한다. 픽셀을 심어 방문자의 다양한 행동을 수집하고 분석해야 잠재고객 확보, 광고 타깃팅, 리마케팅, 전환 추적과 최적화 전략을 적절히 수립할 수 있다. 만약, 페이스북에 '예쁜 운동화'와 관련된 동영상 광고를 진행했다면 스마트폰을 통한 구매자가 많은지, PC를 통한 구매자가 많은지 등을 확인해 효율적인 마케팅 전략을 수립해야 충분한 효과를 볼 수 있다는 뜻이다. 픽셀코드는 워드프레스 기반 사이트라면 플러그인 방식으로 설치 가능하고, 카페24와 고도몰 등의 쇼핑몰 솔루션이라면 관리자 페이지에서 설정하면 된다.

이처럼 사이트에 픽셀을 심어놓으면 방문자 정보수집이 용이한데, 이를 페이스북에서는 '맞춤 타깃'이라고 부른다. 예를 들어, 최근 30일간 사이트에 방문한 사람들을 대상으로 하거나, 회사 소개 같은 특정 페이지에 방문한 사람들을 대상으로 타깃집단을 만들 수가 있다. 네이버 광고로 사이트에 유입된 사람 중 구매하지 않고 이탈한 사람들을 맞춤 타깃으로 설정해 그들에게 다시 페이스북과 인스타그램에 광고를 노출한다면 재방문 가능성은 분명 커질 것이다. 항상 로그인된 상태로 사용하는 페이스북에서는 그 어떤 서비스보다 고객에 대한 세분화된 정보 얻기가 수월하다.

맞춤 타깃은 또 유사 타깃으로도 확장할 수 있다. 이 기능은 구글도 제공한다. 최근 30일간 사이트를 방문한 사람들을 맞춤 타깃으로 만들었다면, 이 그룹과 유사한 사람들을 페이스북이 유사 타깃으로 찾아준다. 하나의 맞춤 타깃이 다양한 형태로 확장되는 방식이다.

감성적인 플랫폼, 인스타그램

인스타그램은 사진과 짧은 영상을 공유하는 서비스이다. 하지만 사진만으로는 콘텐츠를 충분히 설명할 수 없어 해시태그(hash tag)라는 것을 붙인다. 이미지에 나의 관심사를 해시태그로 더해 함께 공유하는 방식이다. 콘텐츠에 #셀스타그램, #얼스타그램, #맛스타그램, #빵스타그램, #멍스타그램 등의 해시태그를 붙여 공유하면 해시태그로 분류되어 색인이 형성된다. 페이스북처럼 친구들의 일상 공유는 물론, 해시태그로 나와 관심사가 비슷한 사람들과 만날 수 있다는 점이 인스타그램의 특징이다.

해시태그를 활용하면 불특정 다수와 전방위로 연결된다. 네이버, 다음, 구글에서 검색어 중심으로 정보를 찾던 방식에서 해시태그를 통해 개개인의 관심과 취향을 반영한 주제별 검색으로 변화된 것이다. 지금은 페이스북, 유튜브 등 대부분의 소셜미디어에서 사용하는 해시태그는 트위터에서 처음 도입했으나 현재는 인스타그램에서 가장 많이 사용한다.

그중 특히 많이 사용되는 해시태그(#)는 '#photooftheday'(오늘의 사진), '#fashion'(패션), '#food'(음식), '#music'(음악) 등이다. 국내 사용자는 셀카를 올리면서는 #셀스타그램이라고 해시태그를 붙이고, 자신의 사진을 올리면서는 #얼스타그램이라고 붙인다. 맛있는 음식을 먹으면서는 #맛스타그램을, 강아지를 올릴 때는 #멍스타그램을 붙인다.

이런 과정을 수없이 거치면서 쌓인 방대한 콘텐츠는 해시태그를 중심으로 또 다른 사용자들에게 검색된다. 페이스북 타임라인처럼 시간순으로 콘텐츠를 훑어보던 수직적 방식에서 해시태그 검색을 통해 관심 있는 카테고리의 정보로 이동하는 수평적 방식으로 변한 것이다. 하나의 사진과 영상에 다양한 해시태그를 붙이면 그것을 통해 검색되면서 잠재고객과 연결되는 인스타그램에서는 오프라인에서 공짜로 전단지를 뿌리는 효과를 누릴 수 있다.

앞으로의 소셜미디어는 인스타그램처럼 사진이나 영상 등의 시각물을 중심으로 한 맞춤형 서비스로 진화해 나갈 가능성이 크다. 그 이유는 정보의 홍수로 인한 피로도 증가 및 모바일 중심으로 일상이 진행되는 데 있다. 검색을 통하면 웬만한 정보에는 모두 접근 가능함에도, 다수에게 해당하는 공개된 넘치는 정보보다는 나의 관심사에 맞는 정보만을 받아보길 원하는 사람들이 점점 증가하는 게 현실이다.

해시태그는 기업에서 운영하는 다양한 소셜미디어에 공통으로 사용된다. 그러므로 기업은 즉흥적인 키워드로 해시태그를 만들기보다 가능한 한 일관성을 유지하면서 지속성을 보여야 브랜드 자산이 된다. 이때 소셜미디어상에는 소비자들이 놀 수 있도록 장만 펼쳐놓아야 하며, 강요하는 듯한 모습을 보여서는 안 된다는 점을 명심해야 한다.

해시태그를 활용하는 방법은 소셜미디어 채널에 따라 다르다. 인스타그램은 처음부터 검색이 원활하게 되어 있어 사람들이 검색을 염두에 두고 해시태그를 단다. 네이버 블로그의 검색엔진최적화 관점에서 사용했던 태그와 비슷하다. 페이스북에서는 인스타그램과 다른 형태로 해시태그를 활용하는데, 해시태그 검색을 통해 노출되려는 의도보다는 재미의 한 요소로 사용한다. 따라서 검색이 아니라 속마음을 위트있게 표현하는 방식으로 해시태그를 달면서 사람들과 커뮤니케이션할 때가 많다

해시태그를 어떻게 활용할 것인가?

'#단어' 형식으로 구성되는 해시태그는 특정 단어에 관한 콘텐츠임을 표시한다. '#패션'처럼 콘텐츠 공유를 위해 사용되기도 하고 '#옷스타그램', '#먹스타그램'처럼 재미를 주는 형태로도 사용된다. 기업들도 마찬가지다. '#기업명', '#브랜드명'으로 해시태그를 붙이기보다는 '#옷스타그램', '#신스타그램'처럼 사람들의 관심사에 맞게 해시태그를 사용해야 한다.

해시태그 마케팅 성공사례로 많이 이야기되는 기업이 국내에서 성공적으로 자리매김한 이케아(IKEA)이다. 이케아는 사용자가 사진을 찍어 인스타그램에 사진과 함께 해시태그를 붙이는 이벤트를 진행했는데, 시작 4주 만에 전 제품에 해시태그가 달렸다. 이후 인스타그램에 달린 해시태그로 온라인 카탈로그를 만들어 가

구, 침대, 책상 같은 카테고리 방식과 함께 사람들이 붙인 해시태그로도 제품정보를 찾을 수 있도록 함으로써 매출을 크게 늘렸다. 해시태그로 찾은 정보에는 다른 사람들의 반응을 볼 수 있어 구매로 이어질 확률 또한 높아졌기 때문이다.

이제 해시태그는 하나의 문화현상으로 발전했다. 따라서 기업은 사람들의 관심사를 해시태그 놀이공간으로 만들어야 한다. 해시태그는 특별한 이벤트가 있는 시기에 집중적으로 생겨나며 검색량도 늘어나는데, 이를 잘 활용하면 훌륭한 마케팅 수단이 된다. 또 해시태그를 통해 이야기하게 함으로써 사용자들을 대화에 동참시켜야 한다. 관심사는 보통 소비로 연결되므로 이를 브랜딩으로까지 확장할 수만 있다면 탁월한 마케팅 효과를 거둘 가능성이 크다.

그럼 어떤 해시태그가 좋을까? 모든 출발점은 고객이다. 마케팅 커뮤니케이션에서 다루는 항목 대부분은 '누구에게, 무슨 이야기를 할 것인가?'로 귀결되기 때문이다. 페르소나(persona) 정의를 활용해 목표로 하는 소비자층을 결정하고 나면 무슨 이야기를 해야 할지도 알 수 있다. 페르소나 정의는 소비자들이 사용하는 해시태그와 그에 따라 기업들이 노출해야 하는 해시태그가 무엇인지를 알게 해준다.

해시태그에는 브랜드 해시태그(#나이키 등), 연계 해시태그(#먹스타그램 등), 인기 해시태그(#맞팔 등), 타깃 해시태그(#여행에미치다 등), 캠페인 해시태그(#채워바나나 등) 등이 있다. 이 중 '사용 해시태그'와 '검색 해시태그'를 구분해야 한다. 사용 해시태그는 라면을 끓여 먹은 사람이 '#라면스타그램'이라고 해시태그를 다는 것처럼 인스타그램에 콘텐츠를 올리는 사람이 사용하는 태그를 말한다. 반면, 검색 해시태그는 정보를 찾는 사람들이 사용하는 검색 관점의 태그이다. 라면을 끓이려는 사람은 '#라면스타그램'이라는 해시태그로 검색하지 않고 '#라면레시피', '#라면끓이는법'이라고 검색할 가능성이 큰 것과 같다. 검색 의도가 없는 사용 해시태그는 인스타그램 마케팅 측면에서는 도움이 안 된다. 인스타그램의 절반이 해시태그라고 볼 때, '사용 해시태그'와 '검색 해시태그'만 구분할 줄 알아도 절반은 성공한 것이나 다름없다.

하지만 더 세분화해 보면 인스타그램에서 정작 중요한 해시태그는 '타깃 해시태그'와 '캠페인 해시태그'이다.

타깃 해시태그는 고객을 페르소나 형태로 정의해야 찾을 수 있다. '서울에 사는 35세 김소영 씨, 여성, 맞벌이, 첫돌이 된 딸을 둔 엄마'라고 페르소나를 정의하고 나야 그의 관심사를 알 수 있다는 뜻이다. 만약 그가 인스타그램에 콘텐츠를 올린다면 예쁜 딸의 모습을 올리면서 '#첫돌', '#첫생일', '#첫돌맘' 같은 해시태그를 붙일 가능성이 크다. 그렇다면 첫돌과 관련된 정보를 찾는 다른 엄마들이 '#첫돌', '#첫생일', '#첫돌맘'이라는 해시태그로 검색을 할까? 아니다. 이런 사용 해시태그보다는 '#첫돌답례품', '#셀프돌

잔치' 같은 키워드로 검색할 가능성이 더 크다. 이처럼 고객을 페르소나로 정의하면 어떤 이유로 인스타그램을 하는지, 어떤 콘텐츠를 공유하는지, 어떤 행동을 보이는지 분석할 수 있다.

캠페인 해시태그는 기업의 브랜딩 측면에서 사용된다. 빙그레는 바나나맛 우유를 이용한 '#채워바나나' 캠페인 마케팅을 진행했다. 기존 바나나맛 우유의 제품명을 없애고, 바나나 우유에 'ㅏ ㅏ ㅏ맛우유'로 프린팅해 소비자들의 이야깃거리를 담아낸 마케팅을 선보인 것이다. 그러자 사람들은 바나나 우유에 프린팅 된 'ㅏ ㅏ ㅏ맛우유'라는 글자에 '아자자맛우유', '사랑해맛우유'와 같이 매직으로 자신만의 개성 있는 문장을 만들어 인스타그램에 공유했다. 이때 빙그레에서 지정한 캠페인 해시태그가 바로 '#채워바나나'이다. '#채워바나나'라는 해시태그와 함께 인스타그램에 감정, 상황, 스토리가 들어간 게시물들을 업로드하도록 한 것이다. 그런 다음 이벤트 당첨자에게는 광고 모델의 기회를 제공하기도 했는데, 이 이벤트는 각종 SNS는 물론 유명 커뮤니티 사이트에도 널리 퍼져 화제가 되었다.

기업은 자신의 입장에서 특정 상품이나 브랜드에 페르소나를 부여할 수 있다. 이를 '브랜드 페르소나'라고 한다. 사람들이 진정한 실체가 아닌 외적으로 드러나는 이미지를 통해 타인을 판단하는 것처럼 브랜드나 제품 역시 소비자에게 전달되는 페르소나를 통해 평가된다. 마케팅에서 다루는 '포지셔닝'과 유사한 개념이라고 생각하면 된다. 상품의 기능적 차별점이 없고 경쟁이 심한 시대일수록 차별화된 페르소나는 대중의 관심을 끌고 인지도를 높이는 데 도움이 된다. 그리고 이를 통해 고객과 팬을 늘리는 등 더 많은 기회를 창출할 수 있다. 따라서 기업이나 브랜드는 페르소나 관리는 물론, 마케팅 의사결정 도구로 활용해야 한다.

오픈된 플랫폼인 인스타그램에서는 목표고객 찾기가 쉽다. 가장 수월하게는 경쟁기업의 인스타그램 계정을 팔로우하는 사람들을 팔로우하는 방법이다. 그러면 그들이 타임라인에 올리는 글을 보고 어떤 관심사를 가졌는지, 어떤 해시태그를 사용하는지 등을 알 수 있다. 주의할 것은 앞에서도 말했듯 인스타그램은 소통을 위해 존재하는 채널이므로 광고성 글을 남기지 말아야 한다는 점이다. 고객이 될 만한 사람을 찾아서 '좋아요'와 댓글을 달고 지속적인 커뮤니케이션을 해야 신뢰가 형성된다.

인스타그램을 이용하는 사람들의 특징

인스타그램의 콘텐츠는 셀피, 과시, 희소, 갬성으로 정의할 수 있다.

첫 번째는 셀피 콘텐츠이다. 셀프 카메라를 줄인 '셀카'처럼 '셀피'도 자기 촬영 사진을 말한다. 둘 다 자기 모습을 스스로 찍는 걸 일컫지만 인스타그램에서 사용하는 의미는 조금 다르다. 셀카의 경우 주로 '나 여기에 놀러 왔어.'라는 의미를 담는 반면, 셀피는 네일아트 받은 손톱 같은 신체 일부를 자랑할 때 사용한다. 하지만 셀카든 셀피든 중요한 건 거울 속에 비친 실제 자신의 모습이 아닌, 자신의 멋진 모습을 남들에게 보여주는 콘텐츠로 공유한다는 점이다. 인스타그램에 유독 셀카와 셀피가 많은 이유는 인스타그램이 원래 그런 서비스이기 때문이다. 평상시에 사람들을 만나 대화할 때는 자신의 이야기가 60% 수준이지만, 소셜미디어에서는 80%를 넘어선다고 한다. '내가 이렇게나 잘살고 있어.'라고 보여주기 위한 서비스가 인스타그램이라는 뜻이다.

두 번째는 과시 콘텐츠이다. 스타벅스에서 커피 마시는 모습을 올렸는데 오른쪽에 명품백이 살짝 보인다. 이 콘텐츠는 스타벅스 소비를 자랑하는 걸까, 명품백을 자랑하는 걸까? 이처럼 인스타그램은 남들이 못하는 뭔가를 자랑하기 위한 공간이기도 하다. 사실, 자기만의 뭔가를 자랑하고 싶은 마음은 인간의 본능이다. 유교적인 문화 속에서 겸손해야 한다고 배운 것과는 달리 인스타그램에는 자기 자랑과 과시가 넘쳐난다. 또 사람들은 그걸 축하하고 부러워한다. 남들이 쉽게 할 수 없는 일을 성취했거나 쉽게 얻을 수 없는 뭔가를 얻었을 때 더 큰 반응이 돌아온다. 사진 한 장과 몇 개의 해시태그만으로도 간편하게 자기를 자랑할 수 있는 곳이 바로 인스타그램이다.

세 번째는 희소 콘텐츠이다. 구하기 어려운 제품이나 서비스는 늘 사람들의 호기심을 불러일으킨다. 강남역 대로변에 쉑쉑버거가 오픈했을 때 사람들은 인증사진을 올리기에 여념이 없었다. 긴 줄을 서야 했고, 강남에서만 먹을 수 있어 그 자체가 희소성을 띠었기 때문이다. 성수동에 오픈한 블루보틀도 마찬가지다. 남들이 쉽게 경험해 보지 못한 희소성 있는 콘텐츠는 사람들의 호기심을 자극하게 마련이다. 그리고 이러한 호기심을 해소한 사람들은 자신의 행동을 인스타그램에 자랑한다.

네 번째는 갬성 콘텐츠이다. 인스타그램 유저들끼리 서로 공유하는 특별한 감성을 '갬성'이라고 한다. 갬성은 감성과 같은 말이기도 하면서 다른 말이기도 하다. 감성을 굴려 발음한 갬성은 감성보다 감각적이며 순간적인 느낌을 표현할 때 사용된다. 인스타그램에 '갬성'이라는 해시태그가 붙은 게시물들의 공통점은 감성적이고 감각적인 분위기를 띤다. 보통의 사진에 분위기나 감각, 감성을 더해야 '갬성 사진'이 완성되는 것이다.

이런 갬성 사진을 찍기 위해서는 연출이 필요하다. 보이는 그대로를 찍는 게 아니라 분위기나 감성을 담을 수 있는 조명이나 소품 등을 배치해 연출한다. 연출이 없다면 갬성이 아니다. 인스타그램에는 '갬성 카페', '갬성 식당', '갬성 술집', '갬성 맛집' 등과 관련한 게시글이 많다. 실제 '갬성 사진'을 찍을 수 있다는 분위기 좋은 을지로 카페들이 유행했고, 일부 전시들은 '갬성 사진'을 찍을 수 있다는 식으로 마케팅을 하기도 했다. 온라인 쇼핑몰이 단지 옷을 파는 기능에 그치지 않고, 홈페이지를 패션 잡지처럼 꾸미기도 하는 이유가 바로 갬성을 보여주기 위함이다.

블로그는 콘텐츠 허브

페이스북, 인스타그램, 밴드 등 각종 SNS에 올려놓은 지나간 글들은 찾을 수 있을까? 정답은 '찾을 수 있다.'이다. 해시태그로 검색하면 그동안 올려놓은 콘텐츠가 금방 나온다. 문제는 1년 전에 어떤 해시태그를 사용했는지 기억할 수 없다는 데 있다. 찾을 수는 있지만 찾기는 어렵다는 뜻이다. 페이스북은 친구 관계를 맺기 전까지는 상대방의 담벼락 글을 확인할 수 없으며, 지인 중심의 커뮤니케이션인 카카오톡은 정보 확산에 한계가 있다. 또 소셜에서 작성한 콘텐츠는 검색포털에서 검색되지 않는다.

이러한 관점에서 소셜미디어의 허브 역할을 하는 곳이 블로그이다. 블로그는 검색포털에서 검색이 잘되는 구조를 가지면서 누구나 사용 가능할 뿐만 아니라 웹페이지 갱신, 관리, 운영에 들어가는 시간과 비용이 적게 든다. 기술적인 면에서는 에이작스(Ajax), 맞춤형 정보배달(RSS), 응용프로그램 인터페이스(API) 등 인터넷의 기술들이 모두 적용된 서비스라고 할 수 있다.

고객유입 측면에서 블로그의 효과는 여전하다. 네이버에서 '강남 맛집'이라고 검색하면 100만 건 이상의 검색결과가 나온다. 물론, 광고대행 업체를 통해 작성한 듯한 내용도 상당 부분 존재한다. 또 사람들도 그 글이 광고임을 잘 안다. 그런데 광고라도 자신이 필요한 걸 얻을 수 있다면 정보로 인식된다는 것 또한 사실이다. 기업이 직접 운영하든 대행사가 운영하든 블로그는 콘텐츠를 담고 관리하는 툴로써 여전히 효과적인 채널이다.

"요즘 블로그 효과 없던데요."라고 말하는 사람들도 있지만, SNS 중에서 자신이 생산한 콘텐츠를 체계적으로 관리하기에는 블로그만 한 곳도 없다. 사진, 동영상 등의 멀티미디어 활용도 자유로울 뿐만 아니라 워드프레스 블로그의 경우에는 용도에 따라 다양한 변경도 가능하다. 무엇보다 검색이 잘되는 구조라서 방문자 확보에 큰 도움이 된다. 게다가 페이스북이나 카카오톡 등 다른 SNS와 자유자재로 연결이 가능한 콘텐츠 허브 플랫폼이기도 하다.

그럼에도 블로그 이용자가 다소 감소 중인 건 맞다. 페이스북이나 인스타그램도 영향을 미쳤지만 가장 큰 이유는 유튜브에 있다. 깊이 있는 어떤 정보를 탐색할 때, 과거에는 블로그를 찾아봤다면 최근에는 유튜브를 찾는 사람들이 크게 늘었다. 이런 흐름의 주된 이유는, 콘텐츠 생산에 참여하지 않던 사람들이 유튜브에서 콘텐츠를 생산한다는 점을 감안하더라도, 많은 수의 블로거들이 유튜브로 이동했음에 기인한다. 네이버로서는 그동안 양질의 콘텐츠를 생산했던 블로거들이 유튜브로 이동하고 있어 고민일 수밖에 없다.

따라서 '블로그가 최고다.'라는 관점보다는 체계적인 콘텐츠 생산 및 관리가 가능하다는 관점에서 블로그에 접근해야 한다. 블로그는 전문성을 가진 사람이 한 가지 주제로 열정적으로 이야기하는 공간이다. 게다가 그 하나의 주제를 더 깊고, 더 넓게, 더 다양한 시선으로, 더 재미있게 멀티미디어적 요소를 가미해 운영할 수 있다. 이는 블로그는 몇 개의 포스팅과 광고성 콘텐츠로는 소비자와 커뮤니케이션할 수 없는, 양질의 콘텐츠와 열정이 필요한 장이라는 뜻이다.

블로그는 가입형 블로그와 설치형 블로그로 나뉜다. 네이버 블로그가 가입형 블로그, 워드프레스가 설치형 블로그에 해당한다. 다음에서 운영하는 티스토리 블로그는 가입형과 설치형의 중간에 해당하는 형태라고 볼 수 있다. 또 꾸준히 글을 쓰는 작가 그룹에 특화된 브런치라는 서비스도 있다.

기업이 온라인 마케팅을 진행한다면 단기적으로는 네이버가, 장기적으로는 워드프레스 같은 설치형 블로그가 유리하다. 네이버에 처음 둥지를 틀게 되면 무엇보다 고객유입 측면에서 도움을 받을 수 있다. 네이버가 자사의 블로그 콘텐츠를 검색결과의 상단에 노출하는 등 우대정책을 지속적으로 유지하고 있기 때문이다. 반면, 네이버 검색 알고리즘에 의존할 수밖에 없는 블로그의 특성으로 인해 네이버의 정책에 따라 울고 웃는 일이 발생하기도 한다.

워드프레스는 전 세계에서 가장 많이 사용되는 설치형 블로그이다. 전 세계 웹사이트의 40%가 워드프레스 기반으로 만들어졌다고 할 정도로 많이 사용된다. '그럼 워드프레스가 좋은 것 아닌가?'라고 생각할 수도 있지만, 대한민국에서는 네이버의 파워를 무시할 수가 없다. 같은 콘텐츠라도 네이버 안에 속한 것과 그렇지 않은 것은 확연한 차이를 보이기 때문이다. 그만큼 방문자 확보가 쉽지 않다는 뜻이다. 반면, 워드프레스 같은 설치형 기반의 블로그는 기업이 원하는 다양한 마케팅을 주도적으로 시도해 볼수 있다. 또 페이스북이나 구글 등과 연동해 방문자 정보를 모으거나 마케팅 성과를 측정하는 작업도 가능하다.

가치 있는 콘텐츠가 최고다

앞서 이야기했듯 홈페이지, 페이스북, 인스타그램보다 검색이 잘되는 구조인 블로그에서는 양질의 콘텐츠로 검색엔진최적화 작업을 잘 수행하면 별도의 광고비 지출 없이도 콘텐츠를 노출할 수 있다. 기존의 HTML로 작성했던 웹페이지는 링크 형태로 서로를 연결했지만, 블로그는 고유의 주소값인 퍼머링크가 생성되므로 트랙백을 활용하면 서로 다른 사이트 간에도 연결이 가능하기 때문이다. 웹이 가져야 할 가장 기본적인 속성인 '연결성'을 확보하고 있다는 말이다.

블로그는 하나의 주제를 체계적으로 전달하는 데 효과적인 매체로, 잘만 하면 콘텐츠가 축적되는 효과로 이어진다. 그러려면 정확한 목적성과 일관된 목소리, 꾸준한 업데이트, 고객과의 공감대 형성, 활발한 피드백, 솔직한 태도, 운영 가이드 설정 및 준수, 온·오프라인 연계 등의 활동은 기본이다. 자신의 관심사를 스크랩하는 공간 정도로 블로그를 생각하는 사람들도 있지만, 적극적이고 비판적인 콘텐츠를 생산하는 블로거도 많다. SNS에서 블로그의 중요성이 여전히 이야기되는 이유이다.

이 같은 블로그 마케팅에서는 콘텐츠가 매우 중요하다. 더 많은 방문자 유입을 위해 검색엔진최적화(SEO) 같은 스킬 등을 사용할 수는 있으나 그것이 블로그 운영의 핵심은 아니다. 변치 않는 진리는 '좋은 정보'에 있다. 양질의 콘텐츠를 생산해야 소비자에게 선택받고 더 많은 검색결과에 노출된다. 화려함을 좋아하는 우리나라 사람들은 홈페이지, 쇼핑몰, 블로그 등을 운영할 때 콘텐츠 기획보다는 메인페이지 디자인 등 외적인 요소에 더 신경 쓰는 경향이 있다. 물론, 디자인을 간과해서는 안 된다. 하지만 소비자는 콘텐츠를 보고 방문하지 블로그가 예쁘다고 방문하지는 않는다.

문제는 양질의 콘텐츠를 꾸준히 생산해내는 일이 생각처럼 쉽지 않다는 데 있다. 블로그를 운영하다 포기하는 이유의 대부분은 소재의 고갈 때문이다. 포스팅 횟수가 줄어든 만큼 내 블로그를 찾아오는 고객들도 적어지고, 방문 고객이 적어지면 블로그에 대한 흥미도 점차 줄어들게 마련이다.

포스팅 주제 선정을 위해서는 인기 블로거들을 돌아볼 필요가 있다. 이들의 블로그를 유심히 들여다보면 제품 자체를 포스팅하기보다는 특정 주제를 바탕으로 제품을 노출하는 형식을 취함을 알 수 있다. 무엇보다 이들은 축적의 시간을 견뎌낸 사람들로, 많은 방문자를 확보한 블로그는 인내의 결과물이기도 하다. 그리고 중간에 포기하면 그동안의 수고는 물거품이 되고 만다.

어떤 콘텐츠를 만들 것인가?

블로그를 거창하게 만들려 생각하면 끝이 없다. 처음에는 가볍게 일하는 모습 정도를 담는 게 좋다. 하나의 상품이 세상에 나오기까지 여러 사람의 수고, 즉 연구자의 이야기, 기획자의 이야기, 생산부서의 이야기, 관리부서의 이야기 등 각자의 관점에서 상품이 출시되기까지의 과정을 보여준다. 이는 어느 날 갑자기 세상에 나온 게 아니라 다양한 고민과 많은 관계자들의 노력을 통해 세상에 나왔음을 알리는 일이다. 상품 자체는 차고 넘친다. 하지만 그것을 만든 사람들의 이야기를 간직한 상품은 많지 않다.

소셜미디어 중에서 블로그는 콘텐츠를 담는 허브 역할을 한다. 이곳에 텍스트 중심으로 콘텐츠를 만들어놓으면 그것으로 카드뉴스나 영상을 제작하기도 쉽다. 예를 들면, 1주일에 5개의 글을 포스팅하면 사람들이 많이 조회한 포스팅도 있고, 댓글이 많이 달린 포스팅도 있으며, 공유가 많이 된 포스팅도 있을 수 있다. 그 가운데 사람들이 가장 많이 반응한 포스팅을 이미지가 포함된 카드뉴스 형태로 제작해 페이스북 페이지나 네이버 포스트 등에 올린다. 또 일부 콘텐츠는 유튜브 영상으로 제작하거나 반응 좋은 콘텐츠를 세분화해 추가적인 콘텐츠를 만들 수도 있다. 이렇게 텍스트를 중심으로 콘텐츠를 생산해 블로그에 올려 관리하면 추후 다양한 매체로 확산이 가능해진다.

그렇다고 이것저것 다 건드려서는 안 된다. 다양한 주제를 다룰 수도 있으나 블로그 주제는 한두 개로 한정해야 한다. 콘텐츠 생산 자체가 시간과 비용이 드는 데다 운영자 혼자 많은 주제의 콘텐츠를 생성하기도 어렵기 때문이다. 또 여러 주제를 함께 다루다 보면 블로그의 정체성도 모호해져 정작 누구 하나도 제대로 설득하지 못하게 된다. '디자인'을 중심으로 운영되는 블로그에 '맛집'이나 '가보고 싶은 곳' 등 자기 관심사 중심의 이야기를 해서는 안 된다. '디자인'을 검색해서 방문한 사람은 '디자인'에 관심이 있을 뿐 '맛집'이나 '가보고 싶은 곳'에 큰 관심을 두지 않는다. 특정 주제로 양질의 콘텐츠를 만들어내야 블로그를 성공적으로 운영할 수 있다. 어디에나 있는 정보는 쓰레기일 뿐이다.

인터넷을 검색하면 검색엔진최적화, 블로그 상위 노출방법 등에 대한 다양한 노하우가 공유되고 있음을 알 수 있다. 하지만 의도적으로 키워드를 추가해 생성된 콘텐츠, 사람의 개입 없이 번역기를 사용해 생성된 콘텐츠, 불건전 콘텐츠, 저작권에 문제가 있는 콘텐츠, 키워드로만 고객을 유인하는 낚시성 콘텐츠, 신뢰성이 부족한 콘텐츠는 검색결과 상단에 노출되지 않는다.

반면, 본인이 직접 경험하고 작성한 콘텐츠, 충분한 내용과 분석을 포함한 콘텐츠, 글을 읽는 사람을 생각하며 작성한 콘텐츠, 쉽게 이해하도록 작성한 콘텐츠, 신뢰가 담보된 정보를 기반으로 작성된 콘텐츠는 더 많이 검색된다. 직접적인 홍보나 판매에 치중하기보다 사람들이 보고 싶은 정보성 콘텐츠를 생성하는 게 최고의 마케팅 방법이다.

네이버의 기본 서비스는 검색이다. 구글 이용자도 많지만, 맛집이나 여행후기 등의 콘텐츠는 여전히 네이버 이용자가 많다. 그런데 어느 순간 검색결과에 광고성 글이 너무 많아져 사용자 불만이 높아지자 네이버는 양질의 검색결과를 제공하기 위해 다양한 알고리즘을 내놓고 있다. 이는 블로그 운영에도 영향을 미치는데, 네이버 알고리즘은 네이버의 정책에 해당하므로 반드시 관심을 가져야 한다.

네이버는 검색이 가진 강점을 강화하기 위해 경험 중심의 콘텐츠가 더 쉽게 검색되도록 하고 있다. 그렇지만 경험 위주의 콘텐츠는 양날의 검이나 마찬가지다. 누구나 쓸 수 있어 생생한 정보 전달이 가능한 반면, 스팸이나 클릭수를 조작하는 어뷰징 시도 또한 쉽기 때문이다. 후기를 가장한 광고로 인해 네이버 블로그가 신뢰를 잃은 것과 같은 맥락이다. 이런 단점을 보완하려 네이버가 내세운 게 검색 알고리즘 기술이다. 출처 신뢰도를 중심으로 하는 C-랭크와 문서 자체의 품질을 분석해 반영하는 다이아(D.I.A.) 모델의 두 가지 랭킹 알고리즘을 뷰 검색에 적용한다.

C-랭크는 저자의 전문성과 인지도를 기반으로 점수가 높은 콘텐츠를 검색 상위에 노출시키는 알고리즘이다. 주제별로 출처의 신뢰도를 계산해 랭킹에 반영한다. 특정 주제로 오랫동안 글을 써온 저자일수록 검색 상위에 노출될 가능성이 크다. 하지만 이 방식만으로는 신뢰를 쌓아온 저자가 광고를 노출하거나 광고업자에게 계정을 팔았을 때 스팸과 어뷰징을 막을 수 없으므로 저자의 전문성 및 인지도와 더불어 저자가 작성한 글 사이의 맥락도 분석한다. 디자인 관련 주제로 글을 쓰던 사람이 어느 날 병원이나 부동산 글을 쓰면 이를 탐지해 저자의 맥락을 파악하고 C-랭크에

변화를 주도록 짜놓았다는 말이다.

다이아(D.I.A.)는 이 같은 출처뿐만 아니라 문서 단위의 품질도 반영하기 위해 고안된 모델이다. 문서의 주제 적합도, 경험 정보, 정보의 충실성, 문서의 의도, 상대적인 어뷰징 척도, 독창성, 적시성 등 여러 요인이 복합적으로 반영된다. 약 3억 건의 검색 로그를 주기적으로 활용해 계속해서 새로운 검색결과를 구성하고 평가한다.

네이버는 이처럼 뷰 검색에 있어 C-랭크와 다이아 모델의 상호 보완을 통해 스팸과 어뷰징을 막고 신뢰할 수 있는 경험적 정보를 전달하겠다는 목표를 추구한다.

콘텐츠 소비가 영상으로 이동했다

블로그와 비슷한 속성을 가진 유튜브도 양질의 콘텐츠를 바탕으로 검색엔진최적화가 필요한데, 블로그 운영 경험이 있으면 유튜브 접근이 어렵지 않다. 블로그가 정보를 전달하는 데 적합하다면 유튜브는 즐길 수 있는 콘텐츠를 전달하는 데 조금 더 적합하다. 유튜브에 콘텐츠를 올리는 데는 영상촬영과 편집기술이 필요하지만, 그보다 더 중요한 것은 콘텐츠로 영상을 만들 때 제목과 설명, 썸네일 등을 통해 시청자들이 영상을 검색할 수 있도록 최적화 작업을 진행해야 한다는 점이다.

반면, 전문적으로 유튜브를 활용하는 업체가 많아지면서 한두 개의 아이디어나 자본이 많지 않은 개인이 주목받기가 갈수록 어려워지는 애로사항도 나타나고 있다. 실제로 동영상의 96%가 조회 수 1,000회 미만이라고 한다. 초기에는 창의성 높은 영상 하나만으로도, 스마트폰으로 가볍게 촬영한 영상만으로도 효과를 보았지만, 이제는 유튜브도 자본시장으로 넘어갔다고 보는 게 맞다. 따라서 어쩌면 유튜브 채널을 키우는 마케팅보다는 특정 유튜브 영상에 광고를 집행해 목표고객에게 도달하는 방법이 현명할 수도 있다. 운동화 리뷰 영상에 운동화 쇼핑몰 광고를 집행하는 방식처럼 말이다.

그렇다면 유튜브 마케팅에서는 무엇을 고민해야 할까? 바로 콘셉트이다. 예를 들어, 20대 후반 여성을 대상으로 스킨케어 화장품을 제조, 판매하는 기업이 있다고 가정해 보자. 어떤 콘셉트로 스토리를 잡는 게 좋을까? 제품을 광고하기보다는 피부관리나 최근 유행하는 화장법 영상 등이 잘 맞아 보이는데, 이때 판매가 목적이라면 장점 중심의 광고성 콘텐츠로 만들어질 가능성이 크고, 잠재고객 확보를 위해 접근한다면 다양한 정보성 콘텐츠 형식으로 제작될 가능성이 크다.

또한, 유튜브에서도 누가 영상을 시청하는지를 결정해야 한다. 같은 이야기라도 20대와 40대는 공감 포인트가 다르다. 남성과 여성이 다르고, 하는 일에 따라 또 다르다. 내가 잡아야 할 고객과 포기해야 할 고객을 정확히 선별할 줄 알아야 가진 시간과 돈을 효율적으로 사용할 수 있다. 소비자는 냉정하다. 가치 없는 콘텐츠에는 자신의 소중한 시간과 관심을 소비하지 않는다. 또 도움이 되는 콘텐츠는 검색을 통해 얼마든지 손쉽게 찾아낼 수 있기 때문이기도 하다.

앞서 유튜브는 블로그와 닮았다고 표현했다. 유튜브도 이야기가 필요하다는 의미이다. 페이스북과 인스타그램은 친구를 기다리는 도중이나 엘리베이터 안에서, 지하철 안에서 잠깐 짬을 내어 이용하므로 순간의 시선을 붙잡는 게 중요하다. 반면, 유튜브는 특정 사용자가 검색이라는 형태로 접근하며, 콘텐츠 소비시간도 페이스북이나 인스타그램보다 길다. 콘텐츠를 스토리 중심으로 풀어가야 하는 이유이다. 다만, 영상 초반에 사람들의 관심을 받아야 하므로 콘텐츠 구성을 〈TV 동물농장〉처럼 짜는 게 좋다. 〈TV 동물농장〉은 강아지와 주인의 갈등부터 보여주는데, 그러면 사람들은 무슨 일일까 생각하면서 주의를 기울이다 빠져든다. 이처럼 유튜브 콘텐츠는 갈등이 고조되는 시점을 먼저 제시한 다음 기승전결 형태로 영상이 전개되어야 한다.

기본은 재미있고 유용한 정보에 있다. 유튜브에 콘텐츠를 올리는 이유는 궁극적으로 소비자들의 주목과 관심을 받기 위함이다. 재미도 없고, 내용도 별 것 없다면 주목은커녕 관심조차 받기 어렵다. 온라인에서 꽃을 판매하는 쇼핑몰이라면 꽃과 관련된 다양한 정보를 주어야 한다. 물은 언제 주고, 해당 꽃을 키울 때 주의할 점은 무엇인지 등 우리가 꽃집에서 흔히 물어보는 내용을 질문과 답변 형태로 제공하면서 유머까지 포함된다면 더할 나위가 없다. 화질과 음성도 불편하지 않아야 한다. 가능하면 외부 소음이 차단된 장소를 활용하고, 화면이 산만하다는 느낌을 주지 않으려면 카메라가 흔들려서는 안 된다.

유튜브 활용방법 5단계

유튜브를 활용한 마케팅은 매력적인 콘텐츠 개발, 유튜브 특성을 고려한 단계별 진행, 영향력 있는 사람 활용, 광고 활용, 성과측정 등 5단계를 거쳐야 한다.

첫 번째 단계에서는 고객에게 의미 있는 서비스, 콘텐츠, 경험을 주어야 한다. 무조건 많은 사람보다는 목표고객과 지지층에게 노출되는 게 중요하다. 입소문을 내야 한다는 강박관념을 가질 필요가 없다. 대부분의 유튜브 동영상이 조회 수 1,000회 미만인 점을 감안할 때 실제로 입소문을 타기도 어렵거니와, 소문이 나서 많은 사람들이 동영상을 보게 되더라도 상품을 구입하는 행위와는 별개로 생각해야 한다. 그러므로 입소문보다는 기업에서 하고자 하는 이야기에 초점을 맞추는 콘텐츠 전략이 바람직하다. 물론, 동영상 콘텐츠를 제작할 때는 '재미'와 '정보성' 중 하나이상은 반드시 충족시켜야 한다. 재미와 정보는 사람들이 기대하는 기본 심리 중 하나로, 시간이 흘러도 변하지 않는 요소이기 때문이다.

유튜브 영상을 화려하게 만들었다고 항상 높은 인기로 이어지지는 않는다. 높은 조회 수를 기록하는 개인의 동영상에서 보듯유튜브 활용은 그렇게 거창한 작업이 아니다. 그런 측면에서 매일매일의 일상을 재미있게 담아보려는 시도에서 시작되는 게 바람직하다. 기업에서 일상적으로 일어나는 일 중 소비자에게 보여줄수 있는 내용, 즉 외식업종이라면 새벽시장에 나가 신선한 재료를구입하는 과정을 현장감 있게 담아낸다든지 하는 것도 훌륭한 콘텐츠가 될 수 있다.

두 번째 단계에서는 유튜브 특성에 따라 단계별로 마케팅이 진행되어야 한다. 유튜브는 정기적으로 콘텐츠를 업로드하는 방식이 한 번에 많은 영상을 올리는 방식보다 더 큰 효과를 발휘한다.그러려면 고객과 소통 가능한 스토리텔링 포인트에 연결되는 콘텐츠의 지속적인 업로드가 필요하다.

동영상 업로드 시에는 검색엔진에 노출되어야 하므로 제목, 태그, 설명, 해시태그, 썸네일 선택에 유의해야 한다. 그중 제목에가장 신경 써야 하는데, 유튜브와 같은 동영상 사이트나 구글 같은 검색엔진에서 사람들이 검색했을 때 가장 먼저 노출되는 부분이기 때문이다. 동영상을 잘 표현하면서도 고객의 클릭을 유도할 수 있을 만큼 강렬해야 한다. 그리고 적절한 키워드를 사용해야 노출횟수도 증가한다. 채널이 유명해지면 추천을 통해 또 다른 사람들에게도 노출이 되겠지만, 처음 유튜브를 시작할 때는 어떤 키워드를 사용하느냐가 가장 중요하다.

설명에는 몇 줄의 설명글과 참고 사이트 URL 등을 포함할 수 있다. 동영상의 주요 내용을 텍스트로 입력하고 설명글 안에 홈페이지 링크 등을 포함하는 형태로, 이를 적절히 활용하면 홈페이지나 쇼핑몰 등으로 유입되는 트래픽을 늘릴 수 있다.

설명을 넣는 과정에서 태그도 넣게 되어 있다. 태그란 영상에 꼬리표를 붙이는 작업과 같다. 예를 들어, 스마트폰과 관련된 동영상을 업로드한다면 '아이폰', '앱스토어', '화이트', '애플 스마트폰', '사진' 등으로 태그를 달면 된다.

설명에 넣는 태그와 별도로 동영상 제목, 동영상 제목 위, 동영상 설명에 해시태그를 포함할 수도 있다. 해시태그는 시청자가 동영상을 찾을 때 검색이 가능하게 만드는 효과를 발휘한다. 설명문 안에 '#디지털마케팅', '#온라인마케팅', '#마케팅의정석' 같은 키워드를 포함하면 동영상 제목 상단에 해시태그가 별도로 노출된다.

썸네일은 동영상 새생 버튼을 누르기 전에 표시되는 이미지를 말한다. 유튜브가 지원하는 기본 썸네일은 화질이 떨어져 동영상의 속성을 명확히 표시하지 못할 때가 많으므로 대표 썸네일을 만들어 업로드하되, 유튜브 채널 특성에 맞게 통일된 형태로 제작하는 게 좋다.

세 번째 단계에서는 영상을 올린 후 영향력 있는 사람을 활용할 수 있어야 한다. 소셜미디어에도 오프라인처럼 영향력을 가진 사람들이 있다. 다수의 개인보다 그 한 사람의 의견이 더 큰 파급효과를 내는데, 그들과 친해지기 위해서는 친구를 사귈 때와 마찬가지로 상대방에 대한 기본적인 이해와 친해지기 위한 시간이 필요하다. 영향력 있는 사람을 단기적으로 마케팅 활동에 활용하려는 조급함은 진정한 관계 구축에는 도움이 안 된다. 마케팅에 꼭 필요한 그들에게는 진정성을 바탕으로 장기적인 차원에서 다가가야 한다. 또 소셜미디어에서는 질문과 대답, 공유하기 등을 통해 고객에게 관심을 품고 있음을 끊임없이 보여주어야 한다. 모든 기회를 활용해 특별히 기억될 만한 방식으로 그들과 친해지는 과정이 필요하다. 상대에게 가치를 주지 못하면 관계를 지속할 수 없다. 지나치게 홍보성 멘트만 날린다거나 기업의 정보만 일방적으로 이야기한다면 소셜미디어 상에서의 진정한 관계 구축은 어렵다.

반면, 기업에서 유튜브 동영상 홍보를 위해 이벤트나 프로모션을 하는 경우가 있으나 그 또한 자발적 참여자를 끌어들이기는 쉽지 않다. 실제 대부분의 참여자들이 이벤트나 프로모션이 끝나면 자취를 감춘다. 일부 잠재고객들을 확보할 수 있을지는 모르지만, 인터넷에는 자신의 실속만 차리는 체리피커 같은 이벤트 족들이 넘쳐나기 때문이다.

네 번째 단계는 광고 활용으로, 유튜브는 콘텐츠 영역과 광고 영역으로 나뉜다. 앞선 설명이 콘텐츠 영역에 관한 내용인데, 아무리 잘 만든 영상이라도 사람들에게 노출되지 않으면 아무 의미가 없다. 따라서 광고의 힘을 빌려 타깃 고객에게 노출해야 한다. 목표고객이 유튜브를 검색할 때 어떻게 해야 적재적소에 맞게 영상을 보여줄 수 있는지가 유튜브 마케팅의 핵심이다. 그러려면 페르소나로 설정한 고객군의 관심사, 즐겨보는 채널 등을 파악해 광고를 집행할 필요가 있다.

가장 손쉽게 사용되는 것은 동영상 플레이 리스트에 자리 잡아 영상이 끝난 후 클릭을 유도하는 방식인 '디스커버리 광고'로 검색결과에도 표시된다. 요즘 시청자들은 워낙 똑똑하기 때문에 어떻게 만들어도 광고임을 알아차린다. 그러므로 광고가 아닌 척하기보다는 제대로 된 광고를 만들어 직접적인 광고를 하는 방법도 좋다.

다섯 번째 단계로, 이 모든 과정을 마쳤다면 성과를 측정해야 한다. 온라인 광고의 장점은 '측정이 가능하다.'는 사실이다. 유튜브 광고는 구글애널리틱스 및 구글애즈와 연동될 뿐만 아니라 자체적으로도 분석기능을 제공한다. 모든 광고의 지표, 데이터를 실시간으로 분석함으로써 광고의 성과를 검증할 수 있다. 유튜브에서는 예상 수입 및 광고실적 보고서를 포함하는 수익보고서와 시청시간, 조회 수, 트래픽 소스, 시청 지속시간 보고서를 포함한 시청시간 보고서, 구독자 보고서가 담긴 상호작용 보고서를 제공한다.

콘텐츠는
맥락을 유지해야 한다

흐름을 고려한 커뮤니케이션, 콘텍스트

블로그, 유튜브, 페이스북, 인스타그램 등은 기본적으로 이야깃 거리가 있어야 시작할 수 있다. 키워드 광고는 몇 가지 원칙에 맞춰 비용만 지불하면 사람들에게 노출될 수 있으나 이야기를 중심으로 하는 콘텐츠 마케팅은 많은 시간과 노력을 들여야 한다.

콘텐츠 마케팅에서 많이 저지르는 실수 중 하나가 맥락을 유지하지 않는다는 점이다. 최근 이슈화되는 이야기나 실시간 검색어 등으로 시선을 잡아끌려는 방법이 대표적인데, 일각에서는 이를

'바이럴 마케팅'이라는 이름으로 그럴듯하게 포장하기도 한다.

물론, 처음부터 자극적인 콘텐츠를 생산하지는 않는다. 처음에는 상품에 담겨 있는 스토리 중심으로 여러 가지 시도를 하면서 일주일에 서너 번 콘텐츠를 올리는 것만으로도 작은 성취감을 경험하게 된다. 또 무엇인가 콘텐츠를 만들고, 댓글이 달리고, 조회수가 높아지는 것만으로도 감격에 빠진다.

하지만 시간이 흐르면서 기업에서 찾아낼 수 있는 콘텐츠는 바닥을 드러내기 마련이다. 당연한 현상이다. 그러다 보니 네이버나 구글에서 키워드를 찾아보거나, 실시간 검색어로 올라오는 화제성 높은 키워드를 중심으로 자극적인 콘텐츠를 만들게 된다. 그렇게 시간이 흘러 다른 기업들과 구별 안 되는 비슷비슷한 콘텐츠가 많아지면 더 자극적인 콘텐츠를 만드는 데 열을 올리게 되는 악순환에 빠진다.

사전적 의미의 콘텐츠란 '인간을 위해 구성된 메시지로써 미디어와 결합되어 사람들에게 전달되는 상품'을 의미한다. 콘텐츠는 광범위하게 사용되는 용어로 소셜미디어에서 사용되는 모든 내용물(디자인, 제목, 카테고리, 포스팅 내용, 대화 톤 등)을 포괄하는 개념이다.

콘텐츠의 기본 방향성은 고객이다. 목표고객에 맞는 콘텐츠여야 한다는 뜻으로 디지털 마케팅에서는 고객을 페르소나 형태로 정의한다. 애플리케이션 개발에 대한 블로그가 육아에 관심이 있는 주부에게 노출된다거나, 서울에서 식당을 하는 사람의 블로그가 부산에 사는 사람들에게 노출된다면 목표고객에 대한 설계가 부족한 것이다. 따라서 목표고객이 누구인지 분석하고 해당 고객층을 블로그에 유입시킬 수 있는 콘텐츠를 만들기 위해 고민해야 한다.

소비자 구매, 브랜드 충성도 형성, 나아가 브랜드 추천까지 바라보는 커뮤니케이션이 목표라면 단순히 재미와 흥미를 끄는 콘텐츠가 아니라 전체적인 흐름을 고려한 커뮤니케이션, 즉 '콘텍스트(Context)'가 필요하다. 제품과 서비스에 대한 사람들의 기대치와 경험은 상황마다 다르고 주관적이다. 이런 순간순간의 맥락을 고려하지 않은 마케팅 활동은 실패로 이어지게 되어 있다.

콘텍스트는 어느 날 갑자기 생겨난 개념이 아니다. 오래전부터 소비자의 시간 또는 상황 정보를 토대로 개인화된 서비스를 제공한다는 의미로 널리 사용해 왔다. 그러다 디지털 마케팅 시대를 맞이하면서 더욱 활성화되어 사람들이 페이스북, 블로그, 유튜브 등에 남겨놓은 흔적에서 인사이트를 찾아내고, 이를 정교하게 커뮤니케이션 과정으로 녹여낼 수 있게 된 것이다.

제품은 제품 자체로 끝나지 않는다. 점심을 먹으면서도, 영화를 보면서도, 책을 읽으면서도 사람들은 자신의 이야기를 끊임없이 SNS에 공유한다. 경험이 제품 자체보다 중요해진 시대, 즉 시장의 주인공이 제품에서 경험으로 바뀌었다고 표현할 수 있다. 연결된 세상에서는 멋진 플랫폼을 설계한다고 저절로 네트워크가 만들어지지 않는다. 반대로 사소하고 지루한 연결 하나하나가 쌓여 네트워크를 만든다. 이 사소한 연결을 만드는 게 바로 콘텍스트이다.

콘텍스트는 발견, 선택, 경험, 공유로

발견, 선택, 경험, 공유의 형태로 나타나는 콘텍스트는 독립적이거나 배타적이지 않으며, 순차적으로 발생하지도 않는다. 끊김 없이 동시다발적이고 다중적으로 발생한다. 정지되지 않고 끊임없이 흘러가는 하나의 상태로 발견, 선택, 경험, 공유는 서로 유기적으로 연결된 관점이다.

발견은 콘텍스트의 접점이자 계기가 된다. 페이스북에 친구가 올려놓은 책표지를 보고 '내용 괜찮겠는데'라고 생각하게 되는 것처럼 발견은 곧 선택이고 경험이 된다. 발견을 통해 책을 읽기도 전부터 경험이 시작된다는 말이다. 발견은 내 의도와 무관하게 다가오는 듯해도 사실은 연결의 결과이다. 페이스북 알고리즘, 구글 알고리즘, 네이버 알고리즘을 통해 나에게 발견되기도 하고, 기업들이 관심사 등으로 타깃팅한 광고를 통해서도 발견된다.

선택은 발견에 영향을 받는다. 발견과정이 절묘하다면 의식하지 못한 상태에서 선택으로 이어진다. 친구가 추천해 준 책에 대한 의견과 리뷰만으로 책의 구매에 이르게 되는 게 그 예에 속한다. 사람들은 매 순간 합리적인 의사결정을 한다고 생각할지 모르지만 실상은 그렇지 않다. 정보가 많아지면 많아질수록 선택이 어려워진다. '아는 사람'들이 주는 정보가 선택에 영향을 미칠 수밖에 없는 이유이다.

경험은 제품과 서비스를 구매하고 이를 소비하는 과정을 말한다. 구매와 소비과정에 만족한 소비자들은 재구매로 이어지고, 충성고객이 되어 다른 사람들에게 추천하는 영업사원으로 발전하기도 한다. 구매의 경험이 즐겁지 못하면 발견과 선택의 과정은 수포로 끝나고 만다. 또 소비의 과정이 즐겁지 못하면 일회성 고객에서 멈추기 때문에 기업은 신규고객을 유입시키기 위해 끊임없이 비용을 지불해야 한다.

발견하고 선택하고 경험한 것은 다양한 소셜미디어를 통해 공유된다. URL을 공유하는 적극적인 공유도 있지만, 좋아요나 댓글로 참여하는 소극적인 공유도 있다. 동영상 시청도, 구독을 누르는 행위도, 좋아요나 댓글을 다는 일도 모두 공유의 한 행동이다. 이처럼 공유는 데이터로, 정보로, 나의 목소리로, 나의 글로 다른 사람들의 발견과 선택과 경험에 영향을 끼친다.

발견, 선택, 경험, 공유라는 콘텍스트는 기획자, 개발자, 디자이너, 마케팅 담당자, 생산 담당자들이 모두 참여해야만 만들어갈 수 있는 영역이다. 기획자와 마케팅 담당자가 뚝딱뚝딱 설계한다고 실행되는 게 아니다. 콘텐츠 마케팅의 주된 목표는 브랜드 인지도와 호감도를 높이고 고객들과 관계를 강화하는 일이다. 그러려면 우리는 어떠한 브랜드인지 되짚어 보아야 한다. 브랜드 정체성과 어울리지 않는 내용은 역효과를 불러올 뿐이다. 콘텐츠 마케팅은 기업 고유의 관점과 전문성을 통해 고객이 직면한 문제를 해결해 주는 방향으로 나아가야 한다.

만루홈런보다는 여러 개의 안타를 쳐라!

상위 20%가 매출의 80%를 차지한다는 파레토법칙을 흔드는 개념이 롱테일법칙이다. 히트상품보다는 틈새상품의 가능성에 주목해야 한다는 롱테일법칙은 그동안 주목받지 못했던 틈새시장과 소수 상품들의 가능성을 이야기한다. 체형이 큰 사람들을 위해 빅사이즈만 판매하는 의류 쇼핑몰, 캡슐형 에스프레소 추출기를 판매하는 쇼핑몰, 임부복만 전문적으로 판매하는 쇼핑몰 등이 전형적인 롱테일에 해당한다.

인터넷 등 디지털 기술의 혁명으로 소비자들이 검색을 통해 원하는 정보를 찾고 구매하는 선택이 가능해짐으로서 그동안 무시되었던 틈새상품이 더욱 중요해졌다. 과거에는 긴 꼬리에 해당하는 상품들이 전체 판매량에 상당 부분 기여한다는 사실을 알면서도 어떤 소비자가 언제 찾을지 몰라 상품을 무작정 쌓아두기가 힘들었다. 규모가 작은 업체일수록 히트상품 위주로 물건을 쌓아두고 팔 수밖에 없었다. 하지만 인터넷이 등장하고, 사람들끼리 손쉽게 정보를 주고받을 수 있는 소셜미디어가 일상화되면서 롱테일 콘텐츠도 비즈니스 영역으로의 포함이 가능해졌다.

이런 롱테일은 몇 개의 히트상품이 엄청난 위력을 발휘했던 시장의 법칙, 즉 블록버스터 경제를 추락시키고 있다. 이전에는 상상조차 못 할 만큼 저렴해진 유통비와 광고비 덕분이다. 온라인으로 콘텐츠를 유통하는 데 드는 비용은 트럭, 창고, 진열대를 통한 오프라인 유통비용 대비 100분의 1 수준에 불과하다. 인터넷이 그래프에서 꼬리 부분에 자리한 시장을 활성화시키는 이유가 여기에 있다.

또 온라인에서는 댓글 기능 등을 이용해 소비자가 알고 싶은 정보를 더 많이 전달할 수 있다. 이 같은 방식은 소비자가 원하는 제품을 찾는 비용을 낮춰줌으로써 결과적으로 수요를 꼬리에서 머리로 이동시킨다. 예를 들면, 임산부는 과거에 자신이 원하는 디자인과 사이즈를 찾지 못해 어쩔 수 없는 선택을 해야 했지만, 이제는 자신이 원하는 디자인과 사이즈를 언제 어디서나 구입할 수 있게 되었다. 과거에 아무도 관심을 두지 않았던 꼬리(Long Tail) 제품이 수익을 주는 새로운 시장으로 떠오른 것이다.

롱테일이 성립 가능했던 이유는 소비자의 변화에서 찾을 수 있다. 소비자들의 입맛과 취향은 갈수록 까다로워지고, 산업화시대에 굳건하던 매스상품은 경제적 풍요와 다양한 정보에 의해 더욱더 세분화되었다. 대중들은 주류의 안정감보다 소수의 감수성에 사로잡히고, 동일화의 욕구 대신 차별화를 원한다. 이는 매스미디어에 근거한 히트상품의 가능성이 점점 낮아진다는 의미이기도 하다. 대량생산에 대량판매만이 무조건 최고라고 여겼던 시대에는 거들떠보지도 않던 틈새상품들이 SNS라는 매체의 등장으로 빛을 발하는 시대가 되었다.

롱테일은 온라인의 속성을 이해하는 중요한 열쇠이다. 스마트폰을 기반으로 한 변화된 환경으로 인해 나만의 차별화된 다양성을 추구하는 시대로 접어들었다. 그리고 그 결과로 나타난 소비자들의 구매행동은 꼬리부문의 성장을 더욱 가속화시키리라 예측된다. 이는 고객을 더욱 세분화하여 마니아층을 만족시킬 수 있는 전문화와 차별화된 서비스를 제공해야 함을 의미한다.

롱테일법칙은 이처럼 소비자가 주도하는 '다품종 소량생산' 시대에는 만루홈런보다 여러 개의 안타가 효과적이므로, 하나의 큰 시장이 아니라 마니아층 확보가 가능한 여러 개의 틈새시장을 찾아야 한다는 점을 시사한다. 이는 콘텐츠 마케팅 관점에서 볼 때 개별 소비자 입장에 맞는 다양한 콘텐츠가 만들어져야 함을 의미한다. 멋지게 만든 광고를 모든 고객에게 노출하는 방식이 아닌, 타깃 고객별로 구매상황에 맞는 콘텐츠를 제시해야 효과를 볼 수 있다는 뜻이다.

신문은 각각 시간과 지면에 한계가 있어 모든 사람에게 공평하게 이야기할 기회를 주기 어려운 구조였다. 전문가로 불리는 교수, 박사, 기자 등에게 더 많은 기회가 돌아갈 수밖에 없었다. 교수, 박사, 기자는 아니지만 전문적인 식견을 습득한 사람이 자기의 생각을 표현하거나, 사회 구성원 80%의 다양한 이야기를 전달하고 싶은 사람에게는 기회가 주어지지 않았다. 하지만 이제는 블로그, 페이스북, 유튜브 같은 소셜네트워크 서비스가 일반화되면서 각자의 이야기와 정보를 다른 사람들에게 손쉽게 전달할 수 있다. 또 신문을 찍어내던 인쇄기부터 영화와 음악을 편집하는 스튜디오 기능까지 컴퓨터로 통합되면서 이전에는 전문가들만 가능했던 작업에도 접근이 쉬워졌다. 롱테일 콘텐츠가 주목받는 환경이 조성된 것이다.

그럼에도 매체가 TV에서 소셜미디어와 모바일로 바뀌었을 뿐 본질적 요소는 변하지 않았다. 우리가 기존의 미디어에 바랐던 기대처럼 블로그와 페이스북에서도 '콘텐츠의 질'과 '진실성'이 중요하다. 페이스북, 인스타그램 등은 더 많은 사람들과 커뮤니케이션을 하는 도구일 뿐이다. 그것에 무엇을 담을지, 어떻게 사용할지에 따라 유용할 수도, 그렇지 않을 수도 있다. 본질을 이해하지 못한 채 '마케팅', '기업 홍보', '지지층 확보'를 명분 삼아 일방적으로 정보를 전달하는 전략과 방법을 구사한다면 답은 뻔하다.

많이 봐야 좋은 것도 나온다

디지털 마케팅을 진행하다 보면 친구 수, 좋아요 수, 댓글 등이 신경 쓰이는 게 사실이다. 마케팅 담당자가 더 많은 방문자와 반응을 얻기 위해 매일매일 소재를 찾아 나서는 이유이다. 또 인기 많은 유튜버는 보통 일주일에 최소 하나 이상의 영상을 올린다. 페이스북, 인스타그램, 블로그 등도 병행한다. 따라서 콘텐츠 마케팅을 시작할 때는 파워블로거, 인플루언서, 유명 유튜버 등의 스타일을 들여다볼 필요가 있다. 영향력 있는 개인들 대부분은 제품이나 서비스 자체에 초점을 맞추기보다는 다양한 일상 속에서 제품을 간접적으로 나타내는 형태를 취한다.

콘텐츠 소재는 이처럼 일상생활 속에서 찾아야 효과가 잘 나타난다. 심혈을 기울인 대하소설도 좋지만, 주변에서 일어나는 소소한 일상, 즉 살아가는 이야기들이 모이고 모이면 자연스럽게 대하소설이 된다. 사람은 잠을 자는 시간을 제외하곤 모든 일이 끝없는 경험이다. 손님도 만나고, 주변 사람과 이야기도 하고, TV도 보고, 인터넷도 하고, 책도 읽는다. 이 과정에서 일어나는 직간접적인 경험을 콘텐츠로 만들어야 한다.

블로그, 페이스북, 인스타그램, 유튜브 등을 통틀어 모두 SNS라고 칭하지만, 이들에는 각각의 특징이 있다. 페이스북은 친구들과 이야기하는 미디어이고, 인스타그램은 일상을 감각적으로 포스팅하는 공간이다. 블로그는 정보를 담는 곳으로 적합하고, 유튜브는 영상 중심의 플랫폼이다. 채널별 특성을 고려치 않고 제품 카탈로그를 스캔해서 올리거나, 홈페이지 내용을 그대로 복사해 발행해서는 안 된다. 콘텐츠를 만들다 보면 고객보다는 제품 자체에 초점을 맞출 때가 의외로 많다. 고객이 무엇을 궁금해하는지보다 제품이나 서비스가 가진 장점을 알리고 싶은 욕심 때문이다. 이는 고객과의 의사소통이 아니다. 일방적으로 정보를 전달하는 행동일 뿐이다.

온라인 매체의 특성상 시각적인 면도 중요하다. 아무리 좋은 내용을 담았더라도 표현방식이 적합지 않으면 소용이 없다. 콘텐츠 내용 못지않게 그 표현방식도 중요하다는 말이다. 글을 작성할 때 시각적인 부분을 잘 활용하면 효과적으로 메시지를 전달할 수 있다. 굵은 글씨나 이탤릭체 등 다양한 서체 사용뿐만 아니라 글자 크기와 색상도 적절해야 한다. 아이콘, 차트, 그래프, 표, 클립아트, 삽화, 사진, 지도, 만화, 애니메이션, 동영상 등을 활용하면 더 좋다. 시각적 효과는 텍스트보다 훨씬 더 빠르고 강력하게 의미를 전달하며 기억하기도 쉽다. 그러므로 전달해야 할 메시지가 길다면 더 많은 시각자료를 준비해야 한다. 이미지와 동영상은 수천 마디의 설명보다 낫다.

브랜드의 정체성을 담아내는 기업들

　디지털 마케팅에서 콘텐츠가 중요한 수단으로 자리매김하면서 기업들은 페이스북을 위한 콘텐츠인지, 유튜브용 콘텐츠인지, 인플루언서와 함께 만들 콘텐츠인지, 직접 뿌릴 콘텐츠인지, 간단하게 만들 스낵 콘텐츠인지에 따라 다양한 고민을 할 수밖에 없다. 콘텐츠를 통해 브랜드를 접하는 소비자들이 증가하면서 콘텐츠는 무시할 수 없는 마케팅 수단이 되었다. 기업이 만든 콘텐츠가 곧 기업의 얼굴이자 브랜드의 정체성이면서 고객이 매 순간 즐기는 경험이기 때문이다.

　문제는 제품과 콘텐츠 간의 연결고리를 찾기가 쉽지 않다는 점이다. 판매를 염두에 두고 콘텐츠를 만들자니 소비자들이 좋아하지 않고, 소비자 관점에서 재미있게만 만들자니 기업 매출에 큰 도움이 되지 않는다. 제품과 콘텐츠 간 적절한 연결고리를 찾아야 하는데, 이런 점들이 상황을 쉽지 않게 만든다.

　제품과 콘텐츠 간 연결이라는 아이디어로 성공한 사례가 있다. 바로 빙그레의 바나나 우유이다.

　빙그레는 커플들을 위한 하트 모양 빨대, 세 모금에 바나나맛 우유 한 병을 끝낼 수 있는 자이언트 빨대, 매운 음식 먹을 때 유용한 분무기형 빨대 등을 제작, 바나나 우유의 브랜디드 콘텐츠를 만들어냄으로써 소셜미디어상에서 큰 호응을 얻었다. 이러한 인기를 바탕으로 커플이 동시에 사용할 수 있는 '러브 스트로우'와 스틸 재질의 직경이 넓은 '자이언트 스트로우', 누워서 마실 수 있는 '링거 스트로우'를 만들어 오픈마켓에서 판매도 했다.

이는 브랜디드 콘텐츠를 활용한 마케팅은 단순히 브랜드 이미지만을 강조하는 기존 형식의 광고로는 더이상 소비자의 관심을 끌기 어렵다는 접근방식에서 출발했다. 브랜드에 관한 이야기만으로는 소비자에게 외면당할 가능성이 크다는 사실을 확인했기 때문이다. 이제 관건은 공감할 수 있는 오리지널 콘텐츠를 기획하는가 못하는가에 있을 뿐이다. '따봉'만 기억나고 그 제품이 무엇이었는지 생각 안 나는 단순한 재미 형태의 콘텐츠는 한계가 분명하다. 콘텐츠 속 메시지는 해당 기업이 가진 이미지와 광고 브랜드가 잘 어우러졌을 때 효과를 나타낸다는 점을 알아야 한다.

모바일 채널 '딩고(Dingo)'를 운영하는 메이크어스와 하이트 진로가 제작한 '이슬라이브' 시리즈는 각각의 편마다 인기 연예인들이 술자리에서 취중 라이브를 한다는 콘셉트로 소비자들의 호응을 얻었다. 아르바이트 구인구직 플랫폼 알바천국의 '수고했어 오늘도' 시리즈도 유명 연예인들이 직접 생계를 위해 아르바이트를 하는 청년들을 찾아가 위로하는 콘셉트로 브랜드를 노출해 좋은 반응을 끌어냈다.

광고는 대량생산시대에 등장한 사회적 필수품이었다. 제품과 서비스를 사람들에게 알려야 했고, 충분히 살 만한 가치가 있음을 이야기해야 했다. 목적이 분명했기 때문에 광고를 통해 제품과 서비스를 드러내는 일이 필수적이었다. 하지만 모든 상품이 넘쳐나는 상황이 되면서 사람들은 더이상 광고에 매료되지 않는다. '저것은 광고야.'라고 인지하는 순간 '과장이 되고, 나를 유혹해 소비하게 만드는 경계의 대상'으로 전락해 버린다. 그래서 브랜드 홍보를 목적으로 등장한 광고의 한 형태가 바로 기업이 직접 투자해 제작한 콘텐츠인 '브랜디드 콘텐츠'이다.

전통적인 광고 메시지가 브랜드 혹은 제품에서 시작된다면 브랜디드 콘텐츠는 소비자로부터 시작된다. 이제는 기업이 광고로는 소비자들의 시간을 살 수 없다는 사실을 받아들이고, 소비자들이 기꺼이 시간을 소비할 만한 가치가 있는 콘텐츠를 만드는 데 관심을 두기 시작해야 한다는 뜻이다.

브랜디드 콘텐츠는 광고의 특성을 가졌지만 스스로 광고임을 부정하는 다소 모순된 모습도 분명히 보인다. 그럼에도 다양한 문화적 요소와 결합해 콘텐츠 안에 제품, 서비스를 포함한 브랜드 메시지를 자연스럽게 녹인다는 점에서 기존의 광고방식과는 차이가 있다. 그리고 소비자들이 자발적으로 공유하며 댓글을 달고 싶어질 정도로 소비자의 흥미를 유도하고, 콘텐츠 소비 이후에 제품이 아닌 가치에 대한 공감을 갖게 함으로써 브랜드에 대한 애착을 이끌어내려는 목표를 가진다. 소녀시대 태연과 슈퍼주니어 규현을 모델로 내세워 음원과 뮤직비디오 등의 브랜디드 콘텐츠를 선보여 다소 올드하다는 소비자 인식을 개선한 먹는 물 시장 1위 브랜드 '삼다수'가 좋은 예이다.

3 장

중요한 것은
구매전환!

1

필요성을 인식시켜라!

양복보다 비싼 청바지를 입는 이유

가족, 친구, 직장동료 등 주위 사람들의 구매과정을 지켜보면 재미있는 현상이 보인다. 나 같으면 공짜로 주어도 사지 않을 제품을 높은 금액으로 구입할 때다. "가격이 비싼 것 같은데 왜 샀어?"라고 물으면 "꼭 필요해서"라는 답변보다는 "예쁘잖아."라거나 "마음에 들어서" 등 감각적이고 충동적인 이유를 댄다.

이 경우의 높은 금액이란 물어본 내 생각에 높은 가격일 뿐, 제품을 구입한 사람은 적정하다고 생각하는 합리적인 가격이다. 즉, 가격이 비싸더라도 본인이 가치를 느끼면 적정가격이 된다는 의미이다. 이러한 현상이 나타나는 이유는 사람마다 원하는 바가 다르기 때문이다. 무신사와 하이트진로가 만나 탄생한 '참이슬 백팩'은 발매 5분 만에 준비된 수량이 완판되며 폭발적인 반응을 얻었다. 화제를 모은 이 가방은 네모난 형태에 바코드, 미성년자 경고 문구를 삽입하는 등 실제 '참이슬 오리지널' 팩소주 모양을 그대로 재현해 열광적인 반응을 끌어냈다. 이처럼 소비자는 자신의 취향이나 속한 사회의 문화에 따라 서로 다른 반응을 보이기 마련이다.

사람마다 기준으로 삼는 가치가 다르다. 모두가 가격, 성능, 유용성만을 보고 구매하지 않는다. 돈은 충분한지, 이 제품이 지금 나에게 얼마나 중요한지, 얼마나 자주 사는지, 얼마나 긴급한지, 나와 어울리는지 등에 따라 구매도 하고 미루기도 한다. 또 먹고 자고 입는 데 꼭 필요해 사는 것도 아니다. 사용하던 제품이 식상해 신상을 구매하기도 하고, 회사에서 상여금이 나와 구매하기도 한다. 결혼하고, 아이가 생기고, 아이가 자라는 등 생활의 변화로 구매하기도 한다.

그럼 기업은 어떻게 해야 사람들이 사고 싶게 만들 수 있을까? 무엇을 판매하는가에 따라 내용이 달라진다. 노트북처럼 몇 년에 한 번씩 사는 고가의 제품이라면 제품의 정확한 스펙을 이야기해야 하고, 명품처럼 개인의 만족과 관련된 제품이라면 예술작품 혹은 화려한 사진들로 고객을 브랜드와 일치시켜야 한다. 일상용품과 식품처럼 비교적 저가에 이성적 판단을 통해 구매하는 제품은 명확한 장점을 이야기해야 하고 콜라, 껌, 음료, 문구류처럼 일상적이며 구매가 자주 일어나는 제품은 가격을 저렴하게 하는 게 좋다.

소비자의 이 같은 다양한 구매과정을 기업이 정확히 파악하고 구분해 예측하기는 현실적으로 불가능하다. 그러나 고객들이 왜 우리 상품을 구매하는지, 구매하기 전과 구매하는 동안, 구매한 후 사람들의 마음속에서는 어떤 일이 일어나고 있는지, 구매에 영향을 미치는 보이지 않는 요소들은 무엇인지 등은 지속해서 고민해야 한다. 고객들의 행동을 최대한 이해해야 소비자의 욕구와 기대에 적합한 제품과 서비스를 제공할 수 있기 때문이다.

소비자 구매의사 결정 과정

소비자가 구매의사를 결정하는 과정은 문제 인식, 탐색, 대안 평가, 구매, 구매 후 행동의 단계를 밟는다. 물론, 구매의사 결정이 늘 똑같은 과정을 거치지는 않는다. 익숙한 매장에서 커피를 주문하는 결정도 있고, 기념일 선물을 구매하는 결정도 있고, 광고에 끌려 순간적으로 충동구매를 하는 결정도 비일비재하다. 소비자 각각의 상황이 다르므로 기업은 소비자들의 구매의사 결정 과정을 파악하고 이에 적합한 마케팅 활동을 진행해야 한다.

이러한 소비자행동은 크게 구매행동과 소비행동으로 구분된다. 구매행동은 소비자들의 구매의사 결정이나 구매행위 등을, 소비행동은 소비자들이 생각하고 행동하는 소비과정을 말한다. 이때의 소비자행동을 분석하려면 어떤 요인들이 소비자행동에 영향을 미치는지 파악해야 한다. 심리적·개인적 요인으로는 태도, 동기, 욕구, 가치, 자아, 개성, 라이프 스타일, 인구통계적 특성 등이 있고, 사회·문화적 요인으로는 준거집단, 가족, 문화, 사회 계층 등이 있다.

예를 들어, 노트북을 구입하려는 사람이 있다고 치자. 지금까지는 삼성의 노트북을 사용해 왔는데 이번에는 애플 맥북 제품을 구입하려고 한다. 여기에 영향을 미치는 내적 요인으로는 애플 제품을 구입하려는 동기, 평상시의 라이프 스타일, 애플 제품 사용 경험 등이 있다. 또 가족, 친구, 직장동료 등 자주 만나는 사람이나, 그가 속해 있는 사회 계층, 문화 등의 외적 요인도 영향을 준다. 맥북을 구입할 수 있는 돈은 있는지, 세일은 하는지, 판매 담당자가 얼마나 적극적인지 등 상황적 요인도 있다. 이처럼 노트북 하나를 구입하는 과정 속에도 태도, 동기, 욕구, 가치, 자아, 라이프 스타일, 준거집단, 문화 등이 소비자행동에 영향을 미친다.

지금까지 설명한 내용의 이론적 근거가 EKB(Engel-Kollat-Blackwell Model) 모델이다. 이 모델에서는 사람들은 문제를 인식하면 정보를 탐색하고 대안을 평가한 후 구매를 한다고 보았다. 그 때문에 구매의사 결정 과정에서 개인적 특성과 라이프 스타일 등이 영향을 미칠 수밖에 없다는 말이다.

고객에게 필요성을 이야기해야 한다

사람들은 일상생활 중 먹고사는 문제나 자기의 일 등과 관련한 개인적이고도 다양한 문제에 직면하고 이를 해결하면서 살아간다. 마찬가지로 구매와 소비도 삶에서 중요한 부분을 차지하는데, 소비자행동에서는 바로 이 구매와 소비에 주목한다. 소비자행동에서 '문제 인식'이란 사람들이 어떤 필요성을 느끼고, 어떤 방식의 구매를 통해 이를 해결하는지를 인식하는 걸 말한다.

그렇다면 소비자들은 어떻게 문제를 인식하게 될까? 주말에 데이트가 있는데 마땅히 입고 나갈 옷이 없을 때 새 옷을 살 필요성을 인식하게 되는 것처럼 바로 자신의 현재 상태와 원하는 상태의 차이를 느낄 때 인식한다. 물론, 이런 상황이 꼭 옷의 구매로 이어지지는 않는다. 새 옷을 사려면 돈뿐만 아니라 쇼핑할 시간도 내야 하기 때문이다.

결국, 현재 상태와 원하는 상태 간의 차이를 얼마나 크게 인식하는가에 따라 결과는 달라진다. 즉, 새 옷을 사는 데 드는 돈, 시간, 수고 등을 모두 지불하고라도 구매할 필요가 있다고 판단되어 야 실질적인 구매로 이어진다. 문제 인식은 이처럼 소비자 구매의 사 결정 과정의 출발점이 된다.

서울우유에서 시작한 제조일자 표기는 지금까지 소비자가 인식 못 했던 문제점을 기업이 먼저 인식시켜 준 대표적인 사례이다. 서울우유를 통해 유통기한의 문제점을 알게 된 사람들은 이후 제 조일자 중심으로 우유를 구매하기 시작했다. '이 정도면 괜찮지!' 라는 생각에 '과연 괜찮을까?'라는 질문을 제기함으로써 소비자에 게 문제를 환기시킨 예이다.

소비자들이 느끼기에는 사소한 변화일지 몰라도 서울우유에서 의 이 짤막한 한 줄 제조일자 표기는 마케팅 실행과정에서 준비기 간만 1년 반이 걸렸다고 한다. 제조일자를 표기하자는 의견에 대 한 조직 내부의 거센 반발 때문이었다. 당시만 해도 제조일자는 각 기업의 핵심 기밀 중 하나였다. 고객들이 물어보지도 않는 제 조일자를 굳이 밝힘으로써 스스로 제품의 경쟁력을 떨어뜨릴 필 요가 없다는 반론이 제기되는 건 어찌 보면 당연한 일이었다.

사실, 제조일자를 표기하면 자정부터 오전 시간대까지 최대한 많은 양의 제품을 생산해야 신선도 측면에서 가장 경쟁력이 생기 므로 제조시간도 바꿔야 한다. 또 창고에 보관시간이 길어지면 그 만큼 제품 경쟁력이 급격히 떨어지므로 생산부서에서도 제조일자 표기에 대해 반발했다고 한다. 그리고 신선한 제품을 공급하려면 생산 즉시 판매해야 하는데, 그러려면 운송과 배송 수요가 이전보다 현저히 늘어나기 때문에 특히 유통부서에서 제조일자 표기에 대한 불만이 극히 높았다는 것이다. 그럼에도 불구하고 서울우유의 마케팅 부서는 '고객을 만족시키면 물건이 더 많이 팔리고, 그만큼 이익이 커지면 그 보상이 직원들에게 돌아간다.'는 논리로 이들을 설득했다고 한다.

서울우유는 소비자행동 관찰을 통해 우유 구매의 가장 중요한 판단 기준이 '신선함'임을 직접 확인하고, 소비자들의 욕구를 충족시키기 위해 제조일자 표기라는 파격적인 마케팅을 실현했다. 그 결과 소비자들은 서울우유라는 브랜드에 전보다 더 큰 신뢰를 보냈다.

"신선함을 위한 두 줄, 제조일자와 유통기한 둘 다 확인하세요." 등의 직접적인 화법을 동반한 공격적인 광고를 노출시킴으로써 소비자들의 눈길을 사로잡은 데는 서울우유의 차별화된 마케팅이 있어 가능했다. 여기에 주부들이 신뢰할 만한 연예인을 모델로 기용해 소비자들이 서울우유라는 브랜드를 더욱 신뢰하도록 만들었다.

서울우유의 예처럼 소비자는 필요성을 느끼지 못하면 구매에 필요한 다음 단계로 나아가지 않는다. 소비자가 어떻게 문제를 인식하는지를 기업이 알아야 하는 이유이다. 소비자의 문제 인식을 파악해야 다양한 형태로 고객의 행동을 이끌어낼 수 있다.

고객 관점에서 이익이 제시되어야 한다

아까처럼 노트북을 구매하려는 고객이 있다. 그는 노트북을 구매할 때 어떤 부분을 가장 크게 고려할까? 브랜드, A/S, 가격, 디자인, 성능, 저장용량 등 여러 가지가 있다. 하지만 브랜드, A/S, 가격, 디자인, 성능, 저장용량 등은 보이는 현상일 뿐이다. 어쩌면 고객 중 많은 수가 좀 더 저렴한 비용으로 좀 더 빨리 일을 마칠 수 있는 노트북을 원하거나, 애플의 맥북처럼 가지고 다니면 자신이 돋보이는 물건을 원할 수도 있다.

인터넷이나 문서작업만을 하는 사용자에게 고성능의 그래픽 사양은 큰 의미가 없다. 반면, 게임을 즐기는 사람에게 저사양의 노트북은 무용지물이다. 즉, 사람들은 노트북 자체가 아니라 노트북의 소유와 사용으로부터 예상되는 결과물을 구매한다는 뜻이다. 고객의 마음속 노트북은 목표를 위한 하나의 수단에 지나지 않는다. 사람들은 상품이 아니라 자신의 문제에 대한 해결책을 구매한다고 표현하는 이유도 거기에 있다. 인터넷과 SNS를 통해 제품이나 서비스를 홍보하고자 한다면 제품이나 서비스 자체를 홍보하기보다는 그것을 소유하는 데 있어 받게 될 혜택과 기대되는 이익이 뭔지 말해 줄 수 있어야 한다.

고객이 기대하는 이익에는 몇 가지를 분리해 접근할 필요가 있다. 우선 상품이나 서비스가 가져야 하는 본원적 요소로 성능, 디자인, 품질 같은 기본적이고도 절대적인 항목이다. 음식점은 맛있어야 하고, 미용실은 고객이 원하는 형태로 미용 서비스를 제공해야 하는 것처럼 본원적 요소는 당연히 제공해야 하는 부분이다.

두 번째는 고객의 기대인데, 이는 상품에는 명시되어 있지 않으나 고객이 예상하는 상품의 일부분이라고 할 수 있다. 꽃집을 통해 화환을 보낼 때는 꽃이 가진 본원적 기능과 함께 예쁜 포장, 정확한 시간대 배송, 공손하며 바른 자세로 배달해 주기를 기대한다. 상품 자체에는 표기되어 있지 않으나 고객은 당연히 기대하는 사항이다. 이 같은 기대를 충족시켜 주지 못하면 재구매고객으로 이어지지 않는다.

세 번째는 부가적인 요소로, 고객이 원하는 수준 이상을 제공함을 의미한다. 식당이라면 고객 요청이 없어도 떨어진 반찬을 계속 채워준다거나, 맛있게 먹는 법을 가르쳐주는 등 고객이 원하는 그 이상을 한발 앞서 적극적인 자세로 서비스를 제공하는 일이 그에 해당한다.

고객 입장에서 기대되는 이익을 제시하려면 '우리가 판매하는 상품이나 서비스의 본원적 요소는 무엇인가?', '말이나 글로 표현하지 않았어도 고객이 당연히 기대하는 것은 무엇인가?', '판매하는 상품이나 서비스의 가치를 올리는 방법은 무엇인가?' 등에 답할 수 있어야 한다. 그러려면 온라인 마케팅을 진행하는 기업 스스로 소비자 편이 되어야 한다.

　고객 설득을 위한 메시지 중에는 '고객 만족을 위해서 최선을 다하는', '믿을 수 있는', '신뢰할 수 있는', '최고의', '최저의', '특허받은' 같은 단어들을 볼 수 있다. 대표적인 공급자 관점의 단어들이다. '믿을 수 있는'보다는 '30년 전통'이, '최저가'보다는 '3만 원 즉시 할인'이라고 해야 의미가 명확해진다. 고객들이 이해하기 어렵거나 분명치 않은 두루뭉술한 표현은 지양해야 한다. 누가 봐도 광고임을 알 수 있는 상황에서, 소비자가 아무리 착하다 해도 자신의 시간과 돈을 들여가면서까지 광고를 보거나 구매해 주지는 않는다.

　또 검색엔진최적화를 통해 블로그에 글을 올리는 일, 페이스북을 활용해 진행하는 광고 등은 누구나 몇 번만 해보면 진행 가능한 기능적 스킬이다. 이런 스킬 정도로는 몇 번의 홍보효과는 거둘 수 있을지 모르나 고객 설득의 본질적인 해답은 못 된다. 온라인을 활용한 홍보에 앞서 '누구에게 판매하는 게 좋을까?', '사람들이 내 서비스를 구매하는 이유는 무엇일까?', '구매하지 않는 이유는 무엇일까?', '경쟁자들은 어떻게 홍보하고 있을까?' 같은 근본적인 질문을 해보아야 한다. 고객들이 내가 판매하는 제품이나 서비스를 구매토록 하려면 그들의 구매 이유와 구매동기에 호소해야 한다. 이와 함께 고객들이 구매를 망설이거나 구매하지 않는 이유에 대해서도 철저히 파악해야 고객을 효과적으로 설득할 수 있다.

사람들은 일반적으로 익숙한 걸 좋아한다. 제품이나 서비스 구매에서도 이런 경향이 나타난다. 한 번 구매한 제품이나 서비스에 특별한 문제가 없는 한 고객은 지속적으로 구매한다는 뜻으로, 이는 특정 제품이나 서비스를 이용하고 있는 고객을 설득하기란 쉽지 않다는 말이기도 하다.

고객들은 자신의 상황을 나아지게 하는 뭔가에 관심을 가질 뿐이다. 따라서 판매하려는 제품이나 서비스가 고객의 일을 개선하는 도구로 활용되거나, 좀 더 저렴한 비용 혹은 좀 더 가치 있는 방식으로 고객에게 다가갈 수 있어야 한다. 그래야 당장 구매는 않더라도 우리 제품에 마음을 열고 귀를 기울이게 된다. 결국, 고객에게 초점을 맞추는 방법밖에는 없다.

소비자들은 변했다. 스마트폰을 통하면 거의 무료로 다양한 정보 취득이 가능하다. 판매자에 관한 다양한 정보를 자유롭게 수집할 수 있게 된 고객들은 기업이 일방적으로 제시하는 광고를 더이상 믿지도 받아들이지도 않는다. 내 제품을 누가, 왜 구매할지에 대해 심도 있게 고민하지 않은 상태에서 고객 만족을 외쳐대거나, 그럴듯한 미사여구로는 고객을 설득할 수 없다. 제품과 서비스가 넘쳐나는 시대에 다른 곳과 별반 차이가 없는 상품을 구매할 소비자는 없기 때문이다.

상품의 특징을
3차원으로 분해하라!

핵심편익, 유형제품, 확장제품

구매전환에 가장 크게 영향을 미치는 항목은 상세설명이다. 그렇다면 상세설명 작성은 어떻게 시작해야 할까? 앞에서도 얘기했듯 먼저 고객을 페르소나 형태로 명확히 정의해야 한다. 디지털 마케팅에서 다루는 대부분의 문제는 '누구에게 무슨 이야기를 할 것인가?'에 대한 내용이므로 고객이 명확해야 내용도 명확해진다. 고객을 '30대 여성'이라고 막연하게 정의하지 말고, '서울에 사는 35세, 김소영 씨'라고 구체적으로 정의해야 상세설명을 명확하게 작성할 수 있다는 말이다.

고객을 정의하고 나면 상품의 장점을 핵심편익, 유형제품, 확장제품 형태로 정리해 구분한다. 이때는 마케팅의 아버지 필립 코틀러(Philip Kotler)가 이야기한 제품의 3차원을 상세설명 작성에 응용하면 된다. 필립 코틀러는 "제품이란 흥미, 소유, 사용 또는 소비의 목적으로 시장에 제공되어 욕구 및 니즈를 만족시킬 수 있는 모든 것"이라고 정의하며, 제품의 본질을 이해하기 위해 핵심편익, 유형제품, 확장제품이라는 개념을 제시했다.

핵심편익이란 소비자들이 구매하려는 제품으로부터 기대하는 혜택을 의미하는데, 눈에 보이지 않는 개념의 형태일 경우가 많

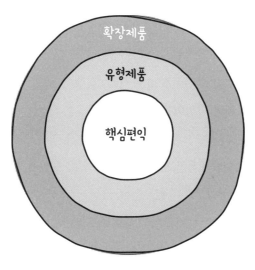

제품의 3차원

다. 스타벅스가 장소를 팔고, 오리온이 정(情)을 팔고, 할리데이비슨이 남성성과 저항정신을 파는 것과 같다. 눈에 보이지 않는 편익, 즉 고객이 제품을 사용함으로써 느끼는 경험을 판매한다.

유형제품은 핵심편익을 포장, 브랜드, 품질, 스타일, 특징 등으로 구체화한 개념이다. '저희 제품에는 이런 장점이 있습니다.'라는 스토리의 대부분을 말하며, 제품이 지닌 기능 발휘능력이 여기에 해당된다. 타 제품들과 구별되는 특징을 의미하기도 하며, 상세설명에서 가장 많은 비중을 차지한다. 스토리를 기획하고, 감성적인 메시지를 만들고, 사진과 동영상 등으로 상세설명을 구성하는 이유는 판매를 위함이다. 따라서 유형제품의 특성에 맞는 스토리 기획이 필요하다. 주의할 점은 스토리에 매몰되어서는 안 된다는 사실이다. 본질에서 벗어난 과도한 스토리 중심의 상세설명은 자칫 '감성팔이'로 폄하될 수 있기 때문이다. 스토리텔링이 마케팅에 있어 효과적인 장치이기는 하지만, 경쟁력 없는 상품을 판매되게 만드는 도깨비 방망이는 아니다.

확장제품은 배달, 보증, A/S 등과 같은 유형적 제품속성 외에 제품에 포함된 부가적인 서비스를 의미하며, 구매를 더 편하게 하는 데 목적이 있다. 최근에는 눈에 보이는 유형제품의 품질이 상향 평준화되면서 확장제품으로 차별화를 시도하는 경우가 많아지고 있다. 커피숍의 선택기준이 와이파이나 충전용 콘센트가 되는 것처럼 말이다.

다시 한 번 정리하면 이렇다. '핵심편익'이란 제품을 구입함으로써 얻는 '구매자의 이득'을 말한다. 노트북을 구매하는 사람이 노트북 자체를 가지려 하기보다 휴대성 좋은 업무처리 기기를 구매하려는 것과 같다. '유형제품'은 실제로 팔리는 제품 자체를 일컫는다. 디자인, 스타일, 품질, 포장, 브랜드처럼 눈으로 실제 확인할 수 있다. '확장제품'은 A/S, 보증, 배달, 설치, 대금 결제방식 등 추가적으로 소비자에게 제공되는 편리한 서비스나 혜택을 의미한다.

앞에서처럼 노트북을 구매하려는 사람의 흐름을 예로 들어 구성해 보자. 첫 번째로 제품의 핵심기능이 충족되는지 확인한다. 평상시에 들고 다니는 가방의 크기나, 자주 사용하는 소프트웨어를 기준으로 노트북을 검토하기 시작한다. 다음으로 제품의 기능적 특징을 포함한 실제적인 성능 및 삼성이나 LG 같은 브랜드, 외형 디자인, 저장용량, 가격 등이 구매의 기준이 된다. 마지막으로 삼성과 LG 중 어느 제품을 선택할지 망설여질 때는 부가기능을 살핀다. 카드할인이나, 할부조건, A/S 기간은 얼마이며, 당장 구매할 수 있는지 등을 검토한다.

그렇다면 기업은 제품전략을 어떻게 수립해야 할까? 노트북이라면 제품의 핵심에서는 11인치, 13인치, 15인치, 인터넷 서핑 정도의 간단한 업무처리용, 게임도 자유롭게 즐길 수 있는 고사양 등으로 세분화해 고객에게 제시할 수 있다. 그리고 제품의 실체에서는 고객의 디자인 취향을 좀 더 세밀히 나누고 이를 만족시킴으로써 판매를 늘려나간다. 마지막으로 구매의 결정적인 조건으로 고객이 무엇을 원하는지에 따라 6개월 무이자 할부, A/S 2년 보장, 당일 배송 서비스 등 부가서비스를 조절해 판매를 증대시킨다.

이처럼 기업은 제품을 바라보는 방식을 바꿈으로써 판매를 향상시킬 수는 있으나 경쟁자들의 벤치마킹으로 인해 영원히 지속할 수는 없다. 장기적으로 효과를 보려면 더욱 다양하고 경쟁력 있는 아이디어가 나와야 한다. 그러려면 '고객은 무엇을 사고자 하는가?'라는 본질적인 질문을 끊임없이 해야 한다. 고객은 제품 그 자체가 아니라 그것을 소비, 이용함으로써 얻어지는 효용을 추구하기 때문이다. 화장품을 사는 사람들은 아름다워지기 위함이고, 호텔을 예약하는 사람들은 편안한 휴식과 수면을 위해서다. 그리고 기업은 고객이 원하는 제품을 특성, 스타일, 브랜드, 포장, 가격 등을 가진 실제 상품으로 구현해야 한다.

상세설명을 매력적으로 도출한 예로는 애플의 맥북 노트북을 들 수 있다. 맥북이 제시하는 핵심가치는 "더 강할수록 더 유능하다는 진리"인데, 이를 뒷받침하기 위해 "최대 4.7GHz Turbo Boost 속도를 지원하는 쿼드 코어 Intel 프로세서", "여러 개의 전문가용 앱도 너끈한 최대 16GB 메모리", "업무 효율을 배가시켜주는 Touch bar와 Touch ID" 등 구체적인 상품정보를 보여준다. 또 맨 아래에는 "업무일 기준 무료 익일 배송, 도움이 필요하다면, 애플 스토어

앱, 온라인 개인 맞춤 세션" 같은 확장제품을 보여준다.

애플의 상세설명에는 기능을 감성적으로 표현하는 특징이 있다. "첨단 보안 기술. 당신의 손길이 열쇠가 되다."라는 메시지를 제시하고, "Touch ID로 MacBook Pro를 단번에 잠금 해제할 수 있습니다. 시스템 설정과 잠긴 메모도 빠르게 열어볼 수 있고, 사용자 전환 역시 번거롭지 않죠. 이 모든 게 손가락 터치 한 번이면 되니까요."처럼 사용자 관점에서 맥북의 강점을 표현한다.

이처럼 매력적인 상세설명을 하려면 상품의 특징을 명확히 분석해 보아야 한다. 상품을 핵심편익, 유형제품, 확장제품으로 분

분석요소	주요 내용
핵심편익	
유형제품	
확장제품	
기술적 특성	
기업의 신뢰성	
사람의 신뢰성	
사용자 후기	
구체적 성과	
기타	

제품의 특성 분석양식

해해 보고 이를 뒷받침하는 기술적 특징, 기업의 신뢰성, 사람의 신뢰성, 사용자 후기, 구체적 성과를 찾아보자. 우리의 장점을 보다 구체적으로 확인할 수 있다.

갖고 싶은 브랜드가 되어야 한다

제품마다 고유의 번호가 매겨진 에어조던 시리즈를 구매한 사람들은 운동화를 신고 밖으로 나갈 마음이 없다. 한정판인 에어조던 시리즈를 바라보는 것만으로도 행복하다. 이들은 운동화를 방 안에 모셔놓고 인스타그램에 사진을 올리며 끌어안고 잔다. 신발장에 있어야 할 운동화를 잠자는 방에 오롯이 전시해 놓은 이들에게 나이키는 가슴을 두근거리게 만드는 존재이다.

운동화는 운동할 때 신는 게 본래의 기능이다. 하지만 나이키 브랜드에 빠진 사람들은 소유 그 자체로 즐거움과 행복감을 느낀다. 나이키 운동화를 신으면 축구를, 농구를 더 잘할 것만 같다. 제품의 기능적 속성이 아니라 나이키라는 브랜드가 주는 즐거움이라는 감성을 소비한다.

브랜드는 기능적 가치 그 이상을 제공하는 데 중요한 역할을 한다. 스타벅스, 애플, 나이키 같은 브랜드 안에는 제품의 기능뿐만 아니라 다양한 감정과 상징이 숨어 있다. 소비자들은 자신이 원하는 감정과 상징을 소비하기 위해 기꺼이 더 많은 비용을 지불한다. 특정 브랜드를 사용함으로써 자신이 되고 싶은 모습으로 변모할 수 있다고 생각하기 때문이다. 브랜드는 현재 나의 모습을 반영하기도 하지만 되고자 하는 미래의 이상형을 반영하기도 한다. 기업들도 이러한 사실을 알고 브랜드에 다양한 감성적 요인들을 넣으려 노력한다.

브랜드에는 많은 정보가 함축적으로 담겨 있다. 순발력, 힘, 열정 등을 원하는 소비자들은 나이키 신발을 구매하고, 안정성이나 편안함 등을 원하는 소비자는 뉴발란스를 선택한다. 브랜드는 그렇게 곧 자신이 된다.

이처럼 사람들은 브랜드를 통해 자신을 표현한다. 몰스킨에 메모하는 사진이나, 스타벅스에서 커피 마시는 사진 등을 소셜미디어에 올리는 행위가 대표적이다. 이를 '사회적 지위의 간접 표명 심리'라고 하는데, 외모든 재력이든 명성이든 재능이든 타인에게 자신을 드러내고 싶은 사람들의 심리를 말한다. 일상의 작은 사치일지라도 말이다.

반면, 한편으론 '겸손해야 한다.'고 배워온 데다 타인의 시선이 부담스러워 애써 자신을 드러내지 않을 때도 있다. 그러다 보니 마음속 자신을 드러내고 싶은 심리와 사회적 지탄을 받을지도 모른다는 우려가 충돌한다. 그러면 간접적으로 사회적 지위를 드러낼 수 있는 도구나 매개체가 필요해지는데, 바로 이때 브랜드가 그 욕구를 채워준다.

브랜드는 다른 상품과의 차이점을 식별하기 위해 붙여진 이름이지만 구매의 효율성도 높여준다. 우리는 나이키라는 이유로, 스타벅스라는 이유로, 애플이라는 이유만으로 구매를 결정하고는 한다. 제품의 품질을 보증하는 역할을 하기 때문이다. 이처럼 브랜드에는 고객에게 일정한 품질을 보증하고 가치를 제공하겠다는 약속이 깔려 있지만, 제품의 질보다 브랜드로 차별화가 이루어질 때도 많다. 물론, 그만큼 강력한 브랜드를 만들려면 오랜 시간에 걸친 꾸준한 노력이 필요하다.

브랜드는 기업이 소비자에게 하는 차별적 약속이다. 소비자들은 해당 브랜드가 이야기하는 신뢰, 혁신, 우아함, 튼튼함, 건강함 등을 믿고 구매하므로, 튼튼한 브랜드를 구축하면 하나의 카테고리에서 독점기업이 될 수 있다.

소비자 측면에서 브랜드가 중요한 이유는 구매에 따른 위험부담을 감소시킬 뿐만 아니라 구매의사 결정을 단순화할 수 있기 때문이다. 또 브랜드마다 상징적인 의미가 있어 이를 통해 자신을 표현하고 싶은 욕구를 충족시킬 수 있다. 제품과 서비스가 넘치는 시대인 지금 소비자들은 너무 많은 선택 앞에서 매번 새로운 정보처리를 하기보다는 브랜드로 소비를 한다.

기업 입장에서도 브랜드는 차별화를 위한 효과적인 수단이다. 기술발전으로 제품과 서비스 간 기능적 차이는 줄어들었다. 하지만 브랜드가 제공하는 정서적, 사회적 가치는 여전히 효과적인 차별화 수단으로 작용한다.

소비자들은 제품의 기능뿐만 아니라 브랜드가 자신에게 제공하는 심리적 안정감, 사회적 자아 등도 중요하게 생각한다. 이 같은 혜택이 클수록 소비자들의 브랜드 선호와 반복구매가 이루어지는 이유가 거기에 있다.

브랜드는 단지 상품의 이름만을 의미하지 않는다. 특정 기업의 상품을 다른 기업의 그것과 구별하기 위해 상품의 특징을 잘 나타내는 이름, 로고, 디자인, 색상, 이미지 등을 결합한 총합의 개념이다. 제품의 기능적 조합에 브랜드만이 가진 감성과 개성을 입힘으로써 정서적, 사회적 가치를 제공한다. 루이비통 가방이나 동대문시장에서 판매하는 가방이나 기능적인 특징에는 큰 차이가 없다. 하지만 루이비통 가방을 드는 순간 스스로의 가치가 더 높아지는 듯한 경험을 하게 되는데, 바로 루이비통의 정서적, 사회적 가치 때문이다.

기업이 이만큼의 브랜드 이미지를 쌓아 올리는 데까지는 많은 마케팅 노력과 투자가 들어가지만, 일단 잘 구축되면 상품을 높은 가격에 판매할 수 있고, 마케팅 비용도 절감할 수 있다. 같은 브랜드명을 이용한 상품 카테고리 확장도 가능하다. 이는 브랜드 확장의 기초 자산으로 기업에게 큰 힘이 된다. 시장에서 잘 쌓아 올린 브랜드 이미지를 브랜드 자산이라고 하는 이유는 그 때문이다.

기업의 목표는 고객가치 창출을 통해 이윤을 만들어내는 데 있다. 고객들 생각에 가치 있는 상품이나 서비스를 고객에게 제공하고 돈을 번다. 하지만 가치가 아무리 월등한 상품이라도 고객들이 알지 못하거나 설득할 수 없다면 진흙 속의 진주에 지나지 않는다. 상품의 가치를 형성해 나아갈 뿐만 아니라 고객들을 설득해 그 가치를 전달하는 중요한 매개체가 바로 '브랜드'인 것이다.

구매전환이 높은
상세페이지의 조건

논리보다는 감성으로, 슬로건!

슬로건, 메인 타이틀, 캐치카피, 헤드라인 등은 광고나 캠페인 활동에서 고객의 시선을 사로잡는 짧은 문장으로, 나이키의 "저스트 두 잇!(Just Do It!)", 애플의 "다르게 생각하라(Think Different)" 처럼 기업의 정체성을 반영하면서 소비자로부터 구매를 끌어내는 중요한 요소로 활용된다.

슬로건은 기업과 판매자가 원하는 대로 소비자행동을 유발시키는 소비자의 급소, 즉 감정의 중심축을 찌를 수 있어야 한다. 재치나 글재주를 부리기보다 진실성을 담아 만들어야 고객의 공감을 얻는다. 진실하지 못하면 공감은커녕 설득조차 불가능하다.

기업의 슬로건은 목표시장과 고객에 대한 이해를 바탕으로 만들어야 한다. 10대에게 상품을 판매하는 쇼핑몰은 10대의 마음으로, 50대에게 제품을 판매하는 쇼핑몰은 50대의 마음으로 슬로건을 작성해야 한다. 슬로건은 그럴싸한 미사여구를 찾는 작업이 아니다. 기업과 쇼핑몰의 정체성을 반영하는 작업이다. "나를 위한 패션, 즐겨 찾기 쉽게", "넘치는 쇼핑몰 중 진짜 예쁜 것만 스마트하게!"는 여성 쇼핑몰을 한 번에 모아주는 앱인 '지그재그'의 슬로건이고, "셀럽의 스타일을 쇼핑하다"는 블로그, 인스타그램, 유튜브 등 흩어져 있던 개인 셀러들을 한곳에 모은 '에이블리'의 슬로건인데, 모두 자신들의 서비스 특성을 정확하게 반영하고 있다.

이처럼 콘텐츠 제작, 캠페인 진행, 광고 진행 시 헤드라인과 서브카피, 상세설명 등에 광범위하게 사용되는 슬로건은 소비자에게 왜 해당 상품이나 브랜드를 구매해야 하는지를 보여준다. 따라서 경쟁사가 카피할 수 없는 원천적인 고유성을 가져야 한다. '고객 만족을 위해 최선을 다하는', '믿을 수 있는', '신뢰할 수 있는', '대한민국 No. 1'처럼 누구나 사용할 수 있는 일반적인 표현은 적절치 않다.

사람들이 제품과 서비스를 구매하는 이유는 필요하기 때문이 아니라 원하기 때문인 경우가 많다. 제품과 서비스의 소비가 이성이 아닌 감성으로 이루어지고 있기 때문이다. 온라인에서 운동화를 구매한 친구에게 이유를 물어보면 '디자인이 예쁘다.'거나, '꼭 사고 싶었는데 세일을 했다.'거나, '자신이 좋아하는 브랜드라서' 등 나름의 합리적인 이유를 말할 것이다. 하지만 그것은 구매한 사람만의 이유일 뿐 모든 이들에게 통용되는 이유는 아니다. 자신이 원하는 이유를 충족했기 때문에 산다는 뜻이다.

누구나 할 수 있는 이야기, 근거 없는 이야기, 1위 업체가 사용하고 있는 이야기로는 소비자의 주목을 얻을 수 없다. 1위 업체가 사용하는 슬로건을 빼앗기 위해 엄청난 물량공세를 퍼붓는다 해도 소비자는 1위만을 기억하게 되어 있다. 그러므로 슬로건은 벤치마킹이 아닌 차별성에 근거해 만들어야 한다. 그렇다고 자극적이거나 과장해서는 안 된다. 다소 투박하더라도 기업과 쇼핑몰의 메시지를 일관성 있게 사용해야 한다. 그리고 제품에 대한 정확한 정보를 근거 있게, 리듬감 있게, 짧게 제시해야 좋은 효과가 나타난다. 소비자에게 선택 가능한 대안은 무수히 많다.

소비자를 설득하는 첫 번째 요소, 헤드라인

슬로건과 유사한 개념으로 헤드라인이 있다. 공통으로 사용하기도 하고 구분하기도 한다. 《현대 광고와 카피 전략》(강상구 외 공저)에서는 헤드라인과 슬로건을 이렇게 구분한다.

"헤드라인은 보디카피의 바로 위나 맨 처음 눈에 띄는 곳에 위치한다. 주로 보디카피로 소비자의 주의를 유인하는 설득 광고의 요소이다. 반면에 슬로건은 어느 곳에나 위치하여 그 자체가 기억에 남도록 반복적으로 사용되는 이미지 광고라 할 수 있다. 그래서 슬로건은 소비자 입장에서 전달하는 내용을 마무리한다. 즉, 슬로건은 논리보다는 감정으로, 마음속으로 중얼거리는 것이 아니라 소리를 내어서, 결국 감정이 음으로 나타나는 것이다."

헤드라인은 상품이나 서비스의 특징이 명확하게 전달되어야 한다. 많은 사랑을 받는 애플워치를 예로 들어보자. 애플은 "이런 시계 또 없습니다."라는 메시지를 바탕으로 "이 시계는 늘 깨어 있는 디스플레이를 가졌습니다.", "취향대로 커스터마이징할 수 있습니다.", "당신의 심장에 귀를 기울이는 앱들과 함께합니다." 같은 메시지를 제시한다. 헤드라인과 서브카피로 시선을 잡아놓고 다음 문장을 읽게 만든다. 처음부터 상품명이나 장황한 설명으로 들어가기보다 고객의 마음을 사로잡는 상품의 특징, 효과 등을 짧은 문장으로 표현한다. 애플의 이런 메시지는 대부분의 언론 및 매체에서 그대로 인용해 재사용하면서 소비자에게 강렬하면서도 인상적이라는 인식을 심어주었다.

일반적으로 활용되는 헤드라인으로는 '30세 이하는 절대로 보지 마세요.'처럼 목표고객에게 직접 호소하는 방식, '강남에 사시는 분들에게만 드리는 혜택'처럼 특정 지역의 우월감을 활용하는 방식, '30만 원 이상 구매고객에게 드리는 특전'처럼 조건을 달아 고객을 선별하는 방식, '내 친구는 어떻게 다이어트를 했을까?'처럼 고객에게 질문하는 방식, '5kg 이상 빠지지 않으면 100% 환불해 드립니다.'처럼 구체적인 숫자를 명시하는 방식, '이모티콘 하나로 사랑을 전달할 수 있습니다.'처럼 고객의 금전 의식에 호소하는 방식, '응모자 전원 100% 경품 당첨'처럼 무료, 선물, 할인을 강조하는 방식, '전단지 쿠폰을 가져오시면 10% 할인'처럼 기간이나 장소, 상품을 한정하는 방식, '피부가 몰라보게 좋아졌어요! 삼성동 거주 김영미 씨, 35세'처럼 손님의 목소리를 직접 활용하는 방식, '100일 파티 장소 선택, 실패하지 않는 5가지 포인트'처럼 구체적인 노하우를 전달하는 방식, '헤어디자이너가 이 샴푸를 추천하는 3가지 이유'처럼 분명한 배경과 이유를 제시하는 방식이 있다.

헤드라인을 보충하는 소제목도 필요하다. 신문 같은 경우, 처음부터 끝까지 정독하지 않는다. 일반적으로 제목과 소제목만 훑어보다 눈길을 끄는 기사만 읽는다. 전체를 읽지 않고도 전체 내용을 파악할 수 있는 소제목은 본문에 담긴 여러 내용을 통합하는 기능과 함께 복잡한 본문을 깔끔하게 보여주는 효과를 발휘할 뿐만 아니라 글쓴이의 논지를 놓치지 않도록 도와주면서 독자의 이탈을 막는다.

따라서 고객의 시선을 잡을 수 있는 헤드라인을 도출했다면 소제목을 활용해 이를 보충해야 한다. 홍보 내용을 일목요연하게 보여줌으로써 소비자가 소제목만 보고도 아래의 글이 말하고자 하는 중심을 단번에 알아채고 곧바로 정보를 찾아보도록 구성하는 게 중요하다. 그런 측면에서 신문은 소제목을 가장 효과적으로 사용하는 매체라고 할 수 있다.

소제목은 개요를 작성할 것, 한 문단에 한 생각을 법칙처럼 정하고 문장을 쓸 것, 큰 제목과 작은 제목을 하나의 명제로 만들 것 등 논리적이고 유기적이며 차별화된 일정한 규칙과 패턴을 갖추어야 한다. 그렇다고 멋진 문장이나 구조, 형식을 따라야 한다는 말은 아니다. 내가 무슨 말을 하는지가 명확히 드러나면 된다. 블로그, 홈페이지 등에 올리는 콘텐츠라면 검색이 되도록 키워드도 배치하는 게 좋다.

헤드라인은 글자 크기, 폰트, 색상, 배치 등도 전달코자 하는 메시지 못지않게 고민해야 한다. 보통은 글자 수에 비해 가장 큰 면적을 차지하는 헤드라인에 치중하다 보면 상품의 중요한 특성이 생략될 수도 있다.

리드카피, 본문 카피, 요청 또는 제안

헤드라인은 상품의 속성을 짧은 문장으로 구성하다 보니 보충 설명이 필요한데, 이를 리드카피 또는 서브 헤드라인이라고 부른다. 헤드라인이 제목이라면 부제에 해당하는 리드카피는 상품과 서비스를 구체적으로 설명하는 보디카피와 헤드라인의 연결 역할을 한다. 헤드라인으로 고객의 시선을 잡았다면 리드카피를 통해 상품이나 서비스에 관한 관심을 연장시켜야 한다. 다이어트 상품이라면 효과적인 운동방법을 소개한다거나, 온라인에서 제공되는 트레이너 제도 등 경쟁상품과 차별화된 서비스를 소개하면서 헤드라인의 내용을 보완해 주는 식이다.

또 상품 및 서비스를 조목조목 설명함으로써 구매로 전환되도록 설득하는 장치인 본문 카피는 고객에게 상품이나 서비스의 구체적인 정보를 제시해야 한다. 사진, 이미지, 동영상 등을 이용하면 보다 효과적인데, 정확한 정보 전달을 위해 이때의 표현은 가능하면 미사여구보다는 사실적이고도 알기 쉬우며 감성적인 게 좋다. 상품의 품질이 상향 평준화되면서 사람들은 기능적 품질의 우수성만으로는 구매하지 않기 때문이다.

사람들이 많이 지나다니는 강남역에서 꽃을 파는 두 사람이 있다. 한 사람은 지나가는 연인들에게 "장미꽃 사세요! 한 송이에 천 원입니다."라며 꽃을 팔았고, 다른 한 사람은 "사랑 한 송이에 천 원입니다."라며 꽃을 팔았다. 두 사람 중 누구의 판매량이 많았을까? 판매자 입장에서 판 앞사람보다 소비자 입장에서 판 뒷사람이다. 앞사람은 꽃이라는 제품을, 뒷사람은 꽃이 주는 물리적인 이익에다 심리적인 이익까지 포함해 팔았으니 당연한 일 아닌가!

마케팅은 장미꽃 판매와 같다. 기업 편에서 일방적으로 상품을 사라고 강요하는 게 아니라 고객 편에서 고객의 문제를 해결해 주는 작업이다. 옷보다는 멋진 스타일과 매력적인 외모를, 책보다는 즐거운 시간과 유익한 지식을, 비행기 티켓보다는 목적지에 빠르고 안전하게 정해진 시간에 도착할 수 있다는 믿음과 약속을 팔아야 한다.

본문 카피에 더해지는 본문 내용에는 구체적인 요청과 제안이 필요하다. 온라인 마케팅을 진행하는 궁극의 목적은 상품이나 서비스를 사도록 하기 위함이다. 그러려면 '지금 구매하세요', '상품 소개서 다운로드' 같은 구체적인 요청이나 제안이 필수적이다. 필요에 따라서는 '20% 할인', '선착순 ○○명 무료 체험', '경품 제공' 같은 특전을 주면서 어떠한 혜택이 있는지 등 고객의 마음을 끌어당기는 요소를 가미해 당장 구매하라는 메시지를 보내야 한다.

고객들로 하여금 요청이나 제안에 빠르게 응답하도록 만들기 위해서는 전화번호, 이메일, 오프라인 매장 주소, 찾아오는 방법 등의 접근요소가 중요하다. 상품이나 서비스에 대해 문의할 방법을 쉽게 찾을 수 있어야 목적 달성이 가능하다. 이 같은 접근요소는 하나가 아니라 가능한 복수로 제공해야 하며, 오프라인 매장 같은 지도정보에는 단순히 목적지만을 표시하기보다 누구라도 금방 알 수 있는 역이나 빌딩을 표시한 다음 화살표로 방향을 알려주어야 한다.

페이지를 어떻게 구성할 것인가?

홈페이지나 쇼핑몰 제작에서 중요하게 고려할 또 한 부분이 레이아웃이다. 여기에는 이미지나 글씨의 배치 등이 포함된다. 과거에는 PC 기준으로 레이아웃을 구성한 후 모바일 버전을 만들었다. 하지만 정보탐색에서 상품구매까지 모든 면에서 모바일 사용자가 PC 사용자를 넘어선 지금은 모든 걸 모바일 중심으로 구성해야 한다.

모바일 사이트 구성방법에는 웹과는 다른 애플리케이션을 별도로 제작하는 방법과 반응형 웹, 적응형 웹 등의 세 가지 옵션이 존재한다. 반응형 웹은 기기별 스타일(CSS)만 다르게 적용해 레이아웃, 글꼴 속성, 이미지 크기 등이 화면 해상도에 대응하도록 만드는 방식이다. 그리고 적응형 웹은 미리 정해진 몇 가지 크기의 사이즈를 기준으로 화면을 구성하는 방식인데, PC와 모바일 등 기기에 맞는 사이즈를 별도로 구축하므로 디자인과 사용자 인터페이스 등에서 반응형 웹보다 자유롭다.

가장 많이 사용되는 워드프레스, 카페24 등의 솔루션은 반응협 웹과 적응형 웹 모두를 지원한다. 반응형 홈페이지는 하나의 소스를 수정하면 모든 기기 사이즈에 맞추어 콘텐츠가 최적화되기 때문에 유지보수가 효율적이다. 또 사용자 편에서도 PC나 스마트폰 같은 기기에 구애받지 않고 항상 동일한 서비스를 이용할 수 있다는 장점이 있다. 반면, 쇼핑몰처럼 많은 양의 정보를 한 화면에 보여주어야 한다면 반응형 웹은 접근성이 떨어져 오히려 비효율적이다. 이런 필요에 의해 PC 버전과 모바일 버전을 따로 제작하는데, 이를 적응형 웹이라고 하며, 크기가 고정되어 있어 반응형 웹보다 제작이 비교적 쉽다.

반응형 웹이든 적응형 웹이든 레이아웃은 모바일 중심으로 구성해야 한다. 모바일에서는 PC와 달리 처음부터 끝까지 내용을 읽지 않고 손가락으로 스크롤하면서 관심 가는 부분만 집중적으로 읽는다. 이때의 시선도 책 읽듯 왼쪽에서 오른쪽으로 읽는다거나 위에서 아래로 읽는다는 보장이 없다. 따라서 일정한 순서를 정하기보다는 시선 이동이 쉽도록 디자인해야 한다.

홈페이지나 쇼핑몰 레이아웃은 일정 패턴을 유지해야 1인당 구매금액의 객단가를 높일 수 있다. 새로운 느낌을 주기 위해 여러 가지 레이아웃이나 컬러, 폰트 등을 사용하면 오히려 혼란스

럽기만 하다. 판매하는 상품이 많고, 각각의 특성이 다르다면 몇 개의 정해진 레이아웃을 정해 그 패턴에 맞춤으로써 일관성을 유지하는 게 좋다. 온라인에서는 노출이 아니라 구매로의 전환이 중요하다.

많은 양의 정보를 제공할 때는 관련 항목끼리 모아 배치하는 방법도 필요하다. 그룹으로 묶어 같이 놓으면 헤드라인이나 서브카피만으로도 한눈에 내용 파악이 가능하다. 그룹 구분에는 공간을 활용하는 방법과 색상으로 구분하는 방법이 있다. 색상으로 구분하면 각 그룹을 단번에 알아볼 수 있다. 특히, 같은 그룹 안에서 다시 그룹화할 때는 색으로 구분하는 방식이 좋다. 문장 전체가 아닌 타이틀만 색을 일치시켜도 읽기 쉬워진다. 가짓수가 많다면 대분류, 중분류, 소분류로 나누어 그룹화해 상세설명 등을 배치하면 보는 사람이 내용을 파악하기가 쉽다.

또 레이아웃에서 중요한 요소 중 하나가 여백이다. 상세설명으로 꽉 채운다고 메시지 전달이 잘되는 게 아니다. 여백이 너무 없으면 답답해 읽기 불편할 뿐만 아니라 집중력이 떨어진다. 한 페이지 내에 많은 정보를 전달하려는 운영자의 욕심은 좀처럼 아름다운 여백을 남기지 못한다. 여백이 있어야 콘텐츠가 숨을 쉬고 조화로워진다. 시각적인 안정감과 전체적인 통일감을 구현함으로써 시선 유도 역할을 하는 여백은 다른 구성요소들을 배치하고 남은 공간이 아니라 다른 요소들과 같은 비중으로 취급해야 한다.

문자와 문자, 문자와 그림 사이에 적절히 여백을 배치한 레이아웃은 보기에도 매우 편하다.

그룹화를 위해 테두리를 그린 후 테두리 안에 단어나 문장을 넣을 때도 마찬가지다. 테두리와 글자가 너무 붙지 않아야 한다. 너무 가까우면 테두리 근처에 있는 문장 읽기가 불편해진다.

전달하려는 메시지를 돋보이게 만드는 역할이 여백이다. 화면을 빽빽이 채우려 욕심내지 말고 여백을 충분히 활용해 내용의 가독성을 높여야 한다.

시선 흐름을 기본으로

레이아웃은 시선 흐름에 기본해 잡아야 한다. 이를 '아이 플로우(Eye Flow)'라고 한다. PC에서의 자연스러운 흐름은 가로 문장은 Z 방향, 세로는 N 방향이 일반적이다. 화면이 작은 모바일은 일반적으로 위에서 아래로 훑는다. 특별한 상황이 아니라면 이 흐름에 따라 사람 시선이 흐트러지지 않게 가지런한 느낌이 들도록 배치해야 보기 편하다.

또 대칭과 비대칭 패턴, 삼각형과 역삼각형 패턴, 가장자리 활용 패턴, 가로 분할 패턴, 세로 분할 패턴 등을 레이아웃으로 잡을 수도 있다.

대칭과 비대칭은 어디에 균형을 두는가에 따라 다르다. 대개 오래된 건물이나 사찰, 신전 등 대칭형은 좌우 균형이 맞아 안정감이 있는 반면, 단조로워 역동성이 떨어지는 느낌을 받는다. 그런 이유에서 창의적인 상품들은 비대칭형 레이아웃을 선택하기도 하는데, 균형이 맞지 않아 불안정해 보이긴 하나 보다 더 역동적인 느낌을 전달할 수 있다. 따라서 안정감이나 신뢰감을 주어야 하는 상품이라면 대칭형이, 역동성을 강조하고자 하는 상품이라면 비대칭형 레이아웃이 좋다.

상세설명은 삼각형과 역삼각형 패턴의 디자인을 많이 활용한다. 상단에 메시지를 제시하고 하단에 관련 이미지를 넣는 방식이 삼각형 구도, 이미지를 넣고 하단에 글자를 넣어 설명하는 방식이 역삼각형 구도이다. 삼각형 구도는 안정감을 주고 역삼각형 구도는 역동감을 준다. 전달하려는 메시지에 따라 구도를 정하면 된다.

가장자리 활용 패턴은 상세설명 중앙과 상하좌우의 일부를 활용하는 레이아웃이다. 상세설명 중앙에 헤드라인 메시지와 이미지를 배치하고, 주변에 상품의 주요 특성, 연락처, 찾아오는 방법 등을 넣는다. 필요에 따라 좌우를 함께 사용할 수도 있다. 가장자리 활용 패턴 레이아웃은 감각에 호소하는 상품에 적합하다.

가로 분할 패턴은 왼쪽에서 오른쪽으로 읽는 '아이 플로우(Eye Flow)' 방식으로 많은 양의 정보를 전달할 때 유용하다. 상단에 강렬한 헤드라인을 넣고 아래에 추가적인 설명이나 이미지, 동영상 등을 넣는데, 가장 일반적인 레이아웃이기도 하다.

세로 분할 패턴은 두 가지 상품의 장단점을 비교할 때 주로 활용한다. 상품을 카테고리로 나누어 배치하기에 용이하다. 상품 정보를 한눈에 파악하기 쉽다는 장점이 있지만, 많은 정보를 전달하는 과정에서 집중도가 떨어질 수 있다는 단점도 고려해야 한다.

색을 밝히면 돈이 보인다

컬러가 구매에 영향을 미친다는 건 이미 검증된 사실이다. 컬러 엑스포(Color Expo) 사무국이 조사한 결과 제품을 구매할 때 시각에 의존하는 비율이 93%에 달했고, 구매자의 85%는 구매의 중요 동기가 컬러라고 답했다. 미국 시카고에 있는 컬러 컨설팅 전문업체인 컬러 커뮤니케이션(CCI)은 색깔이 소비자의 의사결정 과정에 영향을 미칠 뿐만 아니라 그 과정을 이끈다고 강조했다. 이처럼 컬러는 글로는 표현되지 않는 모든 소비자들의 언어로, 디자인의 여러 요소 중에서도 시각적 이미지 결정에 가장 큰 영향력을 지닌 요소이다. 또한, 심리적이며 물리적인 존재로서 무의식을 지배하고, 마음을 끌어당겨 감성을 자극함으로써 행동을 불러일으킨다.

컬러를 중요시하는 경향은 젊은 세대에서 특히 높게 나타난다.

영상 콘텐츠와 각종 멀티미디어 기기에 익숙한 젊은이들은 기존 제품의 획일적인 컬러를 거부하고 자신을 표현하는 자신만의 컬러를 요구한다. 개성이 강하고 개별 맞춤 서비스에 익숙한 젊은 세대를 대상으로 판매하는 기업이라면 상품에 디자인 못지않게 독특하거나 매치가 잘된 컬러를 입혀야 한다. 컬러는 상품에 매력을 더하는 것은 물론, 컬러가 주는 상징적, 심리적 요소들로 소비자의 구매를 자극하는 효과적인 수단이기 때문이다.

또 로욜라 대학의 메릴랜드 연구(Maryland study)에 의하면 컬러가 브랜드 인지도를 80%까지 높인다는 결과가 나타났다. 기업은 이런 색의 심리적 속성을 이용해 브랜드와 제품의 정체성을 알리는 데 활용해야 한다.

컬러의 효과적인 사용은 온라인 마케팅에서도 중요하다. 좋은 홈페이지는 잘 꾸며진 집처럼 일관성이 느껴지면서 개성 넘치는 변화를 추구하지만, 잘못된 홈페이지는 화려한 이미지만으로 소비자를 혼란에 빠뜨리곤 한다. 그리고 보통 홈페이지 등에 올리는 텍스트는 검정을 기본으로 하며, 눈에 띄게 보여주고 싶은 곳은 다른 색상을 사용하거나 굵은 문자, 밑줄, 변화된 폰트 등으로 차별화한다.

색깔을 효율적으로 활용하려면 첫 번째, 색으로 제품과 브랜드의 인상을 심어야 한다. 네이버 하면 녹색이 연상되고, 페이스북

하면 로고의 파란색이 연상되듯 하나의 컬러는 하나의 기업을 대변하는 메시지를 담는다.

두 번째, 색으로 제품의 특징을 파악하게 만들어야 한다. 청소기를 판매한다면 흰색이나 베이지색 같은 파스텔 컬러를 사용하는 게 좋다. 가볍고 심플한 청소기를 선호하는 소비자에게 가볍다는 느낌을 주기 때문이다. 반면, 자동차용 청소기를 판매한다면 중요한 특징인 파워를 나타내는 흑회색이나 진한 회색 또는 빨간색이 효과적이다.

세 번째, 색상을 배제하더라도 알 수 있게 구성해야 한다. 색상으로만 제품에 대한 이미지 및 정보를 전달하려 한다면, 특정한 색상을 구별할 수 없거나 흑백 인쇄물을 보는 사용자에게는 무용지물이 되므로 기호, 마크업, 언어적인 설명 등 색상 이외의 요소를 겸해 사용해야 한다. 따라서 여성의류 쇼핑몰에서 티셔츠를 판매할 때는 제품 사진과 함께 반드시 색상을 텍스트로 제공해야 하며, 제품 구매 시 필수 입력사항을 받는 부분에도 빨간색 또는 진한 글씨체와 함께 특정 기호를 넣어 설명하는 것이 좋다.

네 번째, 전경색과 배경색이 보다 명확히 구분되도록 배색에도 신경 써야 한다. 명도 대비가 낮은 색의 조합은 피해야 한다. 노란색과 흰색, 짙은 회색과 검정, 짙은 파랑과 검정, 빨간색과 검정, 짙은 빨강과 검정, 빨강과 짙은 파랑 등이 해당한다.

컬러 마케팅에 성공한 사례로는 하이트진로의 '테라'와 '진로이즈백', 삼성전자의 '비스포크'가 있다. 테라는 초록색 병을 통해 소비자에게 새로운 제품으로 각인되었고, 진로이즈백은 투명한 소주병에 하늘색 라벨의 컬러로 차별화에 성공했다는 평가를 받는다. 비스포크는 기존 냉장고에 없던 밝고 다채로운 색으로 시선을 사로잡으면서 젊은 신혼부부들의 감성을 자극하는 방식으로 취향을 저격했다.

컬러는 브랜드나 제품에 새로움을 부여하고 차별화하는 강력한 전략이다. 차별화된 컬러는 소비자의 시각적 영역을 효과적으로 자극해 브랜드를 빠르게 각인시킨다. 그렇게 소비자의 선호와 구매에 영향을 줌으로써 결과적으로 경쟁 우위에 설 기회를 제공한다. 각각의 컬러가 연상시키는 느낌(부록 참조)을 확인하고 유행하는 색을 분석해 보다 더 적극적이고 폭넓게 컬러를 적용하는 전략을 구사해야 한다.

한 사람만 설득한다는 마음으로

'모두에게 판매할 수 있다는 말은 아무에게도 판매할 수 없다.'는 말과 같다. 예를 들어보자. 수십 년 전만 해도 일상생활에서 사용하는 치약의 종류는 많지 않았다. 하지만 이제는 충치, 잇몸

병, 치석, 시림, 성장기 어린이 등의 구분 속에서도 각각의 종류가 수십 가지가 넘는다. 이러한 현상은 소비재에서 더 크게 나타난다. 애플워치를 찬 손으로 아이폰을 들고, 가방에는 아이패드와 맥북을 넣고 다닌다. 아이폰, 아이패드, 맥북, 애플워치를 동시에 사용하는 사람에게 "그것들을 다 사용하세요?"라고 물어보면 각각 어떤 역할을 하고 어떠한 편리함을 주는지 장황하게 설명한다. 시장이 점점 세분화되어 가는 것이다.

시장이 세분화되는 가장 큰 이유는 먹고살 만하기 때문이다. 삶의 질이 윤택해졌다는 표현을 쓰기도 한다. 소득수준이 높아지고 먹고살 만해지면서 사소한 하나라도 내가 좋아하고 나와 맞는 것을 소비한다. 이는 과거처럼 기업이 하나의 상품을 여러 사람에게 동시에 어필하는 시대가 끝나감을 의미한다.

판매자가 보기에는 모두에게 판매할 수 있을 것 같지만 고객들은 자신의 문제에만 관심을 보인다. 따라서 상세설명은 모두가 아닌 한 사람에게만 판매한다는 마음으로 작성해야 한다. 그런 측면에서 고객을 누구로 정하느냐에 따라 디자인과 사용하는 단어, 이미지, 문장 등이 달라질 수밖에 없다. 만약 다이어트 식품을 판매하는 기업이라면 정해진 고객에 따라 "다이어트의 출발은 음식입니다." 같은 메시지와 콘텐츠 구성도 가능하다.

상세설명은 철저히 고객 관점에서 만들어져야 한다. 가격, 시간 절약, 편리함, 우월감, 가족애 등이 그것이다. '품질'은 고객 관점에서는 이익이 아님을 알아야 한다. 음식점에서 당연히 갖추어야 할 본원적 특성인 맛의 우수성만으로는 고객의 행동을 끌어내기에 한계가 있다. 구매에 다가가도록 하려면 우리의 상품이 고객의 문제를 해결하는 최선의 방법임을 납득시켜야 한다.

상품판매와 함께 제공되는 서비스도 고객 관점에서는 이익이 아니다. 품질처럼 당연히 제공되어야 하는 본원적 특성에 해당하기 때문이다. 상품을 구매하는 고객들은 그에 상응하는 서비스는 당연하다고 생각한다. 뛰어난 서비스를 제공하기 때문에 우리 상품을 구매하는 게 아니라는 말이다.

헤드라인에도 상품의 특성을 반영해야 한다. 넘쳐나는 콘텐츠 중에 고객의 선택을 받을 수 있는 첫 번째 장치가 헤드라인이다. 온라인 마케팅에서는 특정한 이야기를 읽도록 유도하는 헤드라인의 역할이 매우 중요하다. 현대 광고의 아버지라 불리는 데이비드 오길비(David Ogilvy)는 "헤드라인에서 뭔가를 팔지 못하면 당신은 광고주의 돈을 80%나 낭비한 셈"이라고 말하기도 했다. 헤드라인의 역할이 그만큼 중요하다는 뜻이다.

또 문장들은 짧고 간결하면서도 명확해야 한다. 스마트폰으로 콘텐츠를 소비할 때는 집중도가 그리 길지 않으므로 전달코자 하는 내용을 짧게 압축해 간결하게 정리해야 한다. 강조하고자 하는 단어를 별도의 색상으로 처리하거나 크기 및 굵기 등을 변화시키는 작업도 필요하다. 문장이 길거나 예시가 있을 때는 길게 서술

하기보다 개조식으로 끊어서 표현해야 효과적이다. 또 같은 숫자라도 할인율(%)만 표시하지 말고 구체적인 판매가격을 제시해야 한다.

때로는 이미지 한 장이 모두를 설명할 때도 있다. 성형외과에서 사용하는 성형 전과 후의 사진, 헬스장의 다이어트 전과 후의 사진, 인테리어 업체의 리모델링 전과 후의 사진, 배달 음식점의 음식과 주방 사진 등이 대표적이다. 사진이나 이미지만큼 확실한 상품 설명도 없다. 최근에는 동영상으로도 많이 한다. 사진, 이미지, 동영상 같은 방식의 설명은 소비자들의 이해를 도와 구매로 이어가는 데 매우 효과적이다.

고객이 미래를 상상하게 만드는 장치도 필요하다. 그러려면 판매자가 아니라 구매자 입장이 되어야 한다. 아이폰은 "4배 더 넓은 장면을 담아내고, 극단적인 저조도 환경에서도 아름다운 이미지를 포착하며, 스마트폰 사상 최고 퀄리티의 동영상을 촬영할 수 있습니다."라며 고객을 설득한다. 고객이 얻을 수 있는 이익을 강조함으로써 그 이익을 통한 이미지를 상상하도록 한 것이다.

고객에게 신뢰감을 주는 요소로 생산자와 구매후기도 중요하게 활용된다. 상품을 구매하거나 정보가 필요해 방문하는 고객들은 홈페이지를 방문했을 때 회사소개나 기업의 미션, 비전, 조직도 같은 상세설명은 보고 싶어 하지 않는다. 상세설명은 상품을 만드는 사람들의 이야기나 구매후기 등을 기본으로 구성해 어필해야 한다.

예를 들어, 과일이나 채소 같은 먹거리를 판매한다면 생산자 사진, 농장 위치, 재배과정, 연락처 등을 제공해 품질보증을 간접적으로 어필해야 한다. 또 가공업체라면 주방시설, 생산과정, 만드는 사람들의 이야기를 통해 신뢰감을 심는 게 좋다.

요기요는 서비스 런칭 때부터 리뷰를 중요한 전략으로 사용했는데, 실제 주문을 한 사람들만 작성할 수 있으며, 맛은 물론 메뉴의 양, 배달 관련 정보까지 리뷰에 포함한다. 세분화된 리뷰로 다른 취향과 기준을 가진 소비자들에게 어필한 것이다. 차량 공유 서비스인 우버는 탑승 후 승객에게 메시지를 보내 운전자를 평가할 수 있도록 했다. 이는 전체적인 서비스 품질의 향상으로 이어졌으며, 소비자로 하여금 내가 남긴 리뷰에 따라 적합한 운전자를 만날 수 있다는 기대감을 갖게 만들었다.

'피부가 몰라보게 좋아졌어요! 삼성동 거주 김영미 씨, 35세'처럼 이미 구매한 고객들의 이야기는 다른 고객에게 신뢰감을 준다. 실제 다른 사람의 사용 경험은 가격 외에 구매를 결정하는 데 있어 중요한 기준이 된다. 이 같은 사용후기 외에 기업의 신뢰감을 주는 요소로는 TV나 언론매체에 보도된 자료 등도 활용된다.

사실, 메시지 제작에 있어 절대적인 기준은 없다. 놓인 상황에 따라, 가용자원에 따라, 지역에 따라 최적의 방법을 찾아 고민하면 된다. 다만, 몇 가지 체크리스트는 있다. 대표적으로 '하나의 목표고객을 대상으로 하고 있는가?', '콘셉트는 명확한가? 이것저것 장황하게 담고 있지 않은가?', '상품 소개가 한 눈에 들어오는가?', '방송이나 신문 보도 등 객관적으로 신뢰할 수 있는 자료가 있는가?', '기간 한정, 수량 제한 등 고객 입장에서 참여할 만한 특전이 있는가?', '고객, 직원, 대표 등의 사진이 포함되었는가?', '고객의 사용후기 등이 포함되었는가?', '과대광고나 거짓은 없는가?', 'A/S, 환불 등 제품 보증에 대한 사항을 포함하고 있는가?' 등이다.

또 하나, 허위 내용이나 과대광고만큼은 꼭 피해야 한다.

'이월상품 90% 할인' 같은 광고, 즉 90% 할인이라고 해놓고 정작 쓸 만한 상품을 고르면 이벤트 대상이 아니라는 방식이 대표적인 허위 내용이다. 기업으로서는 '일부 품목 한정'이라고 표현해놓았으니 법적으로도 문제가 없다고 생각할 수 있다. 하지만 이런 표현이 고객의 기대치를 높인다는 사실을 간과한 행위임을 알아야 한다. 고객의 기대치가 높아진 상태인데 정작 얻을 수 있는 혜택은 없다면, 고객을 유입하기 위해 사용했던 표현이 오히려 구매전환과 재구매를 감소시키는 결과를 낳고 만다. 허위 내용이나 과대광고는 처음 몇 번은 통할지 몰라도 결과적으로 고객으로부터 외면의 대상으로 전락하는 지름길이다.

자극적인 표현도 구매전환에 도움이 되지 않는 건 마찬가지다. '조인성 결혼'이라는 메시지를 클릭했더니 '결혼! 아직은 생각 없다.' 같은 식의 콘텐츠는 제공해서는 안 된다. 이는 흔히 말하는 '낚시성 기사'의 전형적인 예에 해당한다.

'3개월 10kg 감량' 같은 과대광고도 문제가 된다. 높은 기대치는 법적인 면을 떠나 실제로 고객 만족도를 떨어뜨릴 수밖에 없기 때문이다.

광고나 홍보의 목적은 궁극적으로 기업의 지속적 성장에 있다. 단기간의 성과만 생각한 자극적인 표현이나 과대광고는 반드시 피해야만 하는 유혹이다.

4

이성보다 감성으로
설득해야 한다

마음속에서 어떤 것을 믿고 있는가?

보는 것을 믿을까? 믿는 것을 보는 걸까? 철학적 질문이기도 하고 심리에 대한 질문이기도 하다. 개인차는 있을 수 있지만 '믿는 것을 본다.'는 사실이 여러 연구로 증명되었다.

이를 보여주는 재미있는 실험이 있다. 사람들에게 똑같은 와인을 두 잔씩 나누어주고 맛을 평가하도록 했다. 같은 와인이지만 하나는 한 병에 3만 달러가 넘는 로얄드마리아(Royal DeMaria)라고 하고, 다른 하나는 대형마트에서 판매하는 1만 원대의 살트램 메이커스 테이블 쉬라즈(Saltram Maker's Table Shiraz)라고 설명을 했다. 실험 결과 사람들은 매우 비싼 와인을 선호했을 뿐만 아니라 비싸다고 믿는 와인이 참가자들의 두뇌도 활성화시켰다고 한다.

미국 캘리포니아 공학연구소와 스탠포드 경영대학원 연구팀이 발표한 이 결과에 따르면, 사람들은 와인의 가격이 높으면 저렴한 와인보다 맛이 풍부하리라는 기대를 뇌에 전달하고, 실제 와인을 마셔보기 전에 뇌가 이미 좋은 와인이라는 결론을 내려 버린다고 한다. 비싸다고 생각되는 와인을 마시면 그 와인의 실제 가치와는 상관없이 뇌가 높은 만족감을 느낀다는 것이다.

우리 주변에서도 이런 현상은 다양하게 목격된다. 온라인 쇼핑몰에서 제품을 구입할 때 자신의 입맛에 맞는 댓글만 선택해서 읽거나, 우리 아이가 공부를 잘하면 머리가 좋기 때문이고, 이웃집 아이가 공부를 잘하면 좋은 사교육을 받아서 그렇다고 생각하는 경우가 여기에 해당한다. 보고 싶은 것만 보고, 듣고 싶은 것만 듣고, 믿고 싶은 것만 믿는 게 사람이다.

이는 기업 활동에도 적용된다. 보이지 않는 부분을 굳이 보려고 애쓰지 않는 사람들에게는 어떻게 보이는가가 중요하다. 영국의 다이아몬드 브랜드인 드비어스는 "다이아몬드는 영원히(A diamond is forever)"라는 문구로 다이아몬드의 영원함을 각인시킨다. 그렇게 '다이아몬드=영원한 사랑'이라는 믿음 체계를 사람들의 마음속에 심는다. 수많은 광물 중 하나였던 다이아몬드의 가치가 높아진 데에는 드비어스의 역할이 지대했다고 할 수 있다.

다른 예를 보자. '사망확률 20%'와 '생존확률 80%' 중 어떤 말이 좋게 들리는가? '15% 지방이 포함된 고기'라는 표현과 '85% 살코기'라는 표현 중 어디에 더 마음이 가는가? 사람들은 '생존확률 80%'와 '85% 살코기'를 더 선호한다고 한다. 같은 이야기임에도 표현방식에 따라 결과가 이처럼 달라진다. 주어진 정보는 똑같은데 자신이 믿는 방식에 적합한 정보, 자신의 믿음에 맞는 정보만 본다. 소비자들 대부분이 이렇다. 따라서 기업은 소비자들이 무엇을 믿는지를 알아야 한다. 소비자에게 상품의 특성을 하나하나 설명하면서 스스로 평가하도록 하기보다 믿음 체계를 심어주는 게 먼저다.

믿는 것을 보게 되는 이유는 정보처리 상의 편파적 경향성 때문인데 자기 중심적으로, 자기에게 이로운 정보만, 기존의 태도를 고수하려는 성향을 말한다. 자기 중심성, 자기 고양의 욕구, 인지적 보수성이라고도 표현한다.

자기 중심성이란 자신과 관련된 정보를 중요하게 생각할 뿐만 아니라 자신이 좋아하면 남도 좋아하리라고 생각하는 걸 말한다. 이 같은 자기 중심성으로 인해 보고 싶은 것만 선택해 보게 된다.

자기 고양의 욕구란 자신에게 이로운 정보만 유지하려는 성향이다. 애플 맥북을 구입한 사람이 애플 제품광고를 더 많이 보는 이유는 자신의 노트북 구매에 대한 정당성을 확보하려 하기 위함이다. 내가 쓰는 노트북이 높은 평가를 받아야 자신의 가치도 올라간다고 생각한다. 이 과정을 거치면서 맥북을 통해 애플 제품에 대한 긍정적 태도가 만들어지면 나머지 제품에 대한 평가로도 확장된다. 이러한 경향은 브랜드 확장에도 적용된다.

인지적 보수성은 기존의 태도를 그대로 유지하려는 성향을 말한다. 사람들은 태도를 쉽게 바꾸지 않는다. 기존의 태도를 바꾸려면 새로운 정보를 학습해야 하므로 그럴 만한 충분한 동기가 필요하다. 동기가 충분치 않다면 굳이 생각을 바꾸지 않고 들어온 정보를 자기가 가진 지식 안에서 우선적으로 처리해 버린다.

기업은 새로운 상품을 출시하면 소비자들이 사리라 생각하지만 실상은 그렇지 않을 때가 더 많다. 소비자들은 큰 변화를 요구하는 메시지보다 지금까지 자신이 믿어온 범위를 크게 벗어나지 않은 상태에서 작은 변화를 원하는 메시지를 훨씬 더 잘 받아들인다. 소비자들이 무엇을 믿고 있는지 이해하면 기업들은 그들에게 어떤 상품을 통해, 어떤 가치를 제공할지를 알아낼 수 있다. 따라서 기업은 고객들에게 어떤 믿음을 줄지 결정해야 한다. 그리고 그 믿음의 표현이 브랜드가 되어야 한다. 어떤 옷을 입고 어떻게 화장을 하는가에 따라 전혀 다른 사람으로 보이듯 동일한 상품도 어떤 브랜드로 인식되는가에 따라 전혀 다른 제품이 된다.

인간의 행동을 연구한 행동경제학

사람들이 어떻게 행동하고 어떤 결과를 나타내는지를 규명하는 학문이 행동경제학(behavioral economics)이다. 행동경제학에서는 전통적 경제이론과 달리 인간을 합리적인 존재로 가정하지 않는다. A가 B보다 크고(A>B), B가 C보다 크다(B>C)고 해도 A와 C가 주어졌을 때 A를 선택하지 않고 얼마든지 다른 선택을 할 수 있는 게 인간이기 때문이다. 한 끼 식사보다 비싼 값의 커피를 하루에 몇 잔씩 마시기도 하고, 싼 게 비지떡이라는 걸 알면서도 타임세일에 넘어가고, 다이어트는 언제나 내일부터라고 생각하는 비합리적이고 감정적인 동물이 인간이다.

두 가지 게임을 순차적으로 제안해 보겠다.

첫 번째 게임에서는 A는 1억 원을 딸 확률이 100%이다. B는 1억 원을 딸 확률이 89%, 5억 원을 딸 확률이 10%, 아무것도 따지 못할 확률이 1%이다. A와 B 둘 중 무엇을 선택할 것인가? 대부분은 A를 선택한다고 한다. 물론, 어떤 사람은 10% 확률인 5억 원에 베팅하기도 한다.

게임 1

- A : 1억 원을 딸 확률 100%.

－B : 1억 원을 딸 확률 89%

　　5억 원을 딸 확률 10%

　　아무것도 따지 못할 확률 1%

　두 번째 게임에서는 A는 1억 원을 딸 확률 11%, 아무것도 따지 못할 확률이 89%이다. 그리고 B는 5억 원 딸 확률 10%, 아무것도 따지 못할 확률이 90%이다. 무엇을 선택할 것인가? 첫 번째 게임보다는 고민이 좀 더 필요하다. 그런데 놀랍게도 첫 번째 게임에서 A를 선택했던 사람 중 많은 이들이 두 번째 게임의 A를 선택하지 않는다고 한다. A와 B 모두 확률이 낮으므로 금액이 훨씬 더 큰 쪽을 선택하는 게 낫다고 생각하는 데 그 원인이 있다.

　게임 2

　－A : 1억 원을 딸 확률 11%

　　　아무것도 따지 못할 확률 89%

　－B : 5억 원을 딸 확률 10%

　　　아무것도 따지 못할 확률 90%

　첫 번째 게임에서 대부분 A를 선택하는 이유는 B는 단 1%라도 돈을 잃을 확률 때문이다. 반면, 두 번째 게임에서는 확률의 차이 1%보다는 5억 원이라는 돈이 훨씬 크게 느껴져 B를 선택한다고 한다. 자기도 인식 못 하는 상태에서 반대를 선택하는 상황이 발생하는 것이다. 이게 바로 그 유명한 '알레의 역설(Allais paradox)'인데, 경제 행위자들이 기본적인 '합리성'을 거스른다는 역설에 프랑스 경제학자 모리스 알레(Maurice Allais)의 이름을 따 붙인 이론이다.

행동경제학 1세대는 미국 카네기멜론대 교수를 역임한 허버트 사이먼(Herbert Simon)이다. 그는 1950~1960년대에 '인간은 무엇을 근거로 판단하는가?'에 대한 답으로 제한된 합리성(bounded rationality)이라는 개념을 제시하고, 이를 바탕으로 1978년 노벨경제학상을 수상했다. 허버트 사이먼은 인간이 무엇인가를 선택할때 가치나 기능이 더 좋아 선택하는 게 아니라, 덜 우수하고 기능이 열등하더라도 나를 '만족'시키는 것을 선택한다고 보았다. 제한된 합리성 때문에 사람들이 모든 부분을 빈틈없이 고려해 결정하지 않고, 항상 익숙한 방식을 거쳐 본인 생각에 '이 정도면 됐다.'는 수준에서 의사결정을 한다는 말이다. 이때의 '만족'이란 '만족하다'와 '충분하다'는 의미를 포함한 개념이다.

정보가 많아져 모든 정보를 소비할 수 없게 되면 그 정보들로 인해 오히려 모든 소비가 빈곤해지면서 '관심'이라는 자원이 중요해진다. 이를 '주의력'이라고 하는데, 정보가 많아지는 만큼 주의력이 증가하는 게 아니라 정보가 많아질수록 주의력은 낮아진다. 그러면서 사람들에게 무엇을 인식하고 생각할지 선택하라고 강요하는 세상이 되었다.

바로 이런 주의력이 돈으로 연결되는 시대이다. '제주 호텔'이라고 검색하면 에어비앤비, 익스피디아, 호텔스닷컴 같은 중개사이트가 노출되는데, 이들은 직접 호텔을 운영하지 않는다. 오로지호텔 이용자들을 호텔과 연결만 해주고 높은 수수료를 가져간다. 편안한 숙박 서비스를 제공하는 일보다 사람들의 주의력을 사로잡는 일의 가치가 더 커졌다.

네이버나 구글의 검색광고가 바로 사람들의 주의력을 통제함으로써 돈을 버는 비즈니스 모델이다. 너무 많은 정보에 소비자들이압도되지 않도록 카테고리를 단순화하고, 사용 편리성을 높이는등 간편성을 제공한다. 사이트에 더 많은 정보를 채우고 덧붙이기보다는 소비지가 중시하는 기준으로 정보를 제공해 선택 가능성을 높인다.

비교 대상을 바꿔라!

다이소에 가면 몇천 원으로 구매할 수 있는 생활용품이 다양하게 진열되어 있다. 그런데 백화점에 가보면 기능적으로 큰 차이가없는 상품이 다이소의 10배 넘는 가격에 판매된다. 차이점이라면다이소에서 판매되는 상품은 '메이드 인 차이나'이고, 백화점에서 판매되는 상품은 '메이드 인 이탈리아' 정도일 뿐이다. 물론, 극단적인 가정일 수 있지만, 비슷한 상품을 더 높은 가격에 구입하는 사람이 있다는 분명한 사실에 주목해야 한다.

사람들은 의식적이든 무의식적이든 먼저 알게 되거나 제시된 정보 및 수치를 판단 기준으로 삼는다. 대형마트에서 할인상품이나 1+1 상품을 산 경험이 있을 것이다. 정상가격에서 할인받았거나 추가로 1개를 더 구입하는 효과를 보았기 때문에 싸게 샀다고 느낀다. 그러면 싸게 샀다는 건 기준이 무엇이고, 그 기준 가격은 누가 정한 것일까? 어쩌면 대형마트에서 붙인 값을 기준으로 싸게 샀다고 느낄 뿐, 실제로는 싼 게 아닐 수도 있다. 1+1도 마찬가지다. 다 쓰지도 못할 상품을 1개 더 받았다면 싸게 구매한 걸까? 아니다. 불필요한 지출일 수도 있다.

이를 설명한 이론이 '앵커링 효과(Anchoring Effect)'인데, 우연히 습득한 숫자나 사물에 대한 '인상'이 사람들 머릿속에서 항구에 정박한 '배의 닻'과 같은 역할을 해 잘못된 판단을 하도록 유인하는 현상을 말한다. 항구에 정박시키려 선원들이 닻(anchor)을 내리면 배가 고정된 위치에서 쉽게 움직이지 않는 데서 비유된 표현이다.

앵커링 효과는 우리 주변에서 많이 확인할 수 있다. 동일한 원두로 내린 두 잔의 커피가 한 잔은 스타벅스 컵에, 한 잔은 빽다방 컵에 담겨 있다고 치자. 사람들에게 어떤 커피가 더 맛있는지, 얼마의 가격을 지불할지 물어보면 대부분은 비싸더라도 스타벅스

컵에 담긴 커피를 선호한다. 이처럼 사람들은 앵커링을 기준으로 상품의 품질과 가격을 판단한다. 앵커링을 효과적으로 활용하면 비싸게 판매할 수 있다는 의미이기도 하다.

예를 들어보자. '4년근 인삼'과 '1460일의 정성으로 키운 인삼' 중 어떤 게 더 매력적인가? 4년과 1460일은 동일한 날수이다. 그런데 1460일로 앵커링을 하면 더 호감을 보인다. 1병 가격이 7,000원인, 650ml 병에 담긴 유기농 요구르트가 대형마트에서 판매될 때와 커피숍에서 판매될 때 사람들은 어떻게 느낄까? 똑같은 요구르트임에도 불구하고 대형마트에서는 비싸다고, 커피숍에서는 적정하다고 느낀다. 이는 대형마트에서는 '대형마트에서 판매되는 요구르트'로 앵커링되고, 커피숍에서는 '커피숍에서 판매되는 요쿠르트'로 앵커링된 데 그 이유가 있다. 이처럼 앵커링은 여러 부분에서 응용이 가능하다.

또 이미 저렴한 가격으로 앵커링된 상품은 고가로 앵커링되기 어렵다. 다이소에서 수익률을 높이기 위해 만 원 이상의 상품을 판매한다면 어떻게 될까? 사람들은 저렴한 가격대의 상품만 구매하거나, 일부는 다이소를 다시 찾지 않을 수도 있다. 마음속에 다이소는 몇천 원짜리 저렴한 생활용품만을 파는 곳으로 앵커링되었기 때문이다.

실제 사례로, 일본의 유니클로가 신소재를 사용한 고부가가치 상품을 출시하면서 가격에서 가치로 전환을 시도한 적이 있다. 하지만 고객 수와 매출액 모두 감소하는 결과를 받아들었다. 하는 수 없이 가격은 원래 수준으로 되돌렸으나 고객 수는 회복되지 않았다. 사람들 마음속에 유니클로는 '값싼 옷'으로 앵커링되어 있다는 걸 간과한 시도였다.

앵커링 효과를 효율적으로 활용하는 데는 어떤 정보를 먼저 보여주는지가 중요하다. 대형마트에서는 정상가격과 할인가격을 함께 표기해 놓는다. 이때의 순서는 정상가격 먼저, 그다음에 할인된 가격을 보여준다. '20,000원짜리 상품을 오늘만 19,000원에 판매합니다.'라고 정보를 제시하면 사람들은 20,000원에 앵커링되는데, 실제로는 1,000원 할인에 불과하지만 훨씬 저렴하게 구매했다고 인식한다.

앵커링 효과는 개인의 소비활동에도 영향을 미친다. 스타벅스 리저브 매장은 다양한 원두와 숙련된 바리스타, 리저브 전용 추출기기, 고급스런 인테리어, 전용 머그, 음악 등 일반 매장과 차별화된 서비스를 제공하는 프리미엄 매장이다. 그럼 리저브 매장을 이용하는 고객은 누구일까? 바로 스타벅스 일반 매장을 이용했던 사람들이다. 스타벅스에서 커피를 마시게 된 후로 훨씬 더 비싼 커피도 즐기게 된 이들에게는 단순한 커피가 아닌 스타벅스로 앵커링되었기 때문이다.

앵커링은 또 세일즈에도 응용이 가능하다. "다음 주에 편한 일정이 어떻게 되세요?"라는 질문보다는 "다음 주 월요일과 수요일 중 어떤 날이 편하신가요?"라고 질문하면 상대방은 월요일과 수요일로 앵커링이 된다.

얻는 기쁨보다 잃는 슬픔이 더 크다

온라인과 오프라인에서 상품을 구매하다 보면 일부 상품의 가격 중앙에 그어진 '취소선'을 볼 수 있다. 예를 들면, 정가 20만 원인 블루투스 스피커를 149,000원에 판매한다고 적혀 있고, 정가를 나타내는 200,000원에 취소선을 그어 놓는 형태를 말한다. 여기에 일부 온라인 사이트에서는 할인행사가 끝날 때까지 '16시간 25분 3초' 남았다면서 매 초마다 줄어드는 시간을 표시한다.

바로 행동경제학의 '프로스펙트 이론(Prospect Theory)'을 이용한 마케팅 전략이다. 이 이론에 의하면 불확실한 상황에서 사람이 느끼는 이익과 손실은 '기준선'에 따라 달라질 수 있다고 한다. 취소선이 그어진 정가를 보여줌으로써 소비자에게 기준을 제시하는 한편 저렴하게 판매한다는 점을 강조하는 방식이다.

할인행사 마감시간 표시도 이익보다 손실에 반응하는 사람들의 심리를 이용한 전략이다. 남은 시간이 1초씩 줄어드는 걸 보면 빨리 참여해야 한다는 압박감을 가지게 된다. 지금 구매하지 않으면 앞으로 다시는 이 가격에 살 수 없을지 모른다는 손해 감정을 경험한다. 싸게 사서 이익을 보겠다는 생각 대신 지금 사지 않으면 손해를 볼지도 모른다는 메시지를 전달하는 것이다.

　프로스펙트 이론은 이처럼 이익보다 손실에 반응하는 사람들의 심리를 보여준다. 그럼 두 가지 게임을 또 해보자.

　첫 번째는 10만 원을 가진 상태에서 A와 B 중 하나를 선택해야 한다. A는 50%의 확률로 10만 원을 더 받거나 50%의 확률로 아무것도 받지 못한다. B는 100%의 확률로 5만 원을 더 받는다. 무엇을 선택했는가? 대부분 B를 선택한다.

게임 1

　A : 50%의 확률로 10만 원을 더 받거나 50%의 확률로 아

　　　무것도 받지 못함

　B : 100%의 확률로 5만 원을 더 받음

　이제 두 번째 게임을 해보자.

　두 번째 게임에서는 20만 원을 가지고 있는 상태에서 A와 B 중 하나를 선택해야 한다. A는 50%의 확률로 10만 원을 잃거나 50%의 확률로 아무것도 잃지 않는다. B는 100%의 확률로 5만 원을 잃는다. 어떤 걸 선택했는가?

게임 2

A : 50%의 확률로 10만 원을 잃거나 50%의 확률로 아무것
　도 잃지 않음

B : 100%의 확률로 5만 원을 잃음

첫 번째 게임보다는 선택에 고민이 된다. 대부분은 이때 A를 선택한다. 그런데 이는 모순된 행동이다. 첫 번째 게임에서 B를 선택했다면 두 번째 게임에서도 B를 선택해야 합리적이다. 두 경우모두 자산의 상태는 동일하기 때문이다.

사람들은 같은 금액이라도 이익을 봤을 때의 기쁨보다 손해를봤을 때의 슬픔을 훨씬 강렬하게 느낀다. 이런 심리를 고려하면이익과 손실에 관해 중요한 두 가지 원칙을 알 수 있다.

첫 번째는 이익은 합하기보다 나누기가 사람들에게 더 큰 만족을 준다는 원칙이다. '10% 할인'처럼 통합된 이익보다는 '단골 할인 5%', '이벤트 할인 3%', '쿠폰할인 2%'처럼 분리된 이익으로제시하는 방식이 더 효과적이라는 뜻이다. 온라인 쇼핑몰에서 특정 카드로 결제 시 '10% 즉시 할인'과 '10% 캐시백 적립'을 해주는 이벤트도 이익을 나누는 방식이다. 이익을 나누어 제시함으로써 소비자들로 하여금 실제 받는 이익보다 더 큰 이익을 본다고느끼게 만드는 전략이다.

두 번째는 손실은 나누기보다 합해야 사람들의 불만족을 줄인다는 원칙이다. 경제가 어려워지면서 기업들은 매년 구조조정을 한다. 이때 상반기에 100명, 하반기에 100명 감축보다 한 번에 200명 감축이 직원들의 고통을 줄인다. 나누는 방식으로 고통을 두 번 주기보다는 합함으로써 한 번만 주는 게 낫기 때문이다. 제주도나 부산 같은 관광지 여행에 종종 나오는 2~3가지 상품을 묶은 패키지 판매도 손실을 합하는 형태에 해당한다. 장소별로 이용료를 지불할 때 느끼는 손실을 최소화하는 전략인 것이다.

행동경제학 2세대로 불리는 대니얼 카너먼(Daniel Kahneman)과 아모스 트버스키(Amos Tversky)의 연구로 증명된 이 프로스펙트 이론은 기존 주류 경제학의 효용함수와는 다른 준거 의존성(reference dependency), 민감도 체감성(diminishing sensitivity), 손실 회피성(loss aversion)을 특징으로 하는 새로운 형태의 가치함수(value function)를 증명해냈다. 그리고 대니얼 카너먼은 프로스펙트 이론으로 2002년 노벨경제학상을 받았다. 공동연구자였던 아모스 트버스키는 1996년에 사망하면서 노벨경제학상을 받지 못했는데, 그를 기리기 위해 대니얼 카너먼이 집대성한 책이 《생각에 관한 생각》이다. 행동경제학의 바이블로 불린다.

반면, 프로스펙트 이론은 주의사항도 이야기한다.

구매촉진을 위해 기업은 '신제품 10% 할인' 같은 방식으로 다양한 행사를 진행하다가 기간이 만료되면 정상가격으로 회복시킨다. 하지만 정상가격을 접한 소비자들은 당연하게 생각했던 가격보다 비싼 가격에 구매한다고 느끼면서 손해 보고 싶지 않은 마음에 구매를 미룬다.

세일 등 가격할인은 신규고객 유입과 재고정리가 목적인데, 행사가 끝나면 아무 효과 없이 판매량이 제자리로 돌아오는 경우가 많다. 또 가격을 낮춰 판매했으므로 손해를 감수해야 한다. 게다가 소비자들은 한 번 이상 세일 등의 가격할인을 했던 상품에 대해서는 언젠가 다시 행사를 하리라 기대할 뿐만 아니라 제값을 지불하고 구매한 고객은 손해를 봤다고 생각한다.

실제로 가격에 자유롭지 못한 기업들은 흔히 가격이라는 함정에 빠지기 일쑤지만 저렴한 가격으로 성공하기는 어렵다는 점에 유의해야 한다. 비슷해진 품질과 넘쳐나는 제품, 손쉽게 얻을 수 있는 많은 정보에 의해 소비자들의 선택권이 증대되었다. 가격이 저렴하다는 이유만으로 구매하지 않는다는 의미이다. 소비자는 저렴한 가격보다는 납득할 만한 합리적인 가격과 심리적으로 만족할 수 있는 가치를 원한다. 가격을 낮추기 전에 소비자가 만족할 만한 가치를 어떻게 제공할지 고민해야 하는 이유이다.

처음의 정보가 중요하다

높은 시청률을 보이는 드라마를 보면 방송 전과 후에 여배우의 화장품 광고를 종종 만나게 된다. 이처럼 기업들이 드라마 주인공을 광고모델로 활용하는 방식을 점화효과(Priming Effect)라고 부르는데, '먼저 본 정보에 의해 떠올려진 개념이 이후에 접한 정보 해석에 영향을 미치는 현상'을 일컫는다.

프라이밍 효과, 즉 점화효과는 기업의 마케팅 활동에 많이 활용된다. 드라마를 본 사람들에게 그 드라마의 주인공이 등장하는 광고를 노출하면, 그들은 그 내용이나 모델의 인기 등에 영향을 받아 광고를 긍정적으로 해석한다. 실제 청취율이나 시청률이 높은 라디오 프로그램이나 드라마 전후로 해당 프로그램에 참여하는 연예인의 광고가 많이 나오는 이유가 거기에 있다.

그러나 똑같은 광고라도 프로그램의 전후 맥락에 따라 다르게 해석할 가능성 또한 존재한다. 혹시 아는가? 코카콜라나 나이키가 9시 뉴스 시간대에 광고를 많이 하는지, 10시 드라마 시간대에 광고를 많이 하는지? 대체로 브랜드 파워가 높은 소비재 기업들은 뉴스 시간대에는 광고를 안 한다고 알려져 있다. 기분 나쁜 뉴스가 방영된 후 광고를 본 소비자들이 광고 메시지를 부정적으로 해석할 수 있기 때문이다. 뉴스가 주로 부정적인 소식을 다루다 보니 나타난 현상인데, 보고 나서 가슴이 답답해질 때가 한두 번이 아닌 걸 보면 이는 괜한 우려가 아니다.

프라이밍 효과를 가장 많이 활용하는 곳은 아울렛 매장이다. 아울렛 매장을 지나다 보면 '70% 할인' 같은 메시지를 보게 되고, 아니라는 걸 알면서도 혹시나 하는 마음에 매장을 방문한다. 하지만 아무리 찾아도 70% 할인품목은 찾을 수가 없다. 매대에 걸린 상품들 대부분이 정상가에서 30% 정도 할인하는 수준이다. 브랜드별로 입구에 진열된 상품은 정상가에 판매하기도 한다. 매장 직원에게 "70% 할인상품은 어디에 있나요?"라고 물으면 매장 한 귀퉁이 행사장을 가리킨다. 순간 속았다는 마음 한편으로 어차피 들어온 김에 한번 둘러보자는 마음도 든다.

이처럼 소비자들이 기분 나빠하는 현상과는 달리 프라이밍 효과를 이용한 전략은 효과가 있다. '싸게 판다.'라는 시각적인 정보가 먼저 제시됨으로써 매장에서 접한 정보가 큰 영향을 미치지 않는다. '싸다.'는 이미지를 효과적으로 구축한 덕분에 일부 아울렛 매장에서는 할인율이 0%인 상품도 잘 팔린다고 한다.

파워블로거나 인플루언서를 활용한 마케팅도 프라이밍 효과에 해당한다. 파워블로거나 인플루언서가 추천하는 맛집에 대한 정보는 실제 그곳에서 음식을 먹고 맛을 느낄 때 확연히 영향을 미친다.

소비자라면 프라이밍 효과에 빠지지 않는 현명한 소비가 필요하다. 스마트폰으로 상품정보를 바로 확인할 수도, 판매 직원과

흥정을 할 수도 있다. 반면, 제품이나 서비스를 판매하는 기업이라면 프라이밍 효과를 노려야 한다.

기업은 이처럼 먼저 제시되는 정보가 구매에 미치는 영향을 마케팅에 활용할 수 있어야 한다. 예를 들면, 소비자가 클릭을 통해 홈페이지를 방문했다면 첫 번째로 접하는 랜딩페이지가 구매에 영향을 미치게 되는데, 랜딩페이지는 메인 페이지일 수도 있고, 회사소개 페이지일 수도 있고, 상품 상세설명 페이지일 수도 있다. 온라인의 특성상 사람들이 어떤 페이지로 유입될지는 알 수 없지만, 기업 관점에서 상품판매, 잠재고객 확보 같은 가설을 세워놓고 랜딩페이지를 제시할 수는 있다. 즉, 네이버에서 회사 이름으로 검색한 사람들에게는 회사소개 페이지로, 세부 키워드로 검색한 사람들에게는 특정 상품의 상세 페이지로 랜딩페이지를 설정하는 방식이 그것이다.

사회적 증거를 제시하라!

고객을 설득하려면 '사회적 증거'를 제시해야 한다. 사회적 증거란 나와 비슷한 사람들이 하는 일을 옳다고 생각하면서 따라 하는 걸 말한다.

애리조나 주립대학 심리마케팅학과 교수인 로버트 치알디니(Robert B. Cialdini)는 미국에 있는 호텔 체인 한 곳과 사회적 증거 관련된 실험을 했는데, 호텔 투숙객들의 타월 재사용률을 높이기 위해 3종류의 메시지를 제시했다. 첫 번째 집단에게는 "타월을 재사용하면 환경보호에 도움이 됩니다."라는 메시지를 보여주었더니 투숙객 중 35퍼센트가 타월을 재사용했다고 한다. 두 번째 집단에게는 "대부분의 투숙객이 타월을 재사용하고 있습니다."라는 사회적 증거를 제시했더니 투숙객의 44퍼센트가 타월을 재사용했다고 한다. 사회적 증거만으로 타월 재사용률이 9퍼센트나 증가한 것이다. 세 번째 집단에게는 "이 방에 머물렀던 대부분의 투숙객들이 타월을 재사용했습니다."라는 사회적 증거를 보여주자 타월 재사용율이 49퍼센트까지 올라갔다고 한다. 세 번째가 가장 높은 재사용율을 보인 이유는 '이 방에 머물렀던'이라는 형태로 관련성 높은 메시지를 제시했기 때문이다.

호텔 투숙객들의 타월 재사용율을 높이기 위한 이 실험에는 어떤 의미가 담겼을까? 첫째는 소비자와 관련성 높은 사회적 증거일수록 설득에 도움이 된다는 것이며, 둘째는 잘못된 가설로 마케팅 활동을 할 수도 있다는 사실이다. 만약 당신이 호텔 투숙객이라면 이 글을 읽고 다음 3가지 중 어떤 메시지를 선호할까?

① 타월을 재사용하면 환경보호에 도움이 됩니다.

혹시 1번을 선택하지 않았는가? 실제로는 2번과 3번에 더 밀접하게 반응하면서도 1번이 좋다고 말하는 경향이 있다. 광고계의 전설로 불리는 데이비드 오길비(David Ogilvy)의 말처럼 소비자는 본인이 어떻게 느끼는지보다 생각나는 대로 말하거나 말하는 대로 행동한다. 따라서 고객이 하는 말을 무조건 믿어서는 안 된다. 그들의 행동을 관찰하고 분석해야 한다.

사회적 증거를 제시해 고객을 설득하는 방법에는 여러 가지가 있다.

먼저 인기 있는 상품이라고 큰소리를 치는 방식으로, TV에 방영된 맛집이라거나 유명인이 왔다 갔던 식당이라는 홍보가 그렇다. 또 스포츠 용품 등을 제조해 온라인 중심으로 판매하는 칸투칸은 "총 11,189,663개가 판매되었고 525,771개의 구매 후기가 등록되었습니다." 같은 사회적 증거를 제시한다. 페이스북이나 인스타그램에서 기록하는 높은 조회 수, 많은 후기와 댓글, 공유된 횟수도 모두 큰소리치는 방식의 사회적 증거로 활용된다.

또 인기가 있다는 착각을 일으키는 방식도 있다. 애플은 아이팟부터 아이폰까지 하얀색 이어폰을 제공한다. 대부분의 이어폰이 검정이었으므로 이어폰 색깔만으로 애플 제품인지를 알 수 있게 만들었는데, 미국의 비즈니스 및 기술 뉴스 웹사이트인 비즈니스 인사이더(Business Insider)는 훗날 아이팟의 경이적인 성공을 분석하면서, "애플이 이룬 가장 위대한 혁신은 순백색 이어폰이었다."라고 주장하기도 했다.

사회적 증거를 제시할 때는 마케터의 창의성이 필요하다. 브랜드의 99퍼센트는 시장을 선도하지 못한다. 그러므로 사회적 증거로 마땅하게 제시할 만한 게 별로 없을 때가 많다. 미국의 렌터카 회사 에이비스(AVIS)는 "우리는 렌터카 업계에서 2등입니다. 그래서 더 열심히 합니다."라는 카피를 앞세운 광고를 선보여 큰 효과를 거두었다. 창의적인 사고가 얼마나 중요한지를 보여주는 증거이다.

재구매와
성과측정

1

똑똑한 소비자가
돈을 벌어준다

소비자 참여 없이는 미래도 없다

스마트폰을 통해 다양한 정보를 얻을 수 있게 되자 소비자는 수동적 소비에서 벗어나 능동적 소비를 하게 되었다. 자신이 사용해 본 제품이나 서비스와 관련해 댓글, 리뷰, 구매자 평가 등의 형태로 참여하면서 다른 사람들의 구매에까지 영향을 미친다.

소비자 참여는 또 구매자 평가, 회원 리뷰, 사용후기 등의 제품과 서비스에 대한 평가를 넘어 전문가 못지않은 지식과 분석력을 바탕으로 문제점과 개선안을 직접 제안하는 데까지 이르렀다. 참여 방법이 다양해지고, 남들과 차별화를 원하는 니즈가 증가하면서 단순 참여가 아닌 생산활동에까지 관여하게 된 것이다.

이처럼 기업에서 제공하는 제품 또는 콘텐츠를 직접 사용하고 스스로 콘텐츠도 제작하는 이들을 생산자인 프로듀서(Producer)와 소비자인 컨슈머(Consumer)를 합성해 프로슈머라 통칭한다.

사실, 소비자의 적극적인 참여는 기업으로서는 귀찮은 일인 데다 추가적인 비용마저 수반된다. 반면, 해당 제품이나 서비스 런칭 시 실패율을 최소화하며, 충성고객 확보를 통한 수익 확대로 이어지는 장점도 있다. 그러므로 기업이라면 소비자들이 활발히 참여할 수 있는 장을 마련해 놓음으로써 적극적으로 그들을 유치해야 한다.

고객들을 생산활동에 참여하게 하려면 고객의 정보수집뿐만 아니라 긴밀히 연계해 그들의 요구에 신속하게 대처할 수 있어야 한다. 보다 많은 고객이 참여할 수 있는 채널을 구축해야 하며, 고객에게 권한을 부여함으로써 실제적인 참여가 가능토록 해야 한다. 소수 의견 또한 즉각적으로 반영되는 체계를 갖추는 것도 중요하다.

향후 마케팅을 이끌어갈 키워드는 '소비자 참여'라고 할 수 있다. 제품과 서비스를 만든 후 소비자에게 광고하고 반응이 일어나기를 기다리는 게 아니라 소비자들이 참여하고 놀 수 있어야 한다. 그러려면 상품이나 서비스의 기획단계에서부터 그들의 의견을 반영할 뿐만 아니라 지속적인 참여가 가능하도록 창구를 열어 젖힐 필요가 있다. 이때의 창구는 기존의 고객센터 개념이 아닌 자발적인 참여 공간을 의미한다.

온라인 편집숍 '무신사'는 패션 웹 매거진 및 단독으로 공개하는 온라인 브랜드 화보, 회원들이 패션 관련 정보와 신변잡기를 공유하는 커뮤니티 게시판, 리포터가 촬영한 길거리 멋쟁이 사진 등 다양한 볼거리와 참여의 장을 제공한다. 또 '10대 소녀들의 놀이터'라고 불리는 패션 앱 스타일쉐어에서는 사춘기 소녀들이 패션 인증 사진을 뽐내고, 다른 소비자에게 상품을 추천하며, 일기장 꾸미듯 앱을 사용한다. 앱에서 '#수학여행'을 검색하면 수학여행 때 찍은 회원들의 사진과 '수학여행추천템'이란 구매좌표가 함께 뜬다. 'ㅈㅂㅈㅇ, ㄷㅇㄱㅇ(정보좀요, 담아가요)' 같은 이곳 특유의 '댓글 용어'도 있을 정도이다.

콘텐츠 플랫폼을 표방하는 서비스들은 오프라인의 복합 쇼핑몰처럼 제품 판매를 넘어 소비자를 다양한 요소로 끌어모으는 특징을 보인다. 꼭 물건을 사지 않더라도 쇼핑몰이나 애플리케이션에 접속해 정보를 얻거나, 잡담 또는 오락을 즐기려는 소비자를 그렇게 '온라인 체험 공간'에 붙잡아 둔다.

온라인을 통해 정보의 장벽이 없어지면서 소비자는 더 이상 수동적 수용자이기를 거부하고 있다. 자신의 필요에 따라 제품과 광고를 찾아내고, 자신만의 특성에 따라 의미를 해석하며, 자신의 의견을 적극적으로 관철시키는 수용자로 변했다. 따라서 기업들은 고객의 흥미를 유발하고 신뢰를 높이는 콘텐츠를 만들어 방문객들이 사이트 내에 오래 머물 수 있도록 해야 하며, 고객들이 자발적으로 참여할 수 있는 코너를 만들어 소비자와의 결속력을 강화해 나가야 한다.

기업 입장에서 소비자들의 참여는 고객과의 관계 강화에 큰 효과를 발휘할 뿐만 아니라 광고비 절감과 안정적 매출향상에도 도움이 된다. 또 소비자들의 의견이나 아이디어를 참고함으로써 마케팅 리서치 비용이 절감되며, 자발적인 입소문 등의 유도도 가능하다. 물론, 소비자들이 자발적으로 참여하기까지는 오랜 시간과 그에 따르는 비용이 발생하는 게 사실이다. 하지만 그들의 참여가 기업과 온라인 쇼핑몰의 생사를 결정한다고 해도 과언이 아니므로 외면하지 말고 적극적으로 대처해야 한다.

강력한 개인의 등장, 인플루언서

인플루언서(influencer)는 다양하게 정의된다. 일반적으로는 '영향력 있는 개인'을 뜻하며 연예인, 셀럽, 소셜미디어 스타 등을 포괄한다. 콘텐츠를 쉽게 공유하는 SNS를 통해 누구나 소비자인 동시에 생산자가 되면서 인플루언서의 영향력은 더욱 커져만 간다. 디지털에서 소비되는 콘텐츠의 속성을 이해한 콘텐츠 제작자인 이들은 사람들이 필요로 하는 콘텐츠를 제공하면서 세상에 강력한 영향력을 미친다.

인플루언서는 태생부터 소비자 중심의 콘텐츠를 만드는 데 익숙한 사람들이다. 사람들이 어떤 스토리를 좋아하는지, 그것을 어떤 형태로 전달해야 하는지를 안다. 다른 이들과의 연결에 재미와 보람을 느끼면서 자신만의 커뮤니케이션 방식으로 사람들을 팬으로 만든다. 인플루언서의 시대는 이제 시작이다. 앞으로는 지금보다 더 많은 개인이 어느 때보다 막강한 힘을 갖게 될 가능성이 크다. 스마트폰과 다양한 IT 기기로 자신만의 정보를 만들고, 그 정보를 페이스북, 유튜브, 블로그 등에 공유할 수 있기 때문이다.

이커머스에게는 머천다이징 못지않게 물류망이 중요하다. 쿠팡이나 마켓컬리 같은 이커머스 기업들이 물류 시스템에 투자를 집중하면서 인공지능과 자동화를 통해 효율을 높이려는 이유가 여기에 있다. 그럼에도 기술이든 물류이든 다행히 이커머스를 지원하는 시스템이 어떤 식으로든 잘 갖춰진 것 또한 사실이다. 즉, 누구라도 고객을 확보할 수 있는 브랜드력만 있다면 판매와 배송은 큰 문제가 되지 않는다는 말이다. 이제 강력한 개인들은 그동안 기업이 독점했던 시장을 보다 빠른 속도로 빼앗아오기 시작할 것이다. 벌써 인플루언서 한 사람이 스스로 기업이 되는 경우가 점점 늘고 있다. 이처럼 경쟁자는 늘 있고, 특정 카테고리에서 전문성을 확보한 기업도 늘 있기 마련이다.

인플루언서들의 영향력이 커지면서 기업이 수십만 명 이상의 구독자를 가진 인플루언서들과 협업을 추진하는 사례도 증가하고 있다. TV 광고나 네이버 키워드 광고를 하지 않고 강력한 개인을 통해 광고한다. 실제 유명 인플루언서들의 인스타그램이나 유튜브에 가보면 추천 형태의 상품 게시물이 엄청 많다. 기업으로부터 제품 등을 협찬받았다는 사실을 숨기기도 하지만 최근에는 투명하게 공개하는 추세이다. 협찬임을 공개하되 방문자에게 유용한 내용과 제품에 대한 객관적인 리뷰가 포함되어 있다면 광고라도 개의치 않는다. 또 소비자들도 해당 내용이 광고임을 알면서 콘텐츠를 소비한다. 중요한 것은 광고인지 아닌지가 아니다. 채널의 특성이나 평소 생산하는 콘텐츠의 질과 맥락 그리고 이야기하고자 하는 내용의 본질이다.

기업에서 고민할 부분은 브랜드나 상품에 적합한 인플루언서를 어떻게 선정하는가이다. 그 기준으로는 인플루언서의 성향, 인플루언서가 창출하는 콘텐츠의 성향, 해당 콘텐츠를 소비하는 사람들의 성향을 들 수 있다.

인플루언서의 성향은 인플루언서 개인이 가진 매력도와 역량,

평판과 연결된다. 아무리 구독자가 많은 인플루언서라도 기업이 추구하는 방향이나 이미지와 안 맞는다면 피해야 한다. 콘텐츠의 성향은 인플루언서가 만드는 콘텐츠의 톤과 매너, 흥미성, 재미, 정보 전달력 등을 말한다. 인플루언서의 성향이 기업의 이미지에 어긋나지 않더라도 그가 생산한 콘텐츠가 맞지 않으면 별 도움이 안 된다. 또 콘텐츠를 소비하는 사람들의 성향도 기준이 되므로 콘텐츠를 구독하는 팬들의 성별, 나이, 취향은 물론, 해당 인플루언서에게 얼마나 충성도가 높은지 등도 확인해 보아야 한다.

누구나 강력한 개인이다

한 세대 전의 개인은 TV, 신문, 잡지 같은 제한된 미디어를 통해 정보를 얻고, 전화와 편지 등 제한된 방식으로 지인 위주의 커뮤니케이션을 했다. 한 세대가 지난 지금의 개인은 노트북과 스마트폰을 동시에 갖고 다니면서 정보를 얻고, 다양한 소셜미디어를 활용해 국경, 지역, 나이, 직업을 불문하고 커뮤니케이션을 한다. 한 세대 전의 개인과 지금의 개인은 분명 다르다. 퇴근시간이면 실시간 길 안내 서비스로 막히는 길을 피하고, 주말이면 다른 사람의 도움 없이도 데이트 장소를 알아낸다. 도서관을 들락거리지 않아도 검색을 통해 방대한 정보를 찾아낸다.

한 세대 전의 개인과 지금의 개인은 들고 다니는 디바이스만 바뀐 게 아니다. 지금의 개인은 다른 사람들과 정보를 공유하면서 협력적 소비를 마다하지 않는다. 과거의 개인은 조직에 순응하면서 살았지만, 지금은 자신을 적극적으로 노출하면서 자신만의 브랜드를 만들어 나간다. 모바일과 소셜미디어가 일반화되면서 개인이 브랜드인 세상이 더 이상 낯설지 않다.

조직 안이든 밖이든 강력한 개인의 출현은 이제 시작일 뿐이다. 기업이 정보 측면에서 우월한 지위를 차지한다는 말은 이미 옛날이야기가 된 지 오래다. 기업이 누리던 정보 차원의 우월성은 사라졌을 뿐만 아니라 오히려 역전되고 말았다. 이제는 가격, 제품, 브랜드, 품질 그리고 빠르게 변하는 시장 상황에 대해 소비자가 기업보다 더 잘 안다. 소비자행동은 이제 소셜미디어에서 먼저 공감한 후 확인하고 참가하고 공유하는 형태로 변하고 있다. 기업이 강력한 개인들과 함께할 수 있는 길을 모색해야 하는 이유이다.

아마존의 인플루언서 프로그램이 그 예에 해당한다. 만약 요리 분야의 유명 인플루언서가 '토마토와 아보카도를 섞어 튀긴 크로켓' 레시피 영상을 유튜브에 올렸다고 치자. 영상을 보고 크로켓을 직접 만들고 싶은 사람이 유튜브 영상 하단의 링크를 누르면 크로켓 관련 재료를 구매할 수 있는 사이트로 이동한다. 그런데 인플루언서 개인이 만든 사이트가 아니다. 그가 선별한 상품만을 보여주는 아마존 페이지다. 아마존에서 판매하는 상품을 링크해 놓고 고객이 그 링크를 통해 아마존에 접속해 상품을 구매하면 매출에 따른 수수료를 지급하는 구조. 바로 이게 아마존의 '인플루언서 프로그램(influencer program)'이다. 국내에서는 쿠팡이 '쿠팡 파트너스'라는 이름으로 유사한 서비스를 운영하고 있다.

인플루언서들은 디지털 언어를 자유자재로 사용하는 '디지털 네이티브(digital native)'이다. 유튜브, 페이스북, 인스타그램 등에서 다양한 구독자를 보유한 그들의 영향력이 갈수록 커질 것은 불 보듯 뻔하다. 궁금한 뭔가는 유튜브를 검색해 찾아보고, 상품을 구매할 때는 인스타그램에서 해시태그로 정보를 접하는 밀레니얼 세대와 Z세대가 소비의 주역이기 때문이다.

이러한 흐름에 맞춰 마케팅을 진행하는 기업들의 증가는 당연한 일인데, 이때의 마케팅은 메시지 전달 중심의 기업 커뮤니케이션 방식과는 차이가 크다는 사실을 알아야 한다.

20대 초중반 여성을 대상으로 트렌디한 상품을 판매하는 온라인 편집숍 서울스토어는 주 고객들이 의류를 구매할 때 패션 감각이 뛰어난 또래들로부터 영향을 받는다는 점을 간파했다. 20대 초중반 여성은 인스타그램에서 매일 입을 옷을 체크하거나 인플루언서의 스타일을 따라 하는 경향이 강하다는 걸 알아낸 것이다. 이 분석을 바탕으로 그들을 활용한 편집숍 운영을 결정한 서울스토어는 SNS에서 옷 잘 입는 20대 여성들을 주축으로 40명의 인플루언서를 셀러로 선별해 사이트를 오픈했다. 그리고 '서울 언니들'이라는 애칭을 붙여 각자를 브랜딩했는데, 이들은 서울스토어의 상품을 직접 홍보하고 판매하는 셀러이자 홍보 마케팅 파트너 역할을 했다. 물론, 서울스토어는 이들이 판매에 매진할 수 있도록 상품 아웃소싱에서 배송, CS 및 홍보영상과 콘텐츠 제작까지 다양한 형태로 그들을 지원했다. 그렇게 인플루언서들과의 전략적 협력을 통해 서울스토어는 가파른 성장세를 보이며 가장 핫한 편집숍 중 하나로 거듭났다.

SNS 스타를 의미하는 '인플루언서'의 영향력이 막강해지면서 이처럼 그들을 활용한 기업의 마케팅 활동은 필수가 되어가고 있다. 중국의 경우 온라인 유명인사를 뜻하는 '왕홍(網紅)'의 경제 유발효과가 연간 1천억 위안을 넘어섰다고 한다. 우리나라 돈으로 18조 원에 달한다. 기업으로서는 도저히 무시할 수 없는 금액이다.

이처럼 소셜미디어와 인플루언서가 커뮤니케이션의 핵심으로 자리매김한 디지털 환경에서 기업들이 인플루언서와 함께해야만 하는 이유는 그들의 유명세 때문만이 아니다. 오프라인에서 직접 만난 적은 없어도 내가 관심 가진 유튜버나 셀럽의 추천은 신뢰하기 마련인데, 이러한 '아는 사람이 주는 정보의 신뢰성'이 장기적으로 볼 때 기업에 더 큰 이익을 가져다준다.

인플루언서는 브랜드와 달리 고객들과 감정적인 맥락 형성이 가능하다. 일상적인 소비자인 인플루언서들의 조언은 마치 친구, 동료, 가족 구성원에게 추천받는 듯한 느낌과 같다. 게다가 실제 자신의 경험을 나눔으로써 받아들이게 되는 진정성 있는 콘텐츠는 제품에 대한 인사이트 제공과 함께 팔로워로의 참여를 유도한다. 이는 단순히 사용자가 제작한 콘텐츠 이상의 가치를 지니며, 기업이 고객과 의미 있는 관계를 맺는 단계로 발전시킨다.

앞으로 기업들은 수많은 인플루언서와 협력하면서 함께 성장해 나갈 방법을 찾아야 한다. 기존의 광고방식에서 벗어나 콘텐츠 중심으로 이야기를 만들어 나가야 한다. 브랜디드 콘텐츠를 만드는 핵심 역할을 인플루언서들이 담당하게 될 것이기 때문이다. 그리고 기업과 함께하는 인플루언서로서는 자신의 브랜드가 확장되는 동시에 수익이 보장되어야 한다.

이슈는 빠르게 확산된다

이른바 '임블리 & 임블리쏘리 사태'는 호박즙에서 곰팡이로 추정되는 이물질이 발견됐다는 한 소비자의 불만에서 시작되었다. 한 사람의 단순한 불만으로 끝날 수도 있었던 일이 걷잡을 수 없이 커진 이유는 똑똑해진 소비자들이 있어 가능했다. 임블리가 사건 초기에 적절히 대응했다면 아마도 큰 위기로 번지지는 않았을 지도 모른다. 하지만 잘못된 대응이 분노한 사람들을 연대하게 만 들었고, 결국은 사회적 문제로까지 이슈화되었다.

사실이든 아니든 소문은 이렇게 감정적으로 내용이 확산되는 경향이 있다. 직원이 임산부를 발로 차며 폭행했다는 루머가 순식 간에 퍼진 '채선당 사건'과, 식당에서 아이와 부딪혀 쏟아진 된장 국에 화상을 입고도 아이에게만 화상을 입히고 달아난 사람으로 내몰린 '된장국물녀' 등을 대표적인 예로 들 수 있다.

소셜미디어에서는 현실적으로 일반인의 행동 관리가 불가능하 다. 관리대상은 기업의 말과 행동이다. 되돌아보면 고객의 불만 은 사소할 때가 많다. 그럼에도 사건이 커지는 이유는 기업의 잘 못된 대응이 원인의 대부분을 차지한다. 온라인에서 사람들은 대 개 약자 편을 든다. 진실을 규명하기보다는 감정적인 반응에 의 해 사건이 확대된다. 나중에 진실이 밝혀진다 해도 이미 정신적, 물질적 상처를 받은 후인 데다 그것에 대해 아무도 책임을 지지 않는다.

사람 사는 세상에서는 의도했든 의도치 않았든 언제든지 문제 가 일어날 수 있다. 어찌 보면 당연한 일이다. 따라서 문제를 사전 에 어떻게 예방할 것인지, 문제가 발생했다면 어떻게 대응할지를 생각해야 한다. 정확지 않은 사실에 대해서는 초기에 해명함으로 써 사실을 교정하도록 대처하는 게 좋다. 감정적으로 확산되는 온라인 소문의 특성상 침묵은 적절치 않은 방법이다. 다만, 어떤 식으로든 상대의 감정을 상하게 해서는 안 된다. 단어 하나하나의 선택에 주의를 기울여야 한다. 초기 위기관리의 핵심은 대중들의 감정에 맞춤으로써 그 감정을 완화시키는 데에 있다.

제품이나 서비스에 불만을 느낀 사람이 100명 있다고 할 때 이를 표출하는 고객은 몇 명이나 될까? 놀라운 사실은 100명 중 4명만이 불만을 이야기하고 96명의 고객은 말없이 떠난다고 한다. 더 놀라운 건 대신 이 96명이 평균 8~10명에게 불만을 전파한다는 사실이다. 반면, 불만을 말한 4명의 고객은 자신의 불만사항이 만족스럽게 해결되면 54~70%가 다시 거래하며, 불만이 신속하게 처리되면 재거래 비율이 95%까지 증가한다고 한다. 불만을 말하지 않고 조용히 떠나는 고객보다 불만을 적극적으로 표출하는 고객에게 고마워해야 하는 이유는 이처럼 단순 고객이 아닌 단골이 될 확률이 높기 때문이다. 뿐만 아니라 고객들의 불평은 서비스를 점검하고 이를 고치는 중요한 계기가 된다.

페이스북, 인스타그램, 유튜브, 블로그를 등에 업은 강력한 개인이 증가하면서 기업이 헤쳐나가야 할 리스크가 점점 더 늘어나고 있다. 따라서 온라인상에서 위기가 발생하면 누가 대응할지를 결정해야 한다. 직원의 실수로 문제가 발생했을 때 이를 무마하려고 이 사람 저 사람이 어설프게 대처하면서 사건이 커지는 경우가 종종 있다. 기업은 문제 발생 시 대응할 사람을 사전에 결정해 놓고 구성원 전체에게 인지시켜야 한다. 그리고 당사자에게 문제의 원인을 추궁하기보다 문제를 통해 제품이나 서비스가 개선될 수 있다는 조직 분위기 조성이 필요하다.

재구매와 수익률의 관계

재구매 고객이 중요하다

기업은 일반적으로 개인이 작은 규모로 시작해 가족이나 친구들과 함께하는 단계를 넘어 기업형으로 성장한다. 제품이나 서비스를 구매하는 사람들이 없는 초기에는 신규고객 발굴에 집중하고, 일정 정도 고객이 형성되면 기존 고객에게 집중하는 식으로 나아간다. 사업 초기에는 신규고객 유입이 중요하나 안정화 단계에 접어들면 회원 확보를 통한 재구매율 향상이 중요한 요소가 되기 때문이다.

매출구조를 분석해 보아도 초기에는 신규고객이 중요하지만,

실제 의미 있는 비즈니스로 자리를 잡는 데는 기존 고객의 재구매가 중요한 위치를 차지한다. 어떤 비즈니스도 새로운 고객이 끊임없이 늘어나는 경우는 없다. 또 새로운 고객을 유입시키기 위해서는 그만큼의 비용이 들어가지만, 기존 고객은 상대적으로 적은 비용으로 재구매로의 연결이 가능하다. 매출을 공식화해 보면 다양한 경우의 수가 나온다. 모든 방법론에는 각각의 특징이 있고 한계가 있기 마련이다. 그러므로 목표를 어디에 두느냐에 따라 기업의 활동이 달라질 수 있다는 점에 유의해야 한다. 대표적인 매출 공식을 살펴보자.

- 매출=구매고객 수×객단가(고객 중심)
- 매출=(신규 구매고객 수+기존 구매고객 수)×객단가
- 매출=(신규 구매고객 수+기존 구매고객 수)×(판매 상품 수×
  상품단가)

매출은 '구매고객 수×객단가'로 결정된다. 판매가격이 결정되어 있다면 구매고객 수를 늘리는 데 집중해야 한다. 그런데 구매고객 중에는 신규고객과 재구매 고객이 있다. 신규고객 유입을 위해서는 광고 등의 집행이 효과적일 수 있으나 재구매 고객 유입을 위해서는 광고보다 다양한 프로모션과 이벤트 등이 효과적이다.

객단가도 분해해 보아야 한다. 한 명의 고객이 5만 원어치를

구매할 때와 10만 원어치를 구매할 때가 있고, 1개의 상품을 구매할 때와 2개 이상의 상품을 구매할 때도 있다. 따라서 한 사람이 구매하는 평균 객단가를 높이면 매출은 향상될 수밖에 없다. 더욱 중요한 점은 인건비 같은 고정비는 동일하므로 한 사람의 객단가를 높이면 수익률도 높아진다는 사실이다. 택배를 1개 배송할 때와 2개 묶어 배송할 때 들어가는 비용은 비슷하지만 수익률은 달라지는 것과 같다. 이러한 관점에서 보면 기업의 지속적 성장은 신규고객보다는 재구매 고객에게 달렸다고 해도 과언이 아니다. 보통 재구매 고객은 한 번 이상 제품과 서비스를 구매해 본 경험상 더 많이 구매하거나 다른 사람들에게 추천할 확률이 높다.

30년 넘게 광고 일을 해온 사토 나오유키의 책 《팬 베이스》에는 여성에게 "나를 좋아해 줘.", "우리 사귀자."라고 적극적으로 대시하는 남성이 나온다. 여성도 호감 가는 스타일이어서 딱히 싫어하지는 않는다. 그런데 데이트를 마친 남성은 다시 만나자는 말도 하지 않았을 뿐만 아니라 이후 아무런 연락도 하지 않는다. 두 사람은 결국 사랑이나 애정으로 발전하지 못하고 관계가 끊어진다. 그러다 남성은 계절이 바뀐 후 뜬금없이 데이트 신청을 한다. 또다시 "나를 좋아해 줘.", "우리 사귀자."라고 대시한다. 여성은 '이 사람 이제 와 도대체 뭐야?'라고 생각한다. 그리고 한눈에 반할 정도가 아닌 이상 이 남성은 연인 후보 목록에서 삭제된다.

빗대어 표현했지만 비즈니스에서는 이런 일이 매일매일 발생한다. 기업은 상품의 가치를 널리 알려 신규고객을 유입시키는 데 온 힘을 기울인다. 하지만 실제 성과는 재구매에서 발생한다. 고객에게는 우리를 대신할 누군가가 차고 넘친다. 새로운 고객도 중요하지만, 일정 정도 고객이 확보되었다면 기존 고객을 재구매로 유도하는 전략에 힘을 더 실어야 한다.

고객을 팬으로 만들어 재구매로 이끄는 이들이 바로 인플루언서이다. 인스타그램과 유튜브 등에서 인플루언서들이 어떻게 고객을 팬으로 만들어 가는지 분석해 보아야 한다. 단기적인 캠페인과 광고로는 지속적 성장이 어렵다. 모든 차별화는 동질화되게 마련이고, 그 기간은 더욱 단축되고 있으며, 수많은 미디어에 의해 소비자의 주목도는 더욱 짧아지고 있다.

재구매되지 않으면 광고비만 든다

재구매는 그냥 이루어지지 않는다. 더 좋은 상품은 끊임없이 출시되고, 경쟁기업은 우리의 고객을 빼앗아가기 위해 호시탐탐 노린다. 따라서 고객과 끊임없이 관계를 형성하고 고객의 니즈에 응답하면서 전체 서비스 과정을 통해 좋은 경험을 제공해야 한다.

또 고객이 구매를 결정한 후에는 결제, 배송, 물건 받기, 문제 발생 시 클레임 처리 등의 순서를 거치게 되는데, 이 과정에서 고객만족도를 높이면 재방문을 통한 재구매를 끌어낼 수 있다. 물론, 앞서 여러 번 강조했듯 상품의 품질은 기본이다. 품질이 떨어지면 고객관리로는 대체가 안 된다. 재구매를 높이기 위한 회원관리와 고객 만족 프로그램이 필요한 이유이다. 재구매로의 유도는 고객이 과거의 경험과 미래에 대한 기대를 바탕으로 다음에도 다시 제품을 구매하게 만드는 작업이다.

기업은 이제 단순히 재화를 팔면서 고객들과 일시적으로 거래하는 브랜드로 기억될지, 고객이 원하는 경험을 제공하고 지속적인 관계를 유지할지 선택의 기로에 섰다. 그리고 지금은 어떤 상품과 서비스를 제공할지에 대한 고민을 넘어 고객과 어떤 관계를 맺을지 끊임없이 고민해야 하는 때이다.

비즈니스 환경은 이미 새롭게 바뀌었다. 거래가 아닌 관계로, 재화가 아닌 경험으로 패러다임을 변화시켜야 한다. 과거에는 우월한 기능을 담은 상품 하나를 만들면 시장 장악이 가능했다. 경쟁자가 이를 따라잡는 데 많은 시간이 걸렸기 때문이다. 하지만 지금은 아무리 우월한 기능과 외관을 갖추었다 해도 누구나 빠르게 따라잡을 수 있다. 이처럼 서비스와 상품, 온라인과 오프라인의 경계가 무너진 상황에서 기업의 미래 시장은 소비자에게서 찾을 수밖에 없다.

기업들이 저지르는 실수 중 하나는 기존 고객보다 신규고객을 찾는 데 더 많은 시간을 할애한다는 사실이다. 신규고객 유치를 위해서는 키워드 광고 등을 지속해야 하는데, 이는 수익을 갉아먹는 요인이 된다. 반면, 한 번 이상 구매한 고객이 재방문을 통해 재구매한다면 광고비용이 들지 않아 그만큼 이익이 늘어난다. 쿠팡이나 네이버 등 대형 플랫폼 기업들이 고객들이 다른 곳으로 이탈하지 못하도록 많은 포인트를 지급하거나 다양한 이벤트를 끊임없이 진행하는 이유가 거기에 있다.

특정 상품만을 취급하는 기업은 재방문율이 상대적으로 낮을 수밖에 없다. 이들 또한 결국 제품이나 서비스를 구매한 고객을 만족시킴으로써 이들을 통해 입소문이 나도록 해야 한다는 뜻이다. 이때 '아는 사람이 주는 정보의 효과성'을 활용하면 신뢰도가 높아질 뿐만 아니라 가격에도 덜 민감하게 반응한다는 사실에 주목해야 한다.

재방문으로 이어지게 하려면 이메일이나 핸드폰 번호 같은 고객정보 확보가 필수적이다. 네이버 스마트스토어, 옥션, 쿠팡 등에서 상품을 판매하면서 확보한 배송정보는 임의로 사용할 수 없다. 고객에게 마케팅 활동 동의 절차를 거쳐 얻은 정보가 아닌 배송을 위해 제공한 정보이기 때문이다. 카페24, 워드프레스 등을 활용해 자체 사이트를 플랫폼으로 만드는 이유가 바로 그 때문이다. 다른 플랫폼을 활용하면 당장의 매출향상에는 도움이 되지만 시간이 흐를수록 우리 고객정보를 확보하고 있는 해당 플랫폼에 종속될 수밖에 없다. 힘이 들어도 자체 플랫폼을 만들어 키워나가면서 고객들과 관계를 형성해야 한다.

그러나 사이트에 방문했다고 해서 사람들이 회원가입을 하거나 자신의 정보를 쉽게 제공하는 건 아니다. 좋은 상품을 중심으로 양질의 콘텐츠와 고객에 대한 다양한 혜택 등을 보장해야 회원가입 유도가 가능하다. 사람들은 제품이든, 제품과 관련된 부가사항이든 그와 관련한 정보를 얻으려 사이트에 방문한다. 그러므로 충실한 제품정보와 함께 연관된 콘텐츠를 제공하면 회원가입률을 높이는 데 도움이 된다.

회원가입이나 재구매는 고객에게 제공하는 혜택도 중요한 역할을 한다. 쿠팡의 로켓와우, 옥션과 지마켓의 스마일 클럽 등이 재구매 고객을 위한 프로그램이다. 쿠팡은 로켓배송을 무료로 이용하는 로켓와우 이용자의 90%가 재구매로 이어진다고 추산한다. 물류와 전산 시스템을 갖추는 데 큰 비용이 들었지만, 재구매가 높아질수록, 객단가가 높아질수록 수익성은 개선될 것이다.

플랫폼에 한 번 학습되면 다른 곳으로 이탈하기 어렵다. 기존에 사용했던 방식이 편하기도 하고, 해당 플랫폼에 적립된 적립금 때문이기도 하다. 끌어들이려면 뭔가 제공하는 혜택이 필요하다. 미끼도 주지 않고 유혹한다면 회원가입자는 별로 늘지 않는다. 사람은 기본적으로 공짜를 좋아한다. 아주 사소한 뭔가라도 혜택을 주면 경쟁사가 아닌 우리 상품을 구매할 가능성이 그만큼 커진다.

사이트에서 상품을 구매할 때 번거롭거나 불안하게 느껴지는 요소가 있다. 바로 결제와 관련된 부분이다. 회원가입은 그 자체가 번거로울 뿐만 아니라 자신의 정보가 노출되므로 안심할 수 있는 사이트가 아니면 하지 않는다. 네이버, 카카오, 페이스북, 구글 등과 연동된 간편 회원가입 절차가 필요한 이유이다. 또 네이버페이, 카카오페이처럼 손쉬운 결제도 지원해야 한다. 인터넷 거래에 대한 불신이 예전보다 많이 나아지기는 했으나 결제단계에 가면 소비자들은 여전히 망설인다. 가끔 언론에 보도되는 사기 사건처럼 물건을 받지 못하거나, 제품에 하자가 있거나, A/S를 받지 못할 수도 있다는 불안감이 기저에 깔려 있기 때문이다. 정부에서 소비자 보호를 위해 에스크로제 등을 실시하고 있지만, 그것만으로는 소비자를 안심시키기 어렵다.

소비자의 불안감을 감소시키는 일은 기업의 역할이다. 사업자 정보를 사이트 초기 화면에 보기 편하게 표시하고 사업자등록번호, 대표자 성명, 사업장 주소, 연락처, 통신판매업 등록번호, 에스크로제 가입 등을 쉽게 확인할 수 있도록 함으로써 투명성을 보장해야 한다. 오프라인에 사업장이나 매장이 있다면 오프라인 주소, 운영자 사진 등을 보여주는 방법도 효과적이다.

또 전화응대에도 적극적이어야 한다. 사이트에서 상품을 구매하거나 구매를 완료한 소비자가 전화를 걸어올 때가 있다. 이때 받지 않거나 대답이 확실하지 않고 서툴면 소비자는 의심하게 된다. 전화를 받을 수 없을 때는 착신을 설정하는 등으로 항상 고객의 전화에 대비해야 한다.

사이트 게시판 관리도 신경 써야 할 부분이다. 사람들은 사이트에서 상품의 구매를 결정하기 전에 게시판을 보면서 사용후기 등을 확인한다. 구매후기, 상품평, 불평불만 등을 그대로 볼 수 있는 게시판은 기업의 신뢰도와 상품을 평가하는 좋은 자료로, 고객들이 구매를 결정하는 데 있어 기준으로 삼는다.

고객의 불만 처리 또한 회원가입에 영향을 미친다. 오프라인과 달리 온라인에서 불만을 느낀 고객은 말없이 떠나기보다는 고객게시판, 이용후기 게시판, 이메일, 유선전화 등으로 불만을 이야기한다. 이때 다른 고객들도 기업의 대응을 유심히 지켜본다는 걸 명심해야 한다. 똑같은 답변을 반복해야 하는 기업으로서는 짜증나는 일이므로 가끔은 고객의 불만을 무시할 때도 있다. 그러지 않도록 경계하는 한편, 자주 반복되는 질문은 FAQ를 만들어놓고 계속 업데이트를 해야 한다. 기업의 대응이 효과적이라면 충성도가 더욱 높아질 테지만, 그렇지 않다면 가차 없이 떠나는 게 고객이다.

재방문을 위한 이벤트 활용방법

기업에서 활용 가능한 이벤트로는 할인, 신상품 출시, 사은품, 기획전, 사용후기, 적립금 지급 등이 있다.

할인 이벤트는 가격 비교가 어려운 수공예품, 액세서리, 식품, 과일류 등에 적합하다. 다만, 할인행사를 너무 남발하거나 고객 유입이라는 단순 목적으로 해서는 안 된다. 가격을 할인하면 기존 구매고객은 손해 본 느낌을 받을 뿐만 아니라 할인가격을 원래 가격으로 인식하고 쇼핑몰을 신뢰하지 못하게 된다. 따라서 모든 제품에 적용하기보다는 특정 제품이나 구매하는 제품과 연관된 상품을 추가 구매할 때 활용하는 게 좋다.

또 할인보다 카드 무이자 할부행사 등이 구매자에게 더 큰 도움이 되기도 한다. 쿠팡은 고가의 노트북을 구매할 경우 12개월 무이자 할부, 24개월 무이자 할부를 제공한다. 구매자로서는 값이 비싸 살까 말까 망설이던 제품도 무이자 할부행사를 하면 적극적으로 구매를 고려한다. 결제를 대행하는 PG사에서 3개월 무이자는 기본으로 제공하므로, 기업에서 조금 더 부담해 6개월, 12개월 같은 무이자 행사를 진행하면 훨씬 더 큰 효과를 볼 수 있다.

백화점 같은 오프라인 매장에서 자주 사용하는 사은품 이벤트는 일정 가격 이상 구매한 고객에게 그에 상응하는 사은품을 지급하는 행사이다. 이는 5만 원어치를 구매하려는 사람에게 7만 원을, 9만 원어치를 구매하려는 사람에게 10만 원을 채워 구매토록 하는 효과가 있다. 이때 지급하는 사은품은 타깃층에게 매력적이면서도 판매한 상품의 마진보다 원가가 낮아야 한다.

신상품 출시 이벤트는 신상품을 알리는 데 목적이 있다. 하지만 출시 가격이 기존 제품보다 당연히 높을 수밖에 없으므로 가격보다는 장점을 부각시켜야 한다. 방법은 무료 샘플 사용, 이벤트 응모자 중 추첨을 통한 상품 제공, 이용후기를 통한 추첨 등 다양하다.

기획전은 상품 기획력을 전제로 졸업선물전이나 크리스마스 특집전처럼 특정 시즌에 이용하는 방식인데, 고객이 원하는 상품을 모으고 시기를 적절하게 맞추는 게 중요하다. 경쟁 쇼핑몰과 비슷한 형태나 시즌이 지난 상품 등으로 진행해서는 효과를 보기 어렵다.

사용후기 이벤트는 상품을 사용해 보고 후기를 올린 고객을 대상으로 사은품이나 마일리지, 적립금 등을 지급하는 행사이다. 지급되는 사은품이나 마일리지, 포인트 등은 고객이 필요로 해야 하고 바로 사용할 수 있어야 한다. 후기를 올린 고객에게 마일리지 3,000점을 지급하면서 실제 사용을 위해서는 10,000점의 포인트가 필요하다면 이는 고객을 기만하는 행위이다. 3,000점 사용을 위해 제품을 또 구매해야 한다면 고객 입장에서는 아무런 혜택이 없는 것이나 마찬가지다.

구매액에 따라 일정액을 적립시키는 마케팅도 많이 활용된다. 재구매 기간이 짧은 상품에 적합한 적립금 지급은 1년에 한 번 정도 구매하는 제품에는 적합지 않다.

재방문을 위한 고객관리 방법

고객들의 재방문을 유도하려면 유용한 정보를 제공하거나 적당한 시점에 스팸으로 인식되지 않는 메시지 전송이 필요하다.

가장 손쉬운 방법이 축하 글이다. 생일 등 여러 기념일에 고객에게 이메일, SMS 등으로 축하 메시지를 보낸다. 이때는 틀에 박힌 문장보다는 체온이 느껴지는 진솔한 내용이어야 한다. 반면, 축하의 이면에는 우리를 잊지 말고 다시 찾아 달라는 의미도 담겨 있으므로 고객을 귀찮게 해서는 안 된다. 따라서 이메일 또는 SMS 중 하나만 사용하는 편이 효율적일 뿐만 아니라 똑같은 메시지를 여러 번 보내서는 안 된다. 자칫 고맙다는 생각보다는 스팸을 남발하는 회사로 인식되면 역효과가 날 수 있다.

이메일을 통해 신상품, 기획전, 특가상품, 마일리지, 사용안내 등의 정보를 주기적으로 제공하는 방법도 있다. 고객에게 사이트나 브랜드를 다시 한 번 환기시켜 재방문을 유도하기 위함이다. 사이트와 관련된 정보를 제공할 때는 고객에게 유용한 정보가 포함되어야 스팸으로 처리되지 않는다. 스팸으로 구분되거나 열어보지도 않은 채 휴지통으로 들어가는 이메일들은 필요성이 없고 횟수가 너무 많아 귀찮게 느끼는 정보들이다. 따라서 관련 정보를 제공할 때는 고객 입장에서 작성하고 보내야 선택받을 수 있다.

배송 시 정성이 들어간 포장이나 판매자가 손글씨로 쓴 메모도 도움이 된다. 물론, 포장의 주된 목적은 배송과정에서 제품이 파손되거나 부패하지 않도록 하는 데 있다. 그럼에도 정성스러운 포장은 상품을 더욱 돋보이게 하는 동시에 사이트의 신뢰도를 높이는 데 영향을 미치는 게 사실이다.

택배를 보낼 때는 분류작업과 운반과정에서 제품이 파손될 수가 있으므로 견고한 상자를 사용해야 하고, 에어캡이나 스티로폼 팩 등을 활용해 제품이 흔들리지 않도록 해야 한다. 또 가죽의류, 벨트 버클, 유리제품 등 긁히면 문제가 생기는 상품은 부직포, 면직 등 부드러운 소재로 감싸 포장한 후 상자에 담아야 한다. 주문자 정보 또한 꼼꼼히 체크해야 한다. 주문자, 주문상품, 배송지가 맞는지 확인하고 계산서, 영수증, 사은품 등 함께 배송하기로 한 사항을 잊지 말고 챙겨야 한다. 배송 실수로 인한 손실은 생각보다 크다. 정확한 배송을 위해 주의를 기울여야 한다.

공짜를 싫어하는 사람은 거의 없다. 상자 안에 간단한 간식거리나 상품과 연관된 작은 액세서리 등을 함께 넣어 보내는 방식은 이제 일반화되었다. 그 외에 또 다른 뭔가를 넣는다면 꼭 상품과 연관되고, 고객이 고맙게 느낄 만큼 실용성이 있어야 효과가 나타난다. 그리고 효율적인 제품 사용법, 제품 관련 부가정보, 교환·반품 및 클레임 관련 정보, 재구매 시 혜택 정보 등을 같이 담는다. 배송이 많지 않거나 시간이 된다면 '받으시면 바로 냉장고에 넣어서 보관해 주세요.' 등 손으로 쓴 포스트잇 메모도 넣으면 좋다. 사람들은 작고 사소한 것에 감동한다.

재방문을 위한 고객관리에는 고객의 불만을 어떻게 처리하는지도 포함된다. 고객불만이란 사이트에서 이루어지는 모든 행위 및 현상, 결과가 만족스럽지 못한 경우를 말한다. 불만을 처리할 권한 및 의무는 모두 기업에 있다. 기업 담당자는 고객으로부터 불만이 제기되면 즉시 응대해야 한다. 빠를수록 좋다. 업무를 처리하다 보면 불만을 토로하는 고객을 기다리게 만드는 경우가 종종 있다. 항의를 접수했을 때는 고객 입장에서 공감해 주면서 이성적으로 즉시 처리해야 한다. 기다리는 시간이 길어질수록 고객의 감정은 악화되기 마련이다. 사실, 고객의 불만은 대부분 사전에 막을 수 있는 사항들이지만, 그렇지 못해 불만이 발생했다면 반드시 근본 원인을 찾아 해결함으로써 다시는 같은 불만이 제기되지 않도록 해야 한다. 고객들에게 100% 만족스러운 사이트는 없다. 불만 건수를 줄이려는 운영자의 노력이 필요하다.

고객관리를 위한 뉴스레터 서비스, 메일침프

메일침프는 지금 세계에서 가장 많이 사용되고 있는 뉴스레터 종합관리 솔루션으로, 무료로 제공되는 다양한 디자인의 템플릿 이용, 손쉬운 구독자 정보수집, 구독자 특징에 따른 세분화된 이메일 발송, 계획한 순서에 맞는 시나리오 메일 발송 등이 모두 가능하다.

신제품 출시에 맞춘 이벤트 진행을 위해 고객 개개인에게 맞춤화된 이메일을 발송하려면 여러 과정을 거쳐야 한다. 이때 메일침프를 활용하면 이메일을 중심으로 뉴스레터를 자동화시킬 수 있다. 게다가 무료 계정으로도 월 2천 명 이하 구독자에게 1만 2천 건 이하의 메일을 발송할 수 있어 뉴스레터 시스템을 갖추지 못한 기업도 사용에 부담이 없다. 이메일 수취 대상이나 발송 건수를 늘리고 싶으면 유료 서비스를 이용하면 되는데, 그래도 비용이 많이 안 든다.

이메일을 보내기까지는 많은 준비가 필요하다. 콘텐츠가 준비되어 있다고 해도 템플릿 디자인만으로도 많은 시간을 들여야 한다. 메일침프는 별다른 코딩 지식이나 디자인 감각이 없는 사용자도 직접 손쉽게 꾸밀 수 있는 다양한 디자인의 템플릿을 무료로 제공한다. 이를 이용하면 14가지 기본적인 레이아웃에 기반해 다양한 형태로 디자인을 바꿀 수 있다. 또 이미 디자인된 100여 개의 무료 테마를 토대로 뉴스레터, 이메일, 알림 등을 보내는 목적에 맞게 제작할 수 있어 많은 시간과 비용이 절약된다.

메일침프에서는 사이트에 접속하는 사람들이 직접 뉴스레터 구독신청을 할 수 있는 이메일 주소 입력 기능도 제공한다. 이 기능을 이용하면 사이트에서 위젯이나 팝업창, 랜딩페이지 형태의 이메일 주소 입력양식으로 연결됨으로써 구독자의 이메일 주소 수집이 쉬워진다. 만약, 워드프레스 기반의 사이트라면 메일침프와 플러그인으로 손쉽게 연동이 되는데, 워드프레스로 만들어진 사이트에서 누군가가 회원가입을 하면 메일침프가 자동으로 메일정보를 불러와 계정에 추가한다.

메일침프는 세분화된 이메일 발송기능도 제공한다. 성별이나 나이, 지역뿐만 아니라 이메일을 확인하지 않은 사람들을 별도 그룹으로 만들어 추가 메일을 발송할 수도 있다. 물론, 세분화된 이메일 발송을 위해서는 회원가입 시 확보한 고객에 대한 다양한 정보가 필요하다.

이 같은 메일침프의 여러 장점 중에서도 가장 큰 매력을 발산하는 장치는 시나리오 이메일이다. 회원가입 시, 구매 4주 후, 재구매 시점 등 시기에 따라 메일을 보낸다면 시나리오 이메일 기능을 활용하면 된다. 제품과 서비스의 사용주기에 맞춰 한 번만 설정해 놓으면 메일침프가 그 순서에 맞게 이메일을 발송한다. 미리 구성해 둔 시나리오에 따라 순차 발송이 가능할 뿐만 아니라 이메일을 확인하지 않는 사람들에게는 제목 등을 달리해 보낼 수도 있다.

게다가 오픈율, 클릭률 같은 통계기능이 있어 어떤 링크를 몇 번이나 클릭했는지, 뉴스레터를 자주 열어본 사람은 누구인지, 아직 안 열어본 사람은 누구인지 등 오픈과 클릭의 시간별 흐름을 뉴스레터 발송 직후부터 알 수 있다.

측정해야 관리할 수 있다

온라인은 측정이 가능하다

　홈페이지나 쇼핑몰을 운영하는 기업들은 나름대로 추구하는 목표가 있다. 기업 홍보 또는 고객에게 더 많은 정보를 제공하기 위함일 수도 있고, 제품이나 서비스를 직접 판매하기 위함일 수도 있다. 하지만 막상 홈페이지나 쇼핑몰을 오픈한 후에는 기대 이하의 성과에 실망할 때가 많다. 오픈만 하면 소비자들이 스스로 찾아와 기업에 엄청난 이익을 주리라 기대했는데 현실은 전혀 그렇지 않기 때문이다. 온라인에 대한 막연한 환상이 만들어낸 결과라고 할 수 있다.

쇼핑몰이든 모바일용 애플리케이션이든 그것을 만들고 운영하는 데에는 많은 시간과 비용이 든다. 그런데 고객이 어디를 통해 들어왔는지, 어떤 검색엔진을 통해 들어왔는지, 어떤 키워드를 이용했는지, 들어와서 어떤 페이지를 보다 갔는지, 얼마나 머물다 갔는지, 고객이 빠져나간 페이지는 어디인지 등은 크게 궁금해하지 않는다. 아이러니한 일이다.

누군가 홈페이지, 쇼핑몰, 앱을 방문하면 로그(log)라는 형태로 접속 데이터를 남긴다. 로그파일이란 방문자가 웹사이트에서 머물다 간 다양한 데이터가 저장된 파일을 의미하는데, 이를 활용하면 회원분석, 구매자 성향분석, 제품 매출분석, 구매패턴 분석, 유입경로 분석, 검색광고 분석, 네비게이션 분석, 페이지 분석, 시스템 분석 등 100여 개 이상의 다양한 정보를 얻어낼 수 있다. 그리고 이렇게 얻어낸 로그데이터를 활용하면 미래 운영전략 수립이 가능해진다.

현재 많이 사용하고 있는 로그 분석방법에는 크게 로그파일 분석방식과 스크립트 삽입 분석방식이 있다. 로그파일 분석방식은 웹서버에 쌓인 로그파일을 분석하는 방식으로 스토리지 부담이 크고, 별도 운영인력이 필요해 대기업이 아니면 사용하기 어렵다. 반면, 스크립트 삽입 분석방식은 웹사이트에 분석용 스크립트를 삽입하는 방식으로 실시간 분석이 용이하고, 스토리지 부담이 없으며, 가격도 저렴해 많은 기업과 쇼핑몰에서 선호한다.

로그 분석 없이 홈페이지와 쇼핑몰을 운영하는 행위는 그야말로 눈을 감고 사업을 하는 행위나 마찬가지다. 암흑 속에서 어디로 가야 할지 방향조차 잡지 못한 채 불빛이 보이기만 바라면서 그저 열심히 달리는 것과 같다. 홈페이지, 쇼핑몰, 앱을 통해 마케팅 활동을 진행 중인 기업이라면 의사결정과 방향설정을 감(感)으로 하기보다는 데이터를 바탕으로 로그 분석을 통해 결정하고 설정해야 한다. 열심히 하는 게 아니라 잘하는 게 중요하다.

로그 분석으로 알 수 있는 것들

로그 분석을 이용하면 사이트 방문경로, 방문행위, 쇼핑몰 활용 등 방문자에 관한 심층적인 정보들을 확인해 쇼핑몰 운영 및 마케팅 전략에 적용할 수 있다. 로그 분석은 일반분석과 통제분석으로 구분하는데, 일반분석은 로그데이터를 기반으로 한 쇼핑몰 현황분석에, 통제분석은 메뉴 및 디렉토리 데이터 연동에 따른 마케팅 및 전환율 분석에 활용한다.

이처럼 사이트를 분석하려면 고객의 방문활동을 나타내는 히트(Hit), 페이지뷰(Page view), 방문(Visit), 방문자(Visitor), 순방문자(Unique User), 세션(Session)들의 기본적인 측정단위를 이해해야 한다.

히트(Hit)란 방문자가 사이트에 접속했을 때 연결된 파일의 숫자를 말하며, 한 페이지를 전송할 때 그 안에 포함된 그래픽, HTML 등의 모든 파일을 히트로 계산한다.

페이지뷰(Page View)는 하나의 HTML 문서를 보는 걸 말하며, 인터넷 사용자가 사이트에 접속해 본 페이지 하나하나를 페이지 뷰로 계산한다.

세션(Session)은 사이트 내에서 일정 시간 동안 있었던 지속적인 움직임을 하나의 단위로 정해 그 수를 측정한 것이다. 엄밀히 말하면 방문자 수란 실제 방문한 사람의 수가 아닐 수도 있으므로 세션을 분석한다.

또 순방문자(Unique User)는 해당일에 동일한 방문자가 중복해 방문한 횟수를 뺀 값을 기준으로 측정된다.

로그 분석 시 분석방법과 범위를 설정하기 위해서는 방문자 관점, 페이지 관점, 시간 관점, 경로 관점 등 다양한 시각에서 보아야 한다. 그래야 로그 분석 데이터 중 확인 가능한 페이지뷰, 방문자, 고객의 다양한 반응 등에 따라 쇼핑몰 현상을 분석하고, 이에 관한 문제점을 찾아 적극적인 대응을 모색할 수 있다. 다음 표를 보고 주요 현상과 대응방법을 알아보자.

페이지	방문자	고객	현상	대응방법
↑	↑	↑	적절한 마케팅과 사이트 운영	고객군별 취약점 분석, 수익연계→수익률이 높은 제품이 판매될 수 있도록 함
↑	↑	↓	서비스는 적절하나 마케팅 취약	가망고객 유입전략→사이트에서 구매 가능한 목표고객이 유입될 수 있도록 마케팅활동 변경
↑	↓	↑	마케팅에 의한 일시적 현상	서비스 개선을 통한 재방문 유도
↑	↓	↓	마케팅 취약, 고정 사용자에 의한 서비스 집중	마케팅 강화, 사용자 층 확대 전략→재구매는 높으나 신규고객이 적은 상태임→신규고객 유입을 위한 활동 필요
↓	↑	↑	마케팅 활동에 의한 일시적 현상	서비스 개선을 통한 재방문 유도
↓	↑	↓	기존 사용자 중심의 방문 증가원인 잠재	마케팅 강화, 서비스 개선
↓	↓	↑	마케팅 적절하나 서비스 취약	사이트 리뉴얼 필요함
↓	↓	↓	마케팅, 서비스 취약	사이트 철수 전략 검토

쇼핑몰의 주요 현상과 대응방법

로그 분석 데이터는 있는 현상만을 보여준다. 그 안에서 의미 있는 정보를 찾아내는 일은 사이트를 운영하는 기업의 몫이다. 운영자가 지속적으로 분석해야 할 내용은 이벤트나 캠페인 진행 후 방문자가 증가했는지, 실제 매출로 연결되었는지, 사이트 방문자의 평균 페이지뷰 및 방문자가 쇼핑몰에 머문 시간은 어느 정도인지, 재방문 비율은 얼마나 되는지, 재방문해 머문 시간은 증가했는지, 가장 오래 머문 페이지는 어디고 왜 그곳에 오래 머물렀는지, 어느 지역의 방문자가 많은지, 특정 페이지 내 어떤 콘텐츠를 클릭하는지, 사이트 내에서 어떤 경로로 이동하고 있고 그것은 운영자의 의도와 일치하는지, 어떤 상품을 가장 많이 보고 그것의 구매 추이는 어떤지, 장바구니에 상품이 담길 비율과 최종 구매될 비율은 어느 정도인지, 어떤 단계에서 방문자가 구매를 포기하는지 등이다.

데이터를 어떻게 해석할 것인가?

빅데이터는 디지털 환경에서 생성되는 온갖 종류의 대규모 데이터를 말한다. 이 빅데이터를 분석하면 과연 사용자의 특성과 니즈를 쉽게 확인할 수 있을까? 이 데이터가 기업의 미래 방향을 가르쳐줄 수 있을까? 그렇지 않을 가능성이 더 크다. 데이터는 데이터일 뿐이기 때문이다.

여러 가지 케이크들을 놓고 고객들에게 좋아하는 케이크를 고르도록 했을 때, 다수의 고객이 치즈케이크를 선택했다고 가정해보자. 치즈케이크를 중심으로 메뉴를 구성하면 되겠다고 생각할 수 있다. 그런데 치즈케이크를 고른 사람들에게 물어보니 정작 치즈케이크가 아닌 부드러운 화이트초콜릿 생크림이 들어간 케이크를 원한다. 고객은 자신이 선호하는 화이트초콜릿 생크림 케이크가 없어 그와 유사한 치즈케이크를 선택했을 뿐이었다. 처음부터 어떤 케이크를 선호하는지 고객을 대상으로 조사했다면 소비자가 기대했던 상품을 제공할 수 있었을 테지만 그렇게 하지 못해 일어난 어처구니없는 상황이다.

이처럼 빅데이터는 그동안 확인이 어려웠던 것들을 눈으로 확인할 수 있다는 점에서는 의미가 있지만, 위 예처럼 데이터 자체로만 의사결정을 하기에는 분명한 한계를 보인다. 그러므로 수집된 데이터와 함께 고객을 관찰하고, 설문조사를 진행하고, 유사 고객들을 모아놓고 직접 이야기를 해봄으로써 데이터를 구조화해야 한다. 그래야만 사용자 경험을 만들 수 있다. 이때 사용자 경험이란 고객이 원하는 화이트초콜릿 생크림 케이크만을 판매하는 게 아니라 마음 놓고 즐길 수 있는 인테리어, 편안한 테이블과 소파, 유쾌한 음악, 제휴카드 할인 등 고객이 접하는 경험의 처음부터 끝까지를 말한다. 이런 것들은 빅데이터 분석만으로는 찾아내기 어렵다.

기업에서 수집한 빅데이터가 의미 있는 자료가 되려면 수집 및 분석의 전문성과 함께 업종과 산업에 대한 이해와 고객에 대한 이해가 바탕이 되어야 한다. 그럼 데이터 수집 및 분석, 산업과 소비자 이해는 어떻게 해야 가능할까?

첫 번째인 데이터 수집은 구글애널리틱스와 같은 로그 분석 서비스를 통해 시작해 볼 수 있다. 구글애널리틱스는 전 세계적으로 가장 많이 활용되는 무료 웹로그 분석 서비스로, 웹사이트 및 모바일 앱 데이터를 수집, 측정, 분석해 다양한 리포트를 제공한다. 이는 전단지, 현수막 같은 오프라인 광고로는 확인이 불가능한 내용으로, 이 리포트를 토대로 기업은 웹사이트와 앱을 최적화하거나 온라인 광고 캠페인을 진행할 수 있다.

예를 들면, 사이트 방문자들은 누구일까를 통해 잠재고객 확인이 가능하고, 어떤 경로로 우리 사이트에 오는가를 통하면 획득정보를 알 수도 있다. 또 어떤 페이지를 많이 보고 어디에서 많이 이탈했는가를 보면 방문과 이탈정보를 알 수 있으며, 방문 후 우리가 원하는 행동을 하고 있는지를 알면 전환을 확인할 수도 있다. 구글애널리틱스를 활용하면 온라인 활동을 측정하고 분석할 수 있다는 뜻이다.

오프라인 마케팅의 가장 큰 문제점은 측정이 어렵다는 점이다. 어떤 연령층이 관심을 보이는지, 광고를 하면 얼마나 많은 사람들이 방문하고 구매할지, 마케팅 비용 대비 매출은 어느 정도나 증가할지 등을 객관적으로 분석하기가 어렵다. 그러려면 유입된 사람들을 하나하나 붙잡고 일일이 확인해 보는 수밖에 없다. 모든 기업에 적용하기에는 한계가 있지만, 구글애널리틱스 같은 무료 서비스를 이용하면 큰 비용을 들이지 않으면서도 의사결정에 필요한 데이터를 수집하고 분석해 나갈 수 있다.

앞으로도 데이터는 수많은 장치와 기계, 다양한 센서 등을 통해 손쉽게 수집될 가능성이 크다. 게다가 방대하게 모인 데이터를 보관하는 비용도 저렴해짐으로써 재활용이 가능한 리소스가 되었다. 데이터의 재활용성과 전용성이 좋아진다는 말은 시간과 비용을 절약하면서도 리스크는 줄일 수 있으며, 마케팅 통찰이 가능해진다는 의미이다.

두 번째인 데이터의 분석과 활용을 위해서는 사람에 대한 이해가 먼저이다. 데이터는 이해할 수 있을 때만 가치를 발휘한다. 그렇지 않으면 임의적 관찰 결과에 불과할 뿐이다. 데이터에 포함된 의미를 파악하려면 사람에 대한 이해를 바탕으로 한 창의성과 소프트웨어의 결합이 필요하다. 데이터에서 답을 찾기 위해서는 호기심과 집중적인 노력이 필요하다는 말이다.

데이터를 분석하고 활용하는 사람은 분석가와 아티스트, 스토리텔러의 역할을 모두 해야 한다. 데이터는 데이터일 뿐이다. 창의력이 담긴 올바른 질문으로 수집된 데이터에서 새로운 패턴과 트렌드를 찾아내고, 관계없어 보이는 데이터 간의 상관관계를 밝혀내며, 그 결과 해답 또는 새로운 해결책을 도출해내야 데이터에 의미가 부여된다. 그런 면에서 오늘날 컴퓨터의 더욱 강력해진 처리기능과 혁신적인 소프트웨어의 결합 덕분에 방대한 양의 데이터를 이해하고 그 안에 포함된 중요한 의미를 찾아낼 수 있게 된 건 다행이 아닐 수 없다.

다시 한 번 말하지만, 측정과 분석 없는 마케팅은 어둠 속 앞뒤 없는 달리기와 같다. 디지털 마케팅은 마케터의 직감과 통찰력 그리고 데이터를 기반으로 진행되어야 한다. '열심히'도 중요하지만 '잘하기'는 더 중요하다.

부록

컬러가 가지는
느낌

빨강의 연상

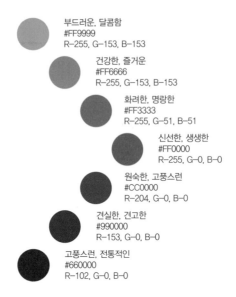

부드러운, 달콤함
#FF9999
R-255, G-153, B-153

건강한, 즐거운
#FF6666
R-255, G-153, B-153

화려한, 명랑한
#FF3333
R-255, G-51, B-51

신선한, 생생한
#FF0000
R-255, G-0, B-0

원숙한, 고풍스런
#CC0000
R-204, G-0, B-0

견실한, 견고한
#990000
R-153, G-0, B-0

고풍스런, 전통적인
#660000
R-102, G-0, B-0

빨강은 '외향적, 정열적, 적극적, 단순하면서 냉정하지 못함, 감상적' 같은 성격을 가진다. 주목성 강하고 용기, 에너지, 사랑, 공격성, 모험심, 정열 등의 느낌이라 서브 컬러나 액센트 컬러로 이용된다. 순색에 가까운 고채도의 빨강은 단숨에 시선을 끄는 주목성으로 인해 주로 액센트 컬러로 사용된다. 회색, 검은색 같은 무채색과 배색하면 모던하면서도 강렬한 인상을 주며, 저명도의 빨강은 무겁고 차분해 클래식한 이미지를 느끼게 한다.

- **긍정적 연상** 피(생명), 불(따뜻함), 열정, 감성적인, 진취적인, 애국심, 혁명, 자유
- **부정적 연상** 피(상처), 불(방화), 죽음의 고통, 상처, 찢어지는 듯한 감정, 광란, 전쟁, 위험, 악마
- **심리적 연상** 따뜻함, 외향적인, 열정적인, 공격적인, 활기찬, 강압적인, 동의하는 갑작스런, 낙관적인, 야생의

주황의 연상

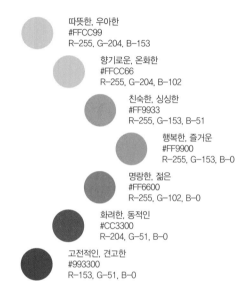

따뜻한, 우아한
#FFCC99
R-255, G-204, B-153

향기로운, 온화한
#FFCC66
R-255, G-204, B-102

친숙한, 싱싱한
#FF9933
R-255, G-153, B-51

행복한, 즐거운
#FF9900
R-255, G-153, B-0

명랑한, 젊은
#FF6600
R-255, G-102, B-0

화려한, 동적인
#CC3300
R-204, G-51, B-0

고전적인, 견고한
#993300
R-153, G-51, B-0

주황은 다양한 종류의 콘텐츠에 폭넓게 적용할 수 있는 컬러이다. 역동적이고 활기찬 느낌이며 사교성이 뛰어남, 화려함 추구, 활동적임, 친절하며 따뜻함, 감수성 예민함, 개방적 사고, 환희, 밝음, 따뜻함, 질투, 열정, 활기, 의혹, 적극, 풍부함, 건강, 초조 등의 느낌을 준다. 고채도의 주황을 사용한 콘텐츠는 밝고 신선함, 명도가 높고 오렌지 색조가 약한 색은 부드럽고 따뜻하게 느껴진다.

• **긍정적 연상** 불, 불꽃, 결혼, 우호적, 자부심과 야망, 지혜
• **부정적 연상** 악담, 사탄
• **심리적 연상** 사회, 타인 존경, 동의, 좋은 본성, 모이기 좋아하는, 변하기 쉬운

노랑의 연상

정다운, 감촉이 좋은
#FFFF99
R-255, G-255, B-153

부드러운, 담백한
#FFFF66
R-255, G-255, B-102

다정한, 감미로운
#FFFF33
R-255, G-255, B-51

즐거운, 명랑한
#FFFF00
R-255, G-255, B-0

신선한, 편안한
#CCCC00
R-204, G-204, B-0

쓸쓸한, 향수 어린
#999900
R-153, G-153, B-0

남성스런, 고풍스런
#666600
R-102, G-102, B-0

노랑은 즐거움, 역동성, 생동감, 외향적, 따뜻한 생명력 등의 느낌으로 행복과 희망을
상징한다. 유아나 어린이를 대상으로 하는 서비스에 자주 사용되는 이유가 거기에 있
다. 연두, 파랑과 함께 사용하면 따뜻하고 즐거운 배색이 되며, 저명도의 빨강, 보라와
함께 사용하면 서구적인 배색이 된다. 오렌지색이 가미된 노랑은 부와 권위 같은 긍정
의 느낌을 주는 반면, 연두가 섞인 연노랑은 창백하고 희미한 느낌을 주기도 한다.

- **긍정적 연상** 태양, 빛, 밝음, 확대, 지성, 지혜, 고귀한, 직감
- **부정적 연상** 배신, 비겁한, 악담, 순수하지 못한 사랑, 타락
- **심리적 연상** 상상, 귀족, 자기만족, 지성, 이상적인, 심사숙고, 따뜻함, 즐거움

녹색의 연상

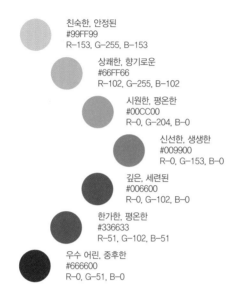

친숙한, 안정된
#99FF99
R-153, G-255, B-153

상쾌한, 향기로운
#66FF66
R-102, G-255, B-102

시원한, 평온한
#00CC00
R-0, G-204, B-0

신선한, 생생한
#009900
R-0, G-153, B-0

깊은, 세련된
#006600
R-0, G-102, B-0

한가한, 평온한
#336633
R-51, G-102, B-51

우수 어린, 중후한
#666600
R-0, G-51, B-0

녹색은 파랑과 더불어 온라인에서 가장 많이 사용되는 색상 중 하나이다. 자연을 먼저 떠오르게 함으로써 건강 관련 콘텐츠에 많이 사용되며, 교육 및 환경 관련 사이트에서 많이 볼 수 있다. 주변에서 흔히 보는 색이라 지나치게 사용하면 지루함을 줄 수도 있다. 평화, 자연환경, 건강함, 상쾌함, 불안감 해소, 젊음, 안정감, 희망, 휴식, 감정 풍부, 신념이 강함, 성실함, 소극적이며 추진력 약함, 집착력이 강하고 학구적이면서 이론적임, 질투가 강함 같은 느낌을 준다.

- **긍정적 연상** 자연, 대지의 풍요, 번창, 희망, 생명, 젊음, 신선, 영혼의 회복
- **부정적 연상** 격노한, 질투, 천박한, 반목
- **심리적 연상** 시민, 사회 예절과 관습에 익숙한, 넘치는 건강, 중산층

파랑의 연상

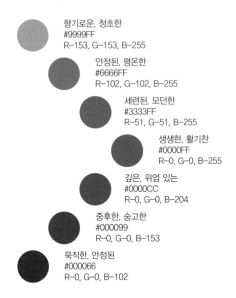

향기로운, 청초한
#9999FF
R-153, G-153, B-255

안정된, 평온한
#6666FF
R-102, G-102, B-255

세련된, 모던한
#3333FF
R-51, G-51, B-255

생생한, 활기찬
#0000FF
R-0, G-0, B-255

깊은, 위엄 있는
#0000CC
R-0, G-0, B-204

중후한, 숭고한
#000099
R-0, G-0, B-153

묵직한, 안정된
#000066
R-0, G-0, B-102

물과 하늘의 맑은 이미지를 가진 파랑은 시원한 느낌으로 보는 이에게 청량감을 주며, 차분하고 명상에 잠기게 만드는 컬러이다. 신뢰감, 성공, 안전을 상징하므로 콘텐츠의 메인 컬러 및 서브 컬러로 광범위하게 이용되는데, 녹색이나 흰색과 배색한 파랑은 일반적인 사이트에서도 쉽게 볼 수 있다. 이기적, 주관적, 리더십 강함, 성실함, 냉정함, 합리적, 책임감 및 자립심이 강함, 사고력과 창의력을 높임, 시원함, 편안함 같은 느낌이 있다.

- **긍정적 연상** 하늘, 축제, 고요한 바다, 명상, 신선한 느낌, 헌신, 순수, 진실, 정의
- **부정적 연상** 의심과 낙담
- **심리적 연상** 신중하고 자기 반성적인, 자신의 의무를 수행하는, 휴식의

갈색의 연상

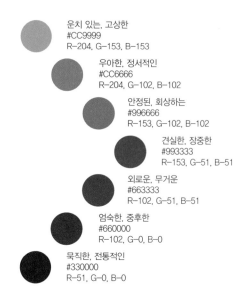

운치 있는, 고상한
#CC9999
R-204, G-153, B-153

우아한, 정서적인
#CC6666
R-204, G-102, B-102

안정된, 회상하는
#996666
R-153, G-102, B-102

견실한, 장중한
#993333
R-153, G-51, B-51

외로운, 무거운
#663333
R-102, G-51, B-51

엄숙한, 중후한
#660000
R-102, G-0, B-0

묵직한, 전통적인
#330000
R-51, G-0, B-0

두 가지 보색이 섞여 만들어지는 중성색인 갈색은 외향적인 성격, 정력적이고 적극적임, 단순하면서 냉정치 못함, 감상적 등의 성격을 가진다. 흙, 낙엽, 나무 같은 자연물에서 흔히 볼 수 있는 색으로 생명력, 따뜻함, 편안함, 자연스러움 같은 느낌도 있다. 주로 고급스러우면서도, 우아한 분위기를 자아내는 쇼핑몰에 사용되는데, 이외에도 위험, 불안, 혁명, 흥분, 정열, 용기, 모험심, 주목성이 강함 등의 느낌을 주는 컬러이다.

- **긍정적 연상** 지구
- **부정적 연상** 불임의, 가난
- **심리적 연상** 의무의 이행에 성실한, 인색함, 자린고비 같은, 습관, 완고한, 신뢰성

보라색의 연상

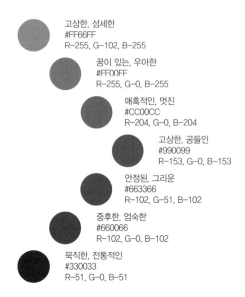

고상한, 섬세한
#FF66FF
R-255, G-102, B-255

꿈이 있는, 우아한
#FF00FF
R-255, G-0, B-255

매혹적인, 멋진
#CC00CC
R-204, G-0, B-204

고상한, 공들인
#990099
R-153, G-0, B-153

안정된, 그리운
#663366
R-102, G-51, B-102

중후한, 엄숙한
#660066
R-102, G-0, B-102

묵직한, 전통적인
#330033
R-51, G-0, B-51

보라색은 감수성이 풍부하고, 직관력이 뛰어나며, 예술가 기질을 가진 컬러이다. 주로 여성을 대상으로 하는 쇼핑몰이나 예술품 관련 쇼핑몰에 사용된다. 섬세, 소극적, 신비, 창조, 예술, 고귀, 지적 성취감, 불안감, 공포감, 외로움 등의 느낌을 주는 보라색은 인터넷 쇼핑몰에 많이 사용되는 컬러 중 하나이다.

- **긍정적 연상** 힘, 향수, 고귀한, 진실한 사랑, 충성, 절대적 지배력, 인내, 겸손
- **부정적 연상** 승화, 순교, 회개, 비하, 애도, 사직
- **심리적 연상** 덧없음, 선한 마음씨와 재치

회색의 연상

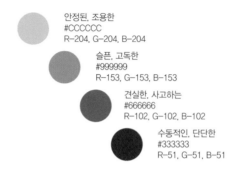

안정된, 조용한
#CCCCCC
R-204, G-204, B-204

슬픈, 고독한
#999999
R-153, G-153, B-153

견실한, 사고하는
#666666
R-102, G-102, B-102

수동적인, 단단한
#333333
R-51, G-51, B-51

회색은 중후하고 세련된 느낌의 색으로 솔직함, 보수적, 이성적, 감정 표현력은 약하나 감수성은 강함, 인내심과 책임감이 강함, 차분한 성격의 소유자 등의 느낌을 준다. 다른 색과 무난하게 어울려 사용되며, 함께 사용된 색을 더욱 돋보이게 만드는 회색은 정신적 안정감, 무겁고 딱딱함, 민족성, 엄숙함 등의 느낌도 지니고 있다.

- **긍정적 연상** 성숙, 신중, 겸손, 회개, 단념, 회상
- **부정적 연상** 중화, 이기심, 의기소침, 무력, 무관심, 겨울, 비통, 나이 든, 후회
- **심리적 연상** 오래된, 완전히 성장한

흰색의 연상

#FFFFFF
R-255, G-255, B-255

흰색은 단순함, 순수함, 깨끗한 느낌이나 실제로는 모든 색의 혼합이다. 깨끗한 느낌을 주고자 하는 쇼핑몰에 주로 사용하나 지나치게 많이 사용하면 쇼핑몰의 구성이 엉성해질 수 있다.

- **긍정적 연상** 낮, 순결, 청결, 완벽, 정확, 지혜, 진실
- **부정적 연상** 유령의, 영적인, 추운, 텅 빈
- **심리적 연상** 단순, 삶의 의지, 정직, 무관

검정의 연상

#000000
R-0, G-0, B-0

검정은 모던과 세련을 의미하며, 일반적으로 우울한 느낌, 두려움, 공포, 죽음 등을 나타낸다. 성격은 차분하고 소극적임, 집중력 강함, 융통성과 자립심 부족, 성실함 등이며, 감정 억제 작용, 중성적 느낌, 우울함, 에너지 부족, 지루함, 수동성 등의 느낌도 준다.

- **긍정적 연상** 강대한, 위엄 있는, 단호한, 지적 교양, 단호한 결단력, 밤, 신성한, 엄격한, 게으름이 없는
- **부정적 연상** 불건전한, 절망적, 밤, 범죄사실, 잠재된 힘
- **심리적 연상** 병적인, 절망, 우울함, 순진성, 상실, 건방짐 없이 당당한

형용사적 색깔에 적합한 사용처

형용사	색의 연상
따뜻한	계통 색상 : 빨강, 주홍, 노랑, 금색 관련 쇼핑몰 : 브랜디, 카펫, 제과
차가운	계통 색상 : 파랑, 청록색, 하늘색, 보라색, 은색 관련 쇼핑몰 : 화장품, 비누, 샤워용품, 방향제
부드러운	계통 색상 : 분홍, 연보라, 베이지, 아이보리, 연두 관련 쇼핑몰 : 유아용품, 화장품, 목욕용품, 위생용품
강렬한	계통 색상 : 파랑, 검정, 빨강, 노랑, 은색 관련 쇼핑몰 : 남성 화장품, 공구, 운동용품
현대적인	계통 색상 : 검정, 흰색, 은색, 파랑, 초록, 노랑, 빨강 관련 쇼핑몰 : 스포츠용품, 전자제품
미래적인	계통 색상 : 파랑, 남색, 검정, 초록, 노랑, 은색 관련 쇼핑몰 : 첨단제품
자연스러운	계통 색상 : 하늘색, 초록, 미색, 황토색, 갈색 관련 쇼핑몰 : 농산물, 유기농 관련, 천연화장품, 과일
고급스러운	계통 색상 : 금색, 자주, 갈색, 카키색, 보라, 은색, 회색, 검정 관련 쇼핑몰 : 자동차용품, 패션, 액세서리, 향수
대중적인	계통 색상 : 분홍, 선홍색, 자주, 보라, 금색 관련 쇼핑몰 : 초콜릿, 실크제품
낭만적인	계통 색상 : 노랑, 주홍, 빨강, 초록, 흰색 관련 쇼핑몰 : 과자, 음료, 만화책, 대중음악, 영화 관련
전통적인	계통 색상 : 갈색, 옅은 황토색, 진초록 관련 쇼핑몰 : 전통가구

형용사적 색깔에 적합한 조합

활동적인(Active)

R	0	47	254	0	0	255
G	0	0	0	151	0	200
B	0	255	0	0	0	0

R	207	255	0	254	0	47
G	0	200	0	103	0	0
B	0	0	144	0	0	255

고상한(elegantly)

R	207	206	145	144	207	0
G	151	48	48	0	47	0
B	0	0	145	145	95	0

R	254	223	143	144	143	96
G	174	78	47	151	0	48
B	159	0	96	0	0	96

산뜻한(fresh)

R	177	46	254	255	255	95
G	208	151	254	200	255	200
B	15	0	144	0	255	254

R	177	255	0	255	0	255
G	208	255	222	200	151	255
B	15	255	239	0	0	255

세련된(sophistic)

R	176	95	191	224	48	191
G	207	110	199	216	103	199
B	177	143	224	191	96	224

R	111	191	96	144	223	0
G	126	199	151	199	216	103
B	143	224	206	207	222	144

우아한(elegant)

R	206	207	254	223	176	144
G	199	200	215	216	215	151
B	254	206	224	222	208	254

R	254	207	111	254	207	223
G	199	150	126	215	63	216
B	206	205	143	224	110	222

클래식(classic)

R	80	206	127	96	0	96
G	47	151	40	63	0	102
B	0	47	0	16	0	0

R	206	176	96	206	160	15
G	102	159	63	151	79	72
B	0	78	16	47	46	17

깨끗한(clear)

R	255	148	132	255	99	206
G	255	207	158	255	154	255
B	255	255	255	255	255	255

R	99	255	49	214	255	181
G	203	255	203	255	255	211
B	214	255	99	231	214	16

멋진(dandy)

R	99	148	0	99	165	0
G	105	150	48	0	148	0
B	99	41	0	0	115	0

R	99	148	82	99	181	0
G	0	150	73	65	162	0
B	8	148	99	24	82	0

예쁜(pretty)

R	255	255	255	255	255	255
G	203	255	178	150	255	150
B	0	148	165	0	255	148

R	255	255	255	255	255	181
G	203	154	255	101	207	211
B	148	99	99	99	222	16

현대적인(modern)

R	181	0	99	214	0	49
G	211	0	154	203	0	105
B	181	0	148	214	0	99

R	49	214	0	109	215	0
G	203	203	0	109	215	0
B	214	148	0	148	231	0

자연스러운(natural)

R	148	214	255	214	181	231
G	154	203	227	203	211	235
B	99	99	173	99	181	82

R	156	255	214	214	255	214
G	203	227	105	146	255	203
B	214	181	0	66	214	49

품격있는(noble)

R	82	214	115	214	198	99
G	32	219	158	203	227	113
B	132	231	115	214	247	148

R	222	198	99	231	214	99
G	219	227	154	223	203	105
B	222	247	214	198	214	99

마치는 글

디지털 트렌스포메이션, 즉 디지털로의 전환은 오래전부터 이야기되던 개념이다. 다만, 아직 시간이 있다고 보았기 때문에 기업들이 순차적으로 도입하거나 소극적으로 대응해 왔을 뿐이다. 그런데 코로나19로 인해 원하든 원치 않든 디지털이 비즈니스의 중심이 되어 버렸다. 코로나19가 가져온 언택트(비대면)에 대한 수요는 유통뿐 아니라 교육, 도시 인프라 등 여러 형태의 사업영역에 영향을 미치면서 비즈니스 모델과 경쟁방식을 새롭게 정의할 것이다.

일찌감치 디지털 전환을 시작한 기업이 있다. 바로 스타벅스이다. 스타벅스는 모바일 앱으로 주문한 후 픽업 존에서 받기만 하면 되는 '사이렌 오더' 및 차량 정보와 스타벅스 선불식 충전카드를 연동해 자동 결제되는 시스템인 '마이 DT 패스', '드라이브 스루' 등 비즈니스 자체를 디지털로 전환시켜 왔다. 그 결과 코로나

19로 대부분의 오프라인 매장이 큰 어려움을 겪는 것과는 달리 오히려 성장의 기회를 맞았다. 이렇게 소비활동이 디지털로 바뀌면 앞으로 스타벅스는 이를 통해 얻은 데이터에 바탕해 고객경험을 최적화함으로써 개인화된 추천 서비스 등으로 더 많은 사람들의 사랑을 받게 될 가능성이 크다.

오프라인은 오프라인 나름의 가치를 지닌다. 사람들은 현실 세계에서 살아가므로 오프라인이 없어지지는 않겠지만, 단순히 상품과 서비스만을 판매하는 방식으로는 갈수록 어려워질 수밖에 없다는 것 또한 자명한 사실이다. 결국, 오프라인도 고객에게 경험이라는 가치를 제공하는 곳만 살아남을 텐데, 그 고객경험은 고객에 대한 데이터 확보 없이는 불가능하다. 디지털로의 전환 없이는 최적화된 고객경험도 불가능하다는 뜻이다.

그러나 디지털 트렌스포메이션의 필요성은 알아도 쉽게 접근하기는 어렵다. 광범위하기 때문이다. 빅데이터, 인공지능(AI), 스마트팩토리 등 어느 것 하나 쉽고 간단한 게 없다.

《디지털 마케팅 레볼루션》은 디지털 시대의 온라인 마케팅을 다룬 책이다. 온라인 마케팅이 아니라 디지털 마케팅이라 칭한 이유는 고객에 대한 다양한 데이터를 수집하고, 그 데이터를 바탕으로 한 체계적인 마케팅 진행이 가능하기 때문이다. 그리고 고객유입, 구매전환, 재구매 활동 등 오래전부터 사용해 온 나만의 프레임에 퍼널(Funnel)이라는 관점을 깊이 있게 더해 넣었다.

그동안 나는 수백 개 기업의 마케팅 활동에 직간접적으로 관여하면서 《인터넷 쇼핑몰 실무 지침서》와 《쇼핑몰을 위한 인터넷 마케팅 & 사업계획서 만들기》 등 온라인 마케팅 관련 책을 여러 권 세상에 내놓았다. 그리고 이번에 그 책들의 내용을 다시 들여다보면서 온라인 마케팅 활동도 많이 변했음을 새삼 느낄 수 있었다.

시작하는 글에서도 이야기했던 것처럼 이 책에서는 디지털 마케팅에 대한 본질적인 이야기를 다루려고 했다. 모쪼록 디지털 마케팅이 필요한 기업과 개인에게 도움이 되기를 바란다.

은종성